INTERPRETING ARCHAEOLOGY

考古与文明

[英]尼尔·福克纳 著
Neil Faulkner
张建威 译

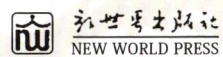

图书在版编目（CIP）数据

考古与文明：遗迹里的世界史 /（英）尼尔·福克纳著；张建威译 . -- 北京：新世界出版社，2024.5
ISBN 978-7-5104-7912-0

Ⅰ.①考… Ⅱ.①尼… ②张… Ⅲ.①考古学—世界 Ⅳ.① K86

中国国家版本馆 CIP 数据核字（2024）第 055012 号

考古与文明：遗迹里的世界史

作　　者：	（英）尼尔·福克纳
翻　　译：	张建威
译　　校：	崔学森
责任编辑：	张晓翠
责任校对：	宣　慧　张杰楠
责任印制：	王宝根
出版发行：	新世界出版社
网　　址：	http://www.nwp.com.cn
社　　址：	北京西城区百万庄大街 24 号（100037）
发 行 部：	（010）6899 5968（电话）　（010）6899 0635（电话）
总 编 室：	（010）6899 5424（电话）　（010）6832 6679（传真）
版 权 部：	+8610 6899 6306（电话）　nwpcd@sina.com（电邮）
印　　刷：	天津丰富彩艺印刷有限公司
经　　销：	新华书店
开　　本：	710mm×1000mm　1/16　尺寸：170mm×240mm
字　　数：	284 千字　印张：18.75
版　　次：	2024 年 5 月第 1 版　2024 年 5 月第 1 次印刷
书　　号：	ISBN 978-7-5104-7912-0
定　　价：	148.00 元

版权所有，侵权必究
凡购本社图书，如有缺页、倒页、脱页等印装错误，可随时退换。
客服电话：（010）6899 8638

导论

考古怎样教会我们认清自己和我们共同拥有的过去？这就是本书的主题。

虽然本书涉及相当可观的考古技术，但它并不是一本考古技术典籍；尽管它涵盖了诸多大大小小的考古发现，它也不是一本介绍重大考古发现的图录。我们真正关注的是考古数据如何用来进行历史叙事和诠释。

所谓考古数据，我们指的是物质遗存证据。历史信息源于对书面文献的研究，而考古数据的产生则离不开对田野、定居点、墓穴和其他人类在大地上留下的印记的踏查，以及对相关器物（其中有些是动物骨骼和植物等自然遗存，有些是石器、陶器和金属器等人工制品）的探究。对物质遗存的调查和分析涉及一系列考古学独特技术，包括遥感、地层挖掘、不同类型文物的专业研究、各种年代测定方法等。

我们认为这些技术理所当然，不可或缺。考古实践入门指南和侧重特定地区与年代的考古研究著述可谓俯拾皆是，其中一些已列在本书后附的"推荐阅读"中。而在下面的章节里，我们将深入挖掘考古数据库的丰富内存，精选恰如其分的案例，运用行之有效的方法来对这些物质遗存加以解读，进而讲述往昔旧事，让那些历史亲历者栩栩如生地穿越到当代人们的面前来。

在公众看来，考古不过就是挖掘埋藏的遗迹。其实这是一种误解。诚然，许多古物古迹的确深藏于地下，亟待挖掘出来。其原因不一而足，有些物品的下葬系有意为之，如死者的随葬品或祭品，有些旧建筑则是被拆除后夷为平地，上面盖起了新的建筑物。后一种情况在城市中屡见不鲜，早期遗迹往往会因数百甚至数千年的不断重建而被埋于现代地层以下数米深处。就农村而言，较为常见的现象是，遗迹遭到废弃，沦为废墟，为离离荒草所遮蔽。随着物质分解、腐殖质形成、蚯蚓暗中助力，土壤淀积层开始湮灭遗迹。因此，考古学家必须首先是合格的挖掘工。一切考古证据必须依靠发掘得来，但这并不意味着考古只有发掘。

如今，很多遗存仍以建筑或便携式手工艺品的形式存在。它们都是考古研究的对象，就像挖掘中发现的基础、柱坑、沟渠和洞穴一样。本书中，随着考古年代的推移，我们的考古证据会渐趋以现存的建筑和手工艺品的形式呈现出来。

这项研究不能囿于图书馆和象牙塔中。有些人自诩为"理论考古学家"，认

▼ 考古挖掘现场。一位考古学家正在用手铲仔细发掘古代陶器。

▼ 美国电影《夺宝奇兵4》剧照。像影片中男主角印第安纳·琼斯一样，一流考古学家的工作场所在野外，而不是在图书馆。

为田野调查可有可无。对此我不敢苟同。物质遗存是考古学的学科基础。假如没有在野外工作逾30年、探访众多不同年代不同遗址的经历,我根本写不出您面前的这本书来。

电影《夺宝奇兵4》(Indiana Jones and the Kingdom of the Crystal Skull,2008)中有这样一个场景:男主角、考古学教授琼斯骑着摩托车撞进一所常春藤大学的图书馆。学生们问他有什么读书建议。琼斯答道:"忘掉哈格里夫斯(Hargreaves),读读考古学家戈登·柴尔德(Vere Gordon Childe)的扩散论。他一生大部分时间都在野外工作。倘若你想成为一名考古学家,就得走出图书馆。"这个桥段为经多见广的考古学家们津津乐道。柴尔德算得上考古学界最杰出的学者,堪称考古领域的达尔文或爱因斯坦。毫无疑问,他事必躬亲的田野调查和文物研究以及博览群书与深邃思考,为他在考古方面所做的开创性贡献奠定了坚实基础,使他堪当行为世范的楷模。

时间线

全球	350万年前	30万年前	5万年前
	330万—30万年前 旧石器时代早期	30万—4万年前 旧石器时代中期	约4万—2万年前 旧石器时代晚期

	公元前4500年	公元前3000年	公元前2000年	公元前1500年
	约公元前1万—前4500年 新石器时代		约公元前3300—前1200年 青铜器时代	

亚洲

- 公元前3300—前1300年 印度河流域文明
- 公元前2070—前1600年① 中国夏朝
- 公元前1523—前1027年② 中国商朝

欧洲

- 公元前2000—前1600年 克里特文明
- 公元前1750—前1050年 迈锡尼文明
- 公元前2200—前1500年 阿尔加文化

中东和非洲

- 公元前3000年—前6世纪 特洛伊
- 约公元前4500—前1900年 苏美尔
- 公元前1650—前1178年 赫梯帝国
- 公元前2700—前2250年 埃及古王国
- 公元前2055—前1650年 埃及中王国
- 公元前1550—前1077年 埃及新王国

美洲

---

① 我国夏朝时间是公元前2070—前1600年。——本书中注释若未做特殊说明，皆为编者注。
② 我国商朝时间是公元前1600—前1046年。

2万年前		公元前1万年	
	约2万年前—公元前1万年 中石器时代		约公元前1万—前4500年 新石器时代

公元前1000年	公元前500年	公元元年

约公元前1200—前550年
铁器时代

公元前1300—前300年
灰色彩陶文化

公元前321—前184年
孔雀王朝

公元前700—前200年
北方黑陶文化

公元前1027—前221年[①]
中国周朝

公元前221—前207年
中国秦朝

公元前206—公元220年
中国汉朝

公元前594—前338年
古代雅典

公元前359—前323年
马其顿帝国

公元前323—前31年
希腊化文明

约公元前753—前509年
罗马王政时代

公元前509—前30年
罗马共和国

公元前30—公元476年
罗马帝国

公元前1200—前500年
哈尔施塔特文化

公元前400—前200年
凯尔特人迁徙

公元前880—前612年
亚述帝国

公元前550—前330年
阿契美尼德王朝

公元前1500—公元200年
尼日利亚诺克文化

公元前1500—公元750年
编筐文化

公元前1000—前300年
阿德纳文化

公元前100—公元500年
霍普韦尔文化

公元前1200—前300年
奥尔梅克文明

公元前750—公元250年
前古典期玛雅文明

公元前1200—前200年
查文文化

---

① 我国周朝时间是公元前1046—前256年。

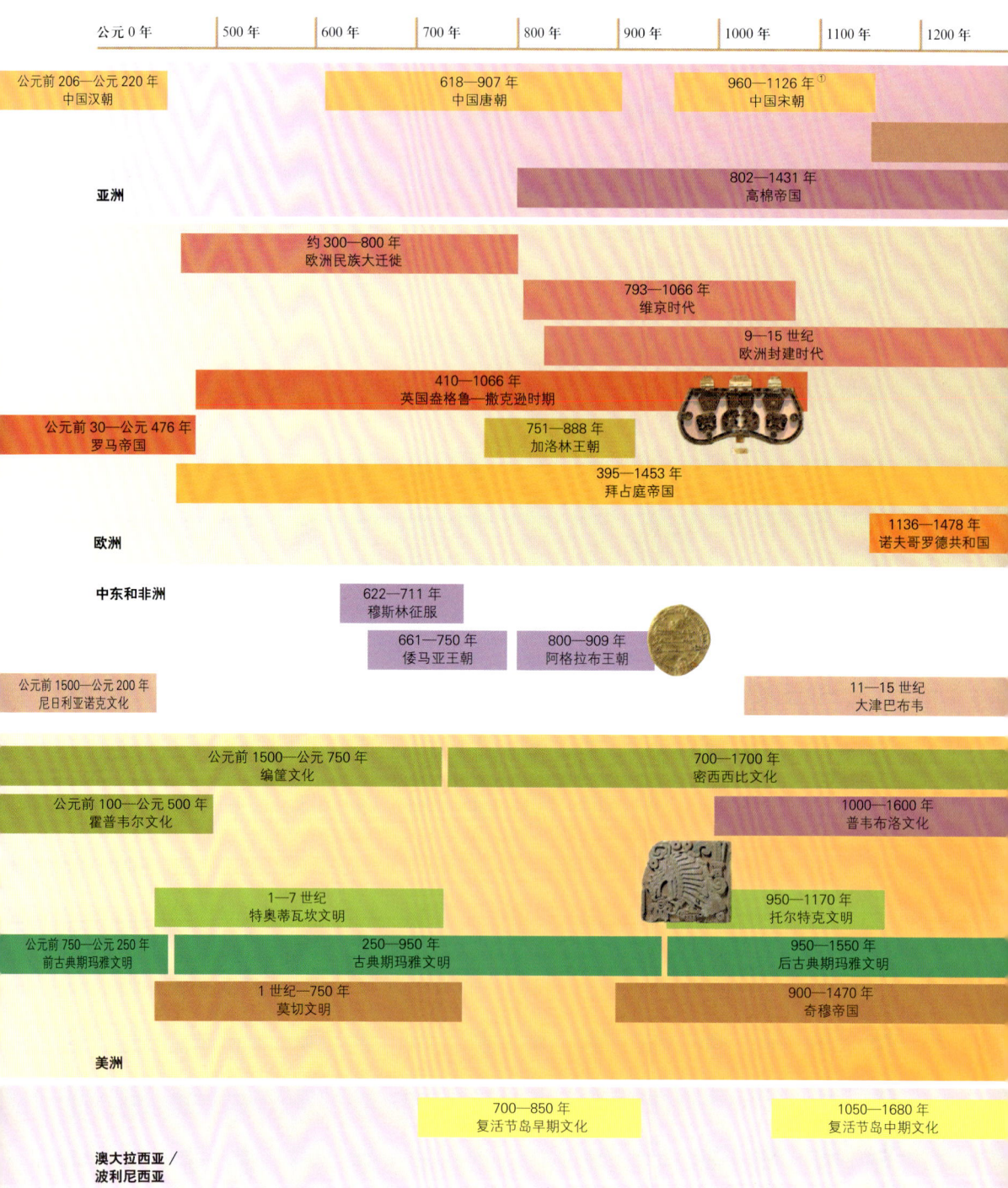

① 我国宋朝时间是960—1279年。

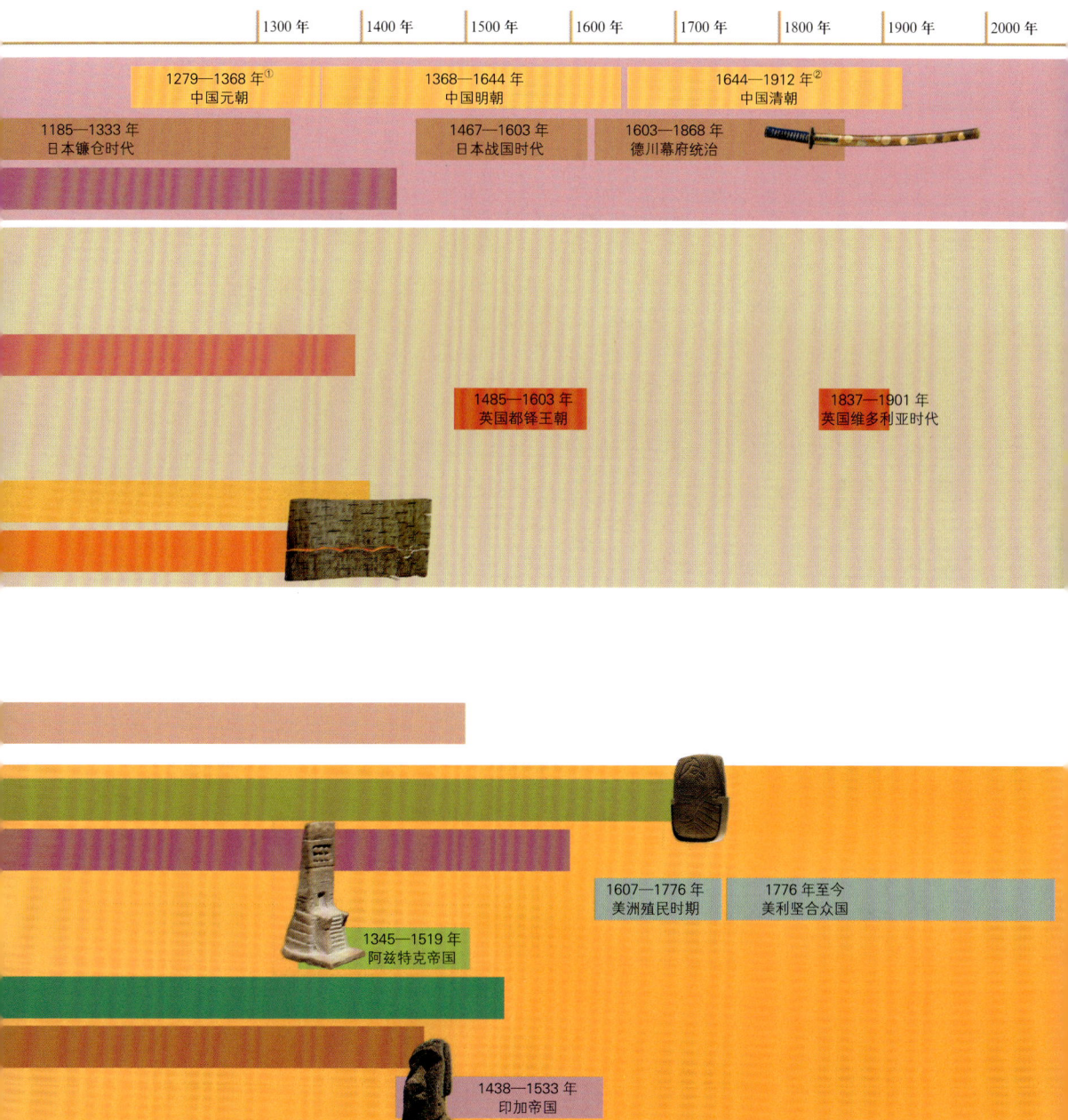

① 我国元朝时间是 1271—1368 年。
② 我国清朝时间是 1664—1911 年。

目录

第一章　古人类的黎明　001

第二章　第一批现代人类　021

第三章　农业革命　033

第四章　青铜时代的文明　051

第五章　铁器时代的世界　091

第六章　罗马帝国　153

第七章　后罗马世界　189

第八章　中世纪世界　223

第九章　现代考古　259

结语　275

推荐阅读　279

第一章
古人类的黎明

我们是谁？我们从哪里来？究竟是什么让我们成为人类？我们与动物界的生物有何不同？自人类自我意识觉醒以来，这些问题就始终充满诱惑，与人类如影随形。但直到19世纪中叶才有可能得出科学的解释。然而，具有讽刺意味的是，随着证据的不断积累，这些答案变得越发不确定起来。

在智人（Homo sapiens）之前有各种各样的早期人类，可以追溯到700万年前。

进化树

本章所探讨的是当前人们对人类起源的认知现状。我们发现自己正处在古人类学和考古学这两个相关学科的交汇处,即通过化石研究人类进化的学科和通过物质文化研究人类过去的学科实现了共融互通。

一代人以前,一切似乎都很简单。古人类学家想象出的线性进化过程只涉及约6个人亚族。在黑猩猩向现代人进化的700万年间,如今已知人亚族已达20余个。不仅如此,直到最近的4万年前,似乎任何年代都有几种不同的人亚族存在。而且,我们现在知道有多个进化分支和"半途而废"的进化路线,而不是简单的线性进化。这意味着关于人类进化的答案,当下比以

▼ 一名技术人员正在从尼安德特人的骨头中提取DNA。基因证据改写了我们对人类进化的认知,揭示了不同原始人种之间的复杂联系。

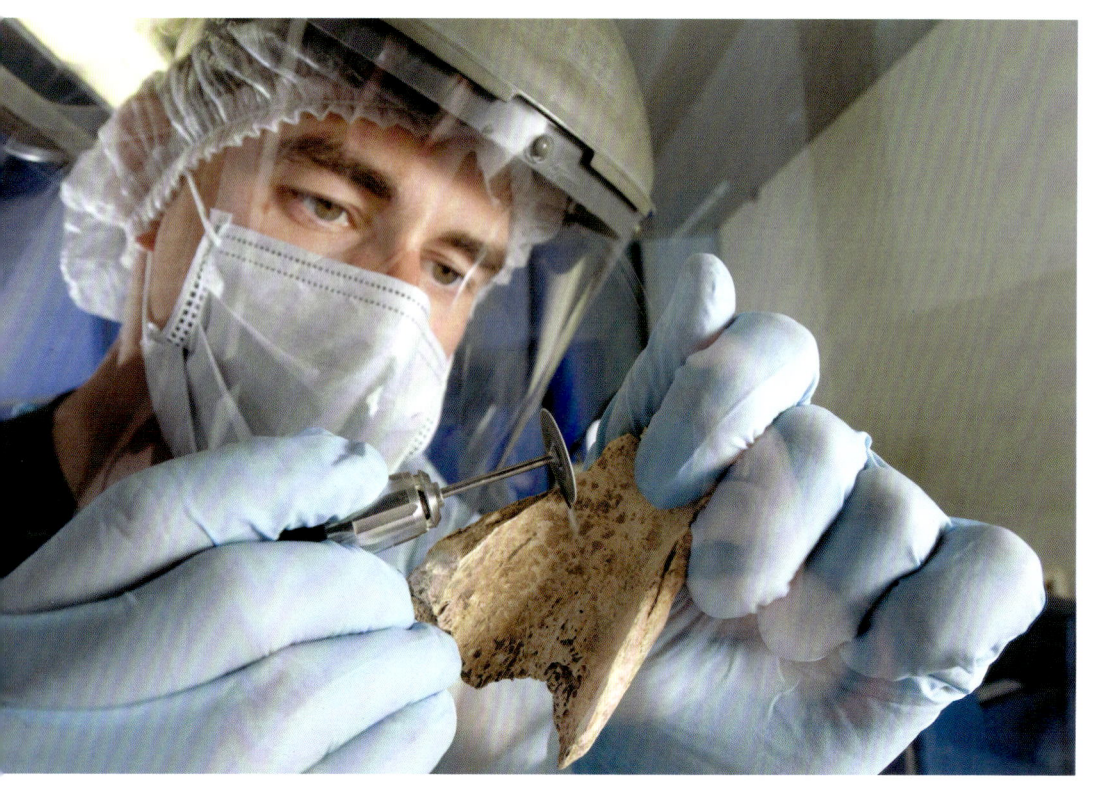

人类进化树

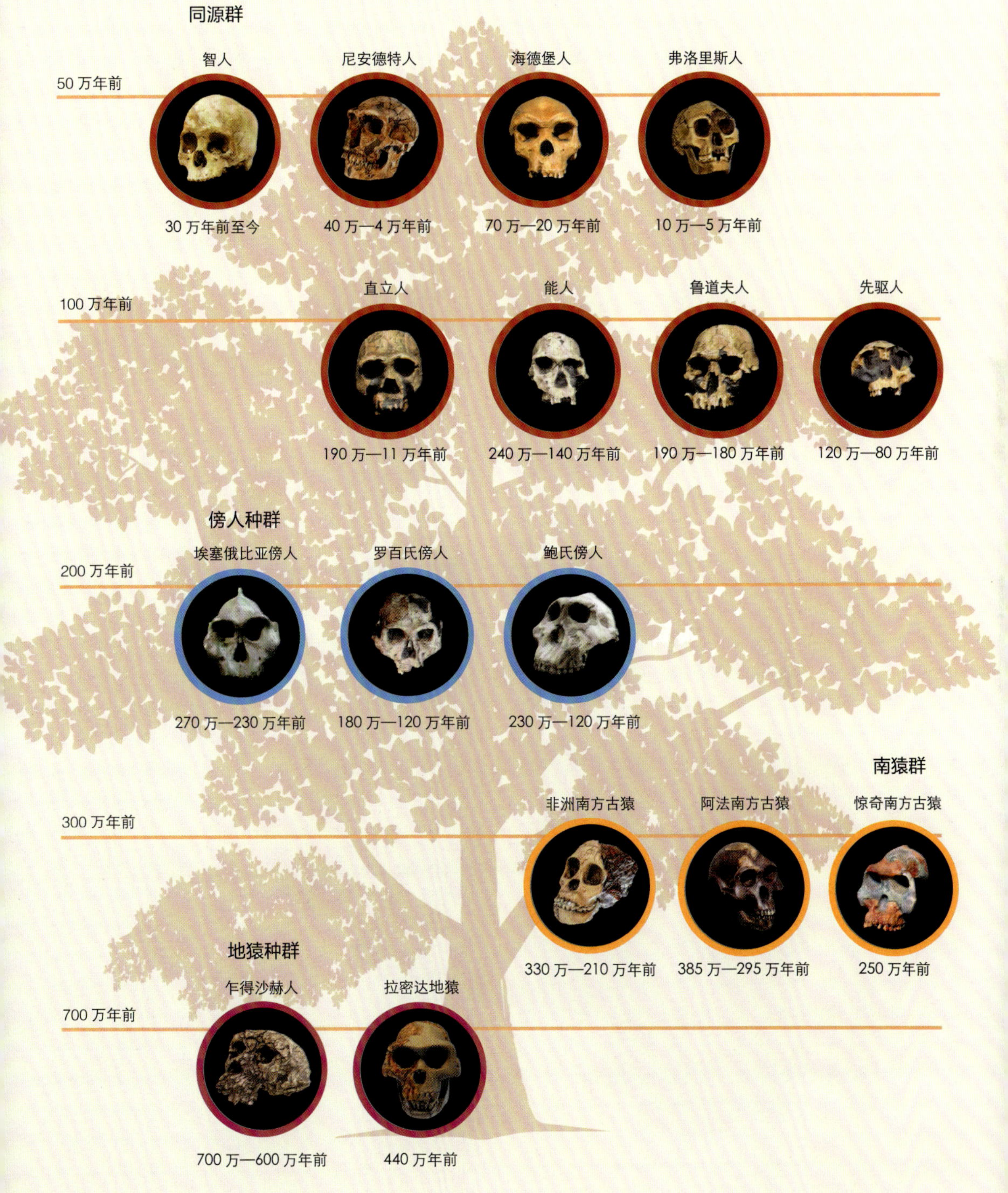

同源群

50 万年前

智人 —  — 30 万年前至今

尼安德特人 —  — 40 万—4 万年前

海德堡人 —  — 70 万—20 万年前

弗洛里斯人 — 10 万—5 万年前

100 万年前

直立人 —  — 190 万—11 万年前

能人 — 240 万—140 万年前

鲁道夫人 — 190 万—180 万年前

先驱人 —  — 120 万—80 万年前

傍人种群

200 万年前

埃塞俄比亚傍人 —  — 270 万—230 万年前

罗百氏傍人 —  — 180 万—120 万年前

鲍氏傍人 —  — 230 万—120 万年前

南猿群

300 万年前

非洲南方古猿 —  — 330 万—210 万年前

阿法南方古猿 —  — 385 万—295 万年前

惊奇南方古猿 — 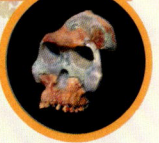 — 250 万年前

地猿种群

700 万年前

乍得沙赫人 —  — 700 万—600 万年前

拉密达地猿 —  — 440 万年前

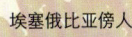

往任何时候都更加难以捉摸。就像我们在做一个有 1000 块拼图的游戏,但手头只有几块拼图。有 5 块拼图时,反倒能想象出一个简单图案;可现在有了 50 块拼图,一切看起来却更加混乱。

古人类进化树主要有 3 种证明路径,即化石、石器和一系列科学断代技术。自 2010 年以来,智人与其近亲尼安德特人(Neanderthals)之间遗传关系的研究也取得进展。下面,我们一起回顾一下当前的研究现状。

第一批古人类

动物界分为科、属、种。至少从理论上讲,物种是一群可以交配并繁衍后代的个体,属是一群密切相关的物种,而科的概念则更加宽泛。

2003 年,在非洲乍得偏远的德乍腊(Djurab)沙漠中进行的古人类学考古工作引起了轰动。考古学家们发现了一个约 700 万年前的早期人类新属

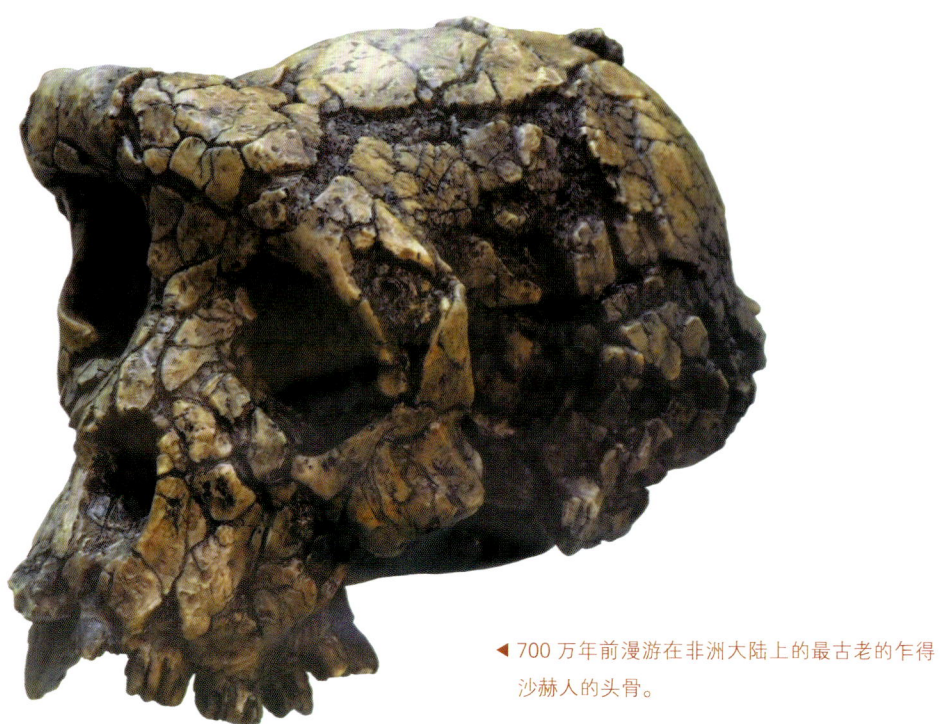

◀ 700 万年前漫游在非洲大陆上的最古老的乍得沙赫人的头骨。

种。他们发掘出土了 6 具零散遗骸，包括一个虽然变形但基本完整的头骨，将这些古人类定名为乍得沙赫人（Sahelanthropus tchadensis）。英文名称第一部分指的是属，第二部分指的是种。"来自撒哈拉的乍得古人类"分明能够直立行走，证实考古学家们做出的分类是正确的。怎么知道他们能直立行走？因为乍得沙赫人的枕骨大孔位于颅底后区正中，而我们的近亲黑猩猩以四肢行走，故而枕骨大孔位于颅后。

直立行走是对更加开阔的大草原环境的一种适应，与大猩猩所生存的封闭森林环境形成对比。这种适应拥有巨大的进化潜能，因为有朝一日胳膊和双手解放出来不再用于行走，它们就可以承担起其他任务，比如制造工具。而一旦这种情况发生，我们便可以断定物竞天择的大自然将会对拥有更大大脑和更高智力水平的工具制造者青睐有加。不过这时就下结论还为时过早，毕竟 700 万年前的他们还有漫漫长路要走，才能回到进化树上。

南方古猿

由于篇幅所限，我们无法借助化石来对所有古人类属种一一加以详述，只能直接探讨南方古猿（The Australopithecines）。这是一种身材和脑体相对较小的古人类属，约 420 万—200 万年前生活在非洲部分地区。他们适应直立行走，但不能走得很远，因此爬树天赋犹存。他们握力十足，下巴强壮，牙齿硕大。越来越多的证据表明，他们在广阔草原、丛林和森林等不同环境中都能游刃有余地自在生活。

1974 年，古人类学家发现了一小具近乎完整的雌性阿法南方古猿（Australopithecus afarensis）遗骸。当时，考古学家宿营地里正播放着披头士乐队的热门歌曲。为纪念这一具有重大意义的发现，他们把遗骸命名为"露西"（Lucy）！真正重要的是露西的椎骨、骨盆、股骨和胫骨，因为这些都能证明她曾经是一个不折不扣的直立行走者。

露西的发现地是在埃塞俄比亚阿法洼地（Afar Depression）的哈达尔

最初的工具

究竟是什么在推动人类不断进化？人们对此莫衷一是。事实上，人属和南方古猿属（前面探讨过）或傍人属（下文将进行讨论）之间没有明显的界别，并非泾渭分明。但这并不奇怪，因为我们谈论的是一个渐进变化的进化过程。当然，也存在临界点，但它们是缓慢变化的结果。以工具制造为例，人们通常认为它是动物向人类转变的明确标志，但事情并没有那么简单。

如今我们清楚，古人类学的化石证据和考古的石器证据并不匹配。已知最早的石器比最早的人类化石足足超前了100多万年！它们是在肯尼亚的洛迈奎（Lomekwi）被发现的。那里的大块火山岩被凿成合手的石块、薄片，甚至还有石砧。制造时间可以追溯到大约330万年前。

坦桑尼亚奥杜威（Olduvai）峡谷中的考古发现代表着另外一种迥然不同的工具制造传统。这些工具用小鹅卵石的碎片制成，可以追溯到大约260万年前。

我们不得不做出这样的假设，即这些洛迈奎和奥杜威工具并非由人而是由南方古猿或傍人属制造。只有随着第三处遗址——法国阿舍利（Acheulian）的发掘，人们才有

▲ 在坦桑尼亚奥杜威峡谷发现的一把手斧。这种奥杜威工具由石英鹅卵石或玄武岩制成，兼具多种用途。

可能认识到工具制造系古老人类行为。阿舍利工具通常是手斧，最早可追溯到约 170 万年前。

手斧由芯材制成（把芯材砸成薄片以获得合适的形状）。它们往往呈泪滴状，可以妥帖地握在手里。很容易就能想到用它们来切割畜体或粉碎骨头来获取骨髓。事实上，一些动物骨骼化石经常显示出明显的屠宰痕迹。

这三处遗址都属于旧石器时代早期，即 330 万至 30 万年前。请注意，每处所用的基本技术都同样沿革了数十万年。这一时期，文化的演变的确是一个非常缓慢的过程！

▲ 用于挖掘、切割和屠宰等的阿舍利手斧。

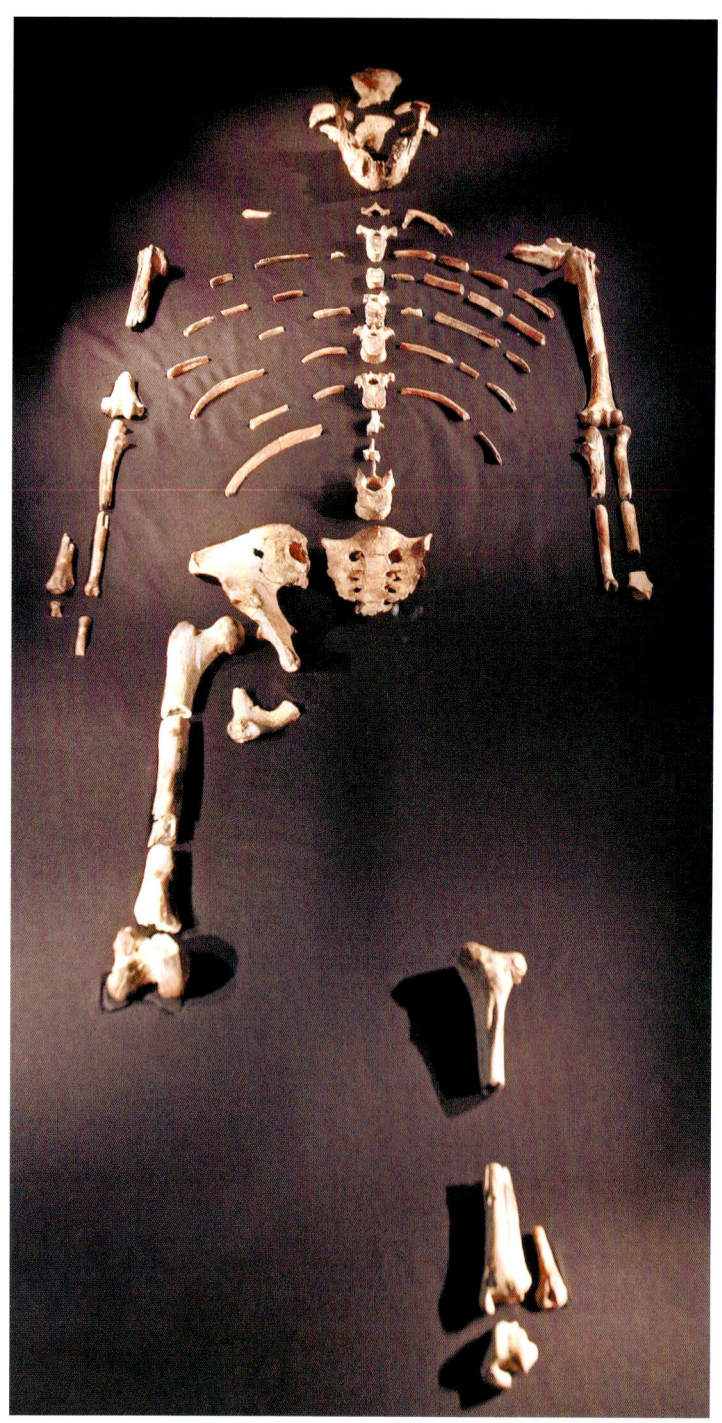

▲ 美国古人类学家唐纳德·约翰逊于 1974 年发现的南方古猿露西的骨骼。

（Hadar）。几年后，在另一处东非遗址坦桑尼亚莱托里（Laetoli），人们发现了一连串脚印化石，共70个，延伸了近27米，表明一小群古人类当时正在活动。这些人和露西一样，也是阿法南猿种，生活的年代也都大致相同，约在370万年前。直立行走由此得到戏剧性的证实。

此时，我们已经游离乍得沙赫人达300万年之久。鉴于此，有必要问：古人类已经学会制造工具了吗？

傍人属

南方古猿可能不是唯一的早期工具制造者。大约在260万至130万年前，另一种人属傍人属或许也参与其中。发现的第一个化石是1967年在埃塞俄比亚奥莫（Omo）出土的一个带有大臼齿的大下颌。第二个化石于约20年后在肯尼亚西图尔卡纳（West Turkana）发现，几乎是一个完整的头骨，因其蓝黑色外表而被称为"黑头骨"。

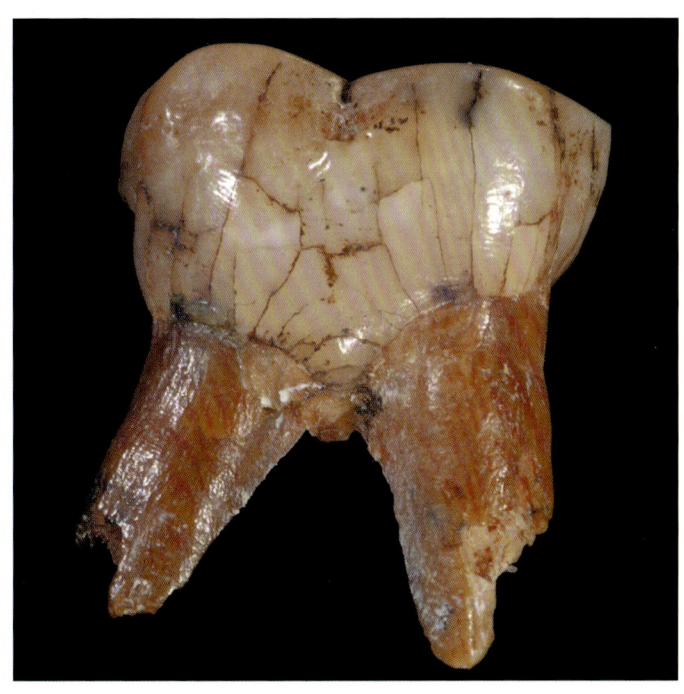

▶ 在南非豪登省（Gauteng）发现的一颗180万年前的傍人属臼齿。

更多例子表明，其他人种属于同属，都有独特的傍人属外观：除拥有厚珐琅质的大颗臼齿外，还包括开阔、前突的颧骨，面庞呈圆盘状，有时还有一个明显的矢状嵴（位于头骨顶部）。颧骨和矢状嵴都附着肌肉，能为巨大的下颌提供咬合力。可以进行合理猜测的是，傍人属以草和莎草等低热量粗糙纤维植物为食，故而需要大量进食，需要有力的下颌用来咀嚼。

傍人属化石也表现出明显的性别二态性，雄性比雌性大得多，这意味着雄性在性接触权力方面存在着竞争。尽管如此，傍人属仍难逃被其他动物捕食的厄运。在南非斯瓦特克朗（Swartkrans）一个坍塌的洞穴系统中曾发现一个年轻傍人属的头骨，枕骨上明显留有豹子下犬牙咬穿的痕迹！

傍人属大约在130万年前灭绝。事实证明，该属走进了进化的死胡同。但毋庸置疑的是，在非洲东部和南部，南方古猿、傍人属和人属的几个物种同时存在。我们可以推测，它们偶尔会不期而遇，但不一定是出于竞争，因为它们独特的身体适应能力能使它们充分利用不同的生态位。

走出非洲

1960年，当世界著名古人类学家路易斯·利基（Louis Leakey）夫妇在坦桑尼亚奥杜威峡谷挖掘出一些不同寻常的人类化石时，起初并不确定如何进行分类。它们看起来不像南方古猿，当然也不像傍人属：门齿过大，臼齿太小，头骨偏薄，脑壳奇大。然而，仅仅4年后，他们便发表了一篇论文，宣称发现了新物种：能人。

该名字的意思是"手巧之人"（Handy Person）。之所以起这个名字，是因为考古学家们在发掘现场的能人旁边发现了已知的最古老工具。化石和工具都可以追溯到大约190万年前，这时正是人类的起源。

遗憾的是，此时人们对总体情况还不甚明了，太多物种的化石使得人们对描绘进化路线图失去了信心。能人可能已经进化成直立人,最早的例子可以追溯到 190 万至 160 万年前,但我们不能确定。可以肯定的是,直立人是第一批离开非洲大陆,移民到世界其他地区的原始人(人们间或称这一事件为"走出非洲 I")。

▼ 在奥杜威峡谷发现的约 180 万年前能人头骨的复制品。

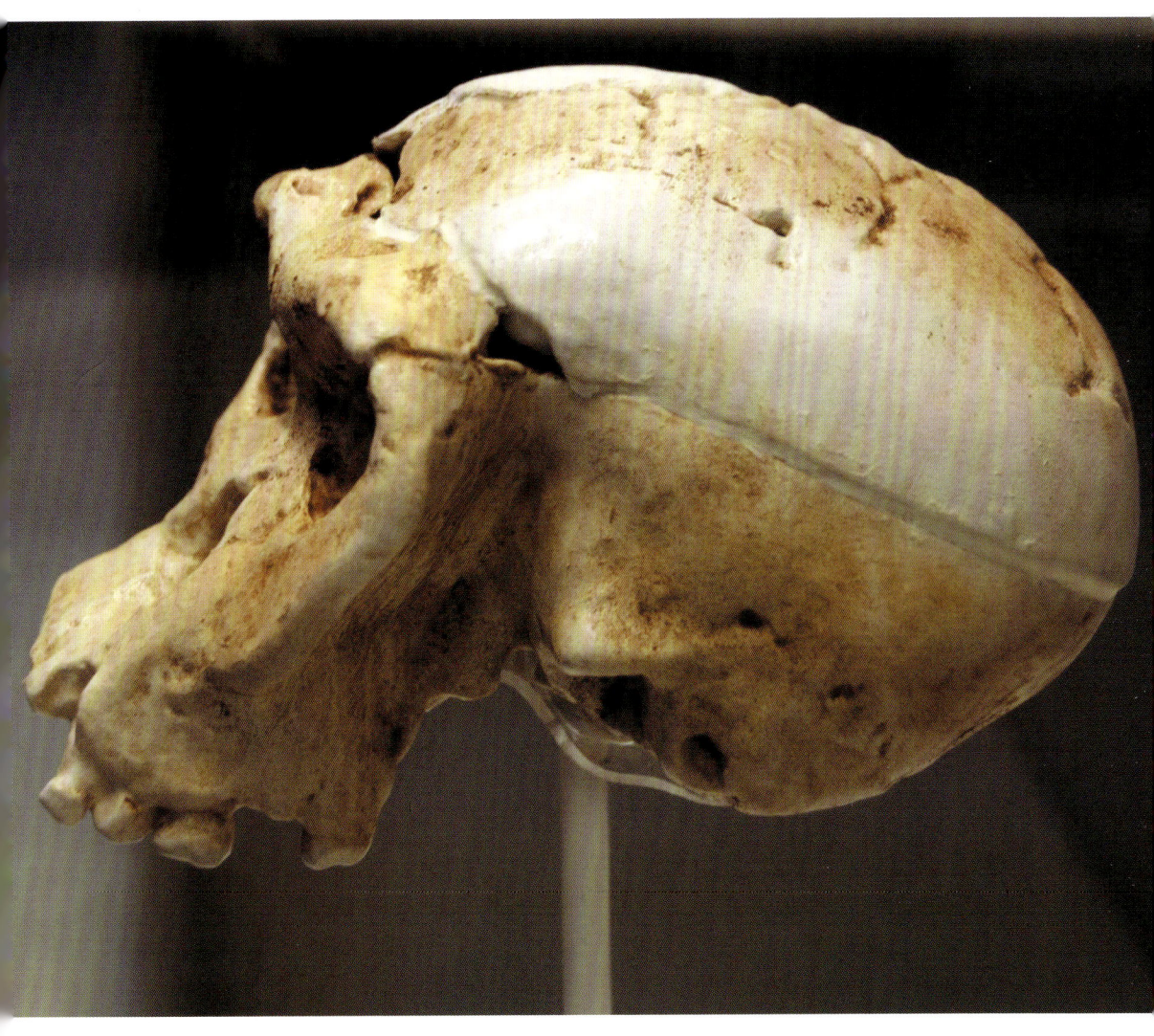

第一章 古人类的黎明

寻觅化石

古人类学家和考古学家所说的"埋藏学过程"使早期人类证据产生了严重偏移。这一考古学术语旨在说明随着时间的推移，遗址在人类、动物或环境影响下的形成和变化。这些过程影响着我们正在寻觅的化石和工具。

虽然第一批人类遗骸只在非洲被发现，但一些物种离开了家园，走向远方。已知最古老的化石是170万年前格鲁吉亚的德马尼西（Dmanisi）化石，目前被归类为直立人的一种。这是否意味着早期人类的活动范围仅限于这些地区？还是我们在其他地方没能找到化石？证据的缺失并不一定是缺失的证据。

另一个问题是物质的可移动性。许多化石是在坍塌的洞穴系统中发现的，它们通常很难找到，也很难触及。例如，约翰内斯堡附近新星系统中的一个深穴挖掘不得不由一些身材苗条的女性来完成，因为只有她们才能从狭窄的缝隙中挤进去！至于化石是怎样进到那里的，尚不得而知。早期人类真的生活在此吗？还是他们掉进地洞困在此地？抑或他们的尸体被食肉动物拖拽至此？或是他们的遗骸在某个时刻被大水冲刷到此？

有些遗址的遗骸来自不同时期，不知何故混乱地聚集起来。至于哪些骨头属于同一个人，哪些骨头可能与在同一地点发现的动物骨头和石器有关，都难以确定。

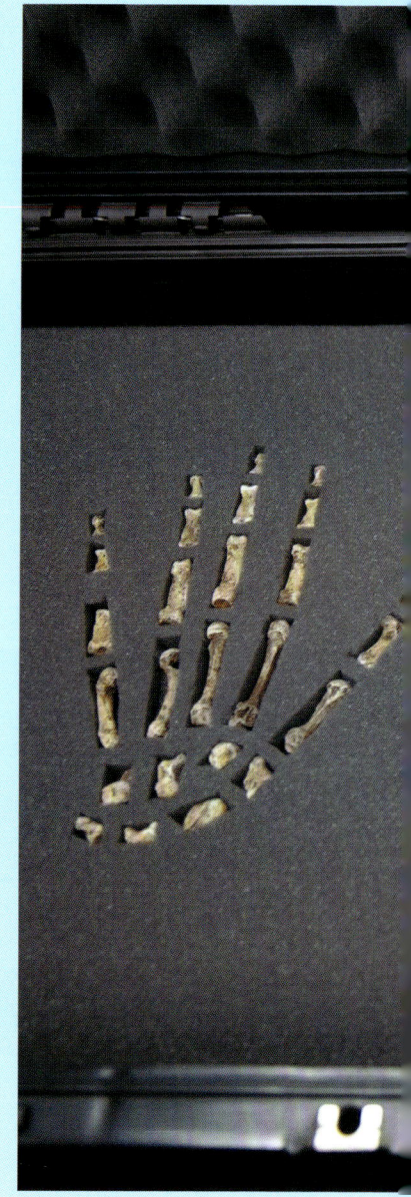

我们所发现的化石很可能远非典型样本。这使得1000块拼图的问题更加复杂，因为毕竟我们只有50块拼图。即便在我们已知的小样本中，这些拼图的分布也不尽如人意。

▼ 探险队在南非约翰内斯堡附近新星洞穴系统里发现的人体骨骼。这些先人是怎么到达那里的？

▲ 考古挖掘工作正在西班牙格兰多利纳洞穴（Gran Dolina）进行。在图片底部、木板下面是发现第一批先驱人遗骸的地方。

直立人的身高和身材与现代人大致相同，但体魄更加健壮，大脑更小，特征是生有一张大脸和没有下巴的下颚，眉脊明显。漫游癖似乎从一开始就是该物种的特点，因为早在160万年前他们就来到了印度尼西亚，在70万至50万年前抵达中国。在中东和欧洲大部分地区也发现了直立人化石。

不过，他们与其他物种也有重叠，进化关系尚不明晰。西班牙古人类学家在西班牙北部的格兰多利纳洞穴发现了一个被称为先驱人的物种，并追溯到约85万年前。他们是否代表了另一场"走出非洲"的迁徙？他们有可能是海德堡人、尼安德特人和智人的共同祖先吗？我们是否开始看到一个与直立人平行进化了100多万年的单独的人类谱系？

海德堡人的遗骸主要广泛分布在欧洲各地，可以追溯到60万至30万年前。20世纪90年代，在英格兰南部的博克斯格罗夫（Boxgrove）发现了该物种的大量证据。该遗址是一处大约50万年前用于屠宰的化石海岸线。除了一根人类胫骨和两颗门齿外，发掘者们还发现了大量手斧和大型哺乳动物骨头，上面留有屠宰痕迹。从保存下来的遗迹中甚至可以观察到燧石切割者坐在那里制造阿舍利手斧时腿的位置！这恰好在无意间证实了一次性石器的想法：人们往往在需要时就地取材进行制造，并不指望它们能用很长时间。

尼安德特人

丢掉脑海中"笨拙、弓背、曳行、野兽般强壮、用咕噜声交流、挥舞棍棒互相殴打"的想法，因为这完全是对尼安德特人的陈旧刻板印象。以科学技术为基础的新思维会呈现出一幅全新的图景。

通过对牙齿的检查，可以探明日常生长线、"微沉淀物"中的饮食证据，甚至牙石中残存的炉烟灰。人们用茶匙一勺一勺地对遗址进行分解，每件文物和生态物都被三维记录并单独装袋，这样我们就可以弄清楚10万年前打制石器的尼安德特人在做些什么。

然后，这些细微证据将被用于更加精细的古生态和古气候宏观重构。此外，还需要冰芯、海洋沉积物样本、湖床中的花粉序列、古代苔原的灰尘堆积、洞穴中的流石和大块珊瑚礁等科学证据。为此，甚至需要深入格陵兰冰盖和南极冰层探取冰芯，以获取至少 80 万年前气候的准确记录。这些技术手段结合在一起，能为我们提供过去气候及冷暖期变化的精确校准记录。

结果是，旧的刻板印象荡然无存。浮现在我们眼前的是，尼安德特人裹着毛皮抵御北方的严寒，大口呼出的白色哈气弥漫在冷风之中，他们用长矛瞄准即将倒地的冰河时代的巨型动物，如长毛象。"为北极而生"的古老传说进一步强化了人们的这一想象，比如他们结实的身体可以御寒、大大的鼻子可以应对稀薄的空气。

◀ **尼安德特人埋葬地。新的考古技术正在从根本上改变人们对该人种的理解。**

第一章 古人类的黎明 | 017

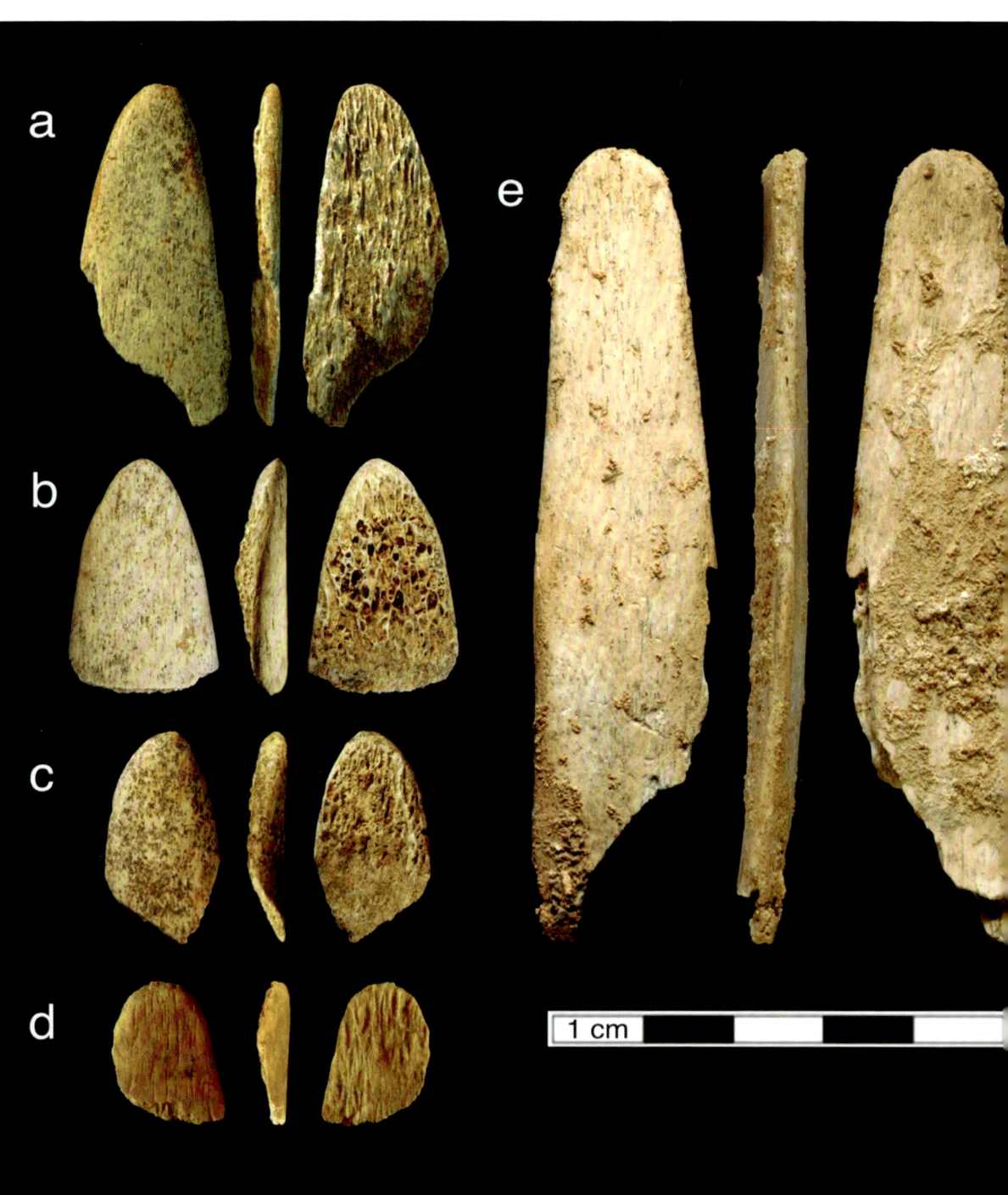

▲ 在法国西南部发现的尼安德特人骨器。这些工具是专门为加工兽皮而设计的平整器（lissoir）。

018 | 考古与文明

但事实上，尼安德特人很可能在宜人的森林中猎杀长着直牙的大象，在沙滩上赶海，或者在倾盆大雨中匆忙奔跑，就像俯下身来抵御冰冷刺骨的暴风雪一样。气候波动和尼安德特人的活动范围意味着该物种并非专门"为北极而生"。

他们出现在大约 45 万年前，可能在 4.5 万年前灭绝。在那个气候波动巨大、冰川进退无序、冷暖起伏较小的时期，他们的足迹遍布从中亚到伊比利亚半岛、从波罗的海到直布罗陀的许多地方。原始人对生存环境的适应历来都不单是身体上的，还是文化上的，不仅需要骨骼和肌肉的顺应，还需要服装、居住方式、工具和饮食习惯的迎合。尼安德特人依靠工具、毛皮、衣着以及火来取暖。可以说，这其实算不上是身体上的依从，而是文化上的耦合。对进化形式的狭隘功能解释正在让位于对物种如何发展的更加细致的理解。我们现在意识到，进化可能具有怪异的特质，它并不总是超自适应的。

我们认为尼安德特人非常"另类"，但是我们自己也算是一种异端，只是面对自己形形色色的表现，我们已经习惯了。不过，我们和"他们"之间的所有差异——我们高高在上的球状头颅、缩在头顶下的面孔、细小眼睛、尖鼻子和突出的下巴，只是"做人"的不同方式而已。

当然，身体上的差异是真实存在的。凭借他们深蹲的身形、健壮的胸部和短粗的弯腿，尼安德特人天生就擅长登山，但却不善短跑。从另一方面讲，他们并不"卑躬屈膝"，直立行走，双手灵巧，是聪明、创新的工具制造者。

他们并不孤单，与其他种类的原始人共享自己的世界。例如，早期与直立人和海德堡人为伍，后来与智人、西伯利亚的丹尼索瓦人（Denisovans）和印度尼西亚的弗洛里斯人（大众媒体称之为"霍比特人"的小岛原始人）等新发现的物种比肩。

然而，大约 4.5 万年前，所有其他人种相继灭绝，只有智人幸存下来。这一时期恰逢带来旧石器时代晚期革命的文化大爆发前夕，是时候和我们自己见面了。

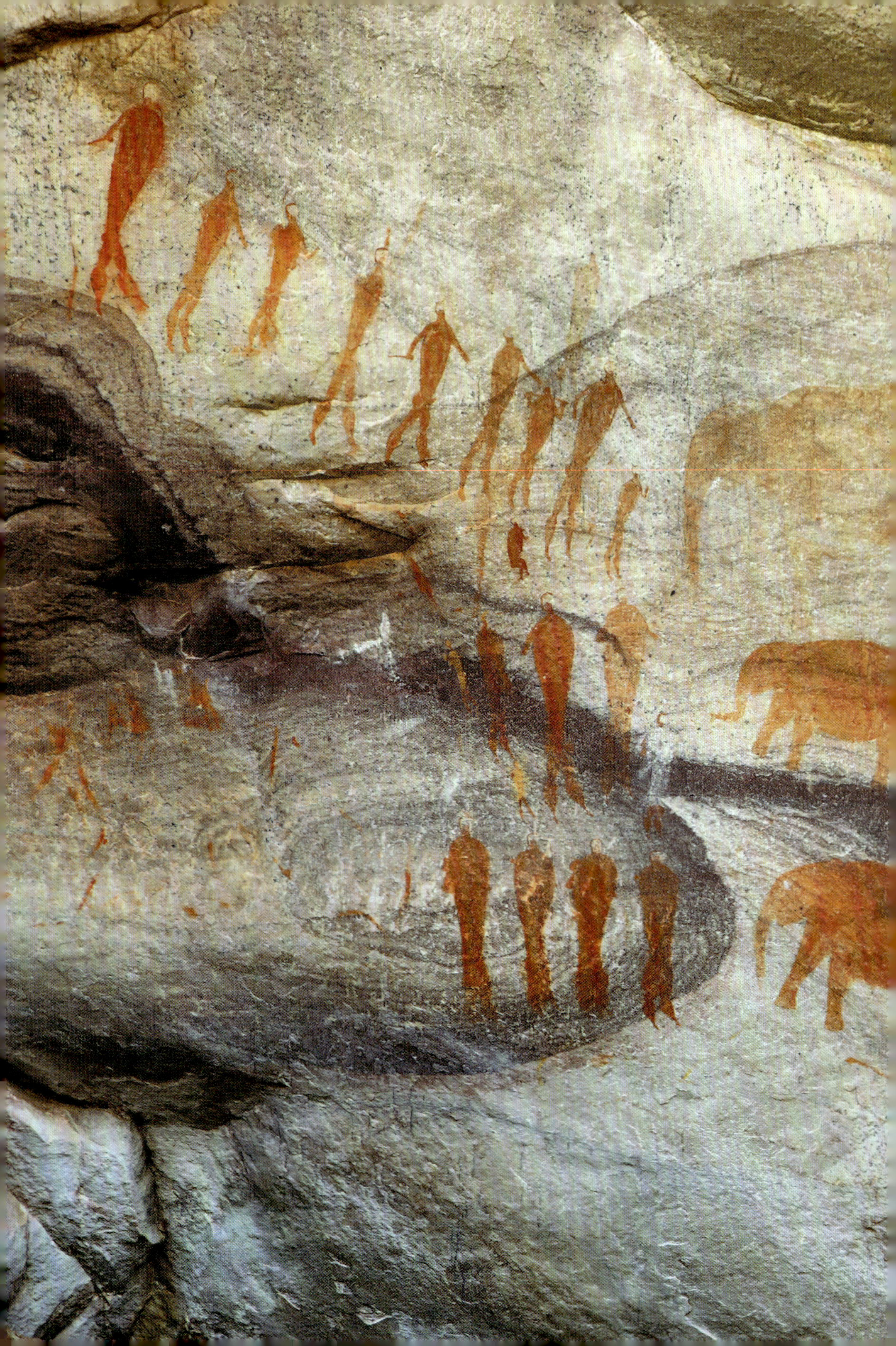

第二章
第一批现代人类

  这一物种出现的确切日期难下定论，因为进化是一个过程，而不是一个事件。追溯到 33 万年前的摩洛哥杰贝尔·伊罗（Jebel Irhoud）人头骨、颚骨和牙齿碎片具有独特的智人特征。在埃塞俄比亚奥莫发现的化石更接近现代人形，其年代为 19.5 万年前。大多数古人类学家都认为奥莫遗骸是智人的真切实例。

南非锡德伯格（Cedeberg）古代洞穴中的这幅岩画描绘了人类和大象。

▲ 1971年，人们在卡夫泽洞穴中发现一具性别不明、胸口扣着鹿角的少年遗骸。

  这些非洲化石早于其他地方已知的最早的智人化石。来自以色列斯虎尔（Skhul）和卡夫泽（Qafzeh）两个洞穴的化石可以追溯到大约10万年前，似乎代表了智人的一些原始状态。最近在更远的地方发现了包括来自西亚、南亚和东亚的化石。这些化石的年代约为8万年前，但遗骸很少，主要是孤立的牙齿，或许他们代表了原始智人一个已灭绝的进化分支。大多数古人类学家认为，"走出非洲II"的主流动向直到约6万年前才发散开来。

  不过，这却是爆炸性的。在短短2万年的时间里——从进化视角来看，这只是短暂的一瞬，这个新物种似乎就已经遍布欧洲、亚洲和澳洲了。又过了2万年，智人已经开始向美洲移民。

  各种各样的数据正在将移民美洲的时间往前推到比以前意识到的要早得多的时段。基于克洛维斯（Clovis）文化的旧学说认为，首次定居发生在大约1.2万年前。然而，我们现在知道，人类生活在美洲的时间远比这要早得

▶ 在新墨西哥州白沙国家公园发现的人类脚印化石,可追溯到大约2.3万年前。现场共发现了61个脚印,脚印中嵌入的种子使研究人员能够使用放射性碳定年法来测定它们的年龄。

多。从遥远北方的育空河(Yukon River)一直到南美洲的安第斯山脉和智利,所有的线索都表明,那里的人类定居可以追溯到大约2.4万年前。最近登上新闻头条的证据是在美国新墨西哥州白沙国家公园发现的一系列古人类足迹,进而证明人类在2.3万年前就已经在该地区活动了。

正如我们所看到的那样,这次世界各地的移民大爆发恰逢所有其他人类物种灭绝时期。我们该如何解释这个新超级物种的一举成功呢?

旧石器时代晚期革命

阿舍利手斧已经使用了大约150万年。在整个旧石器时代早期(330万—30万年前),工具制造技术实际上是静态的。在旧石器时代中期(30万—4万年前),早期人类使用一种新的勒瓦娄哇(Levallois)技术制造了大量工具。通过这种技术，石器打制者只需一击，便可把石核剥出所需形状和尺寸的薄片。穆斯特文化期工艺（Mousterian industry）制造出来的切刀、制皮刮刀、缝衣针和安装在木柄上的矛头等都与尼安德特人有关。

不过，这种技术也曾长期存在，在数十万年的时间里几乎没有发生过改变。相比之下，克鲁麦农人（Cro-Magnon）化石（欧洲考古学界通常称之为智人遗骸）与林林总总的奥里格纳西（Aurignacian）石刀片有关。这些石刀片较长、薄脆但超级锋利，具有切割工具的特点。奥里格纳西石刀片是一种多姿多彩又充满活力的文化的一部分。

随着时间的推移，这种文化将催生出投矛器、鱼叉和弓，推动人们驯养狗，助力旧石器时代晚期（4万至1万年前）的人们成为多才多艺、异常高效的猎人。

英国切达峡谷（Cheddar Gorge）的高夫洞穴（Gough's Cave）是典型的智人遗址。这里出土了人类遗骸、动物骨头、数千件石器以及由骨头和鹿

▼ 锋利的石刀片特别适合切割，出现在大约4万年前，是奥里格纳西的代表性工具。

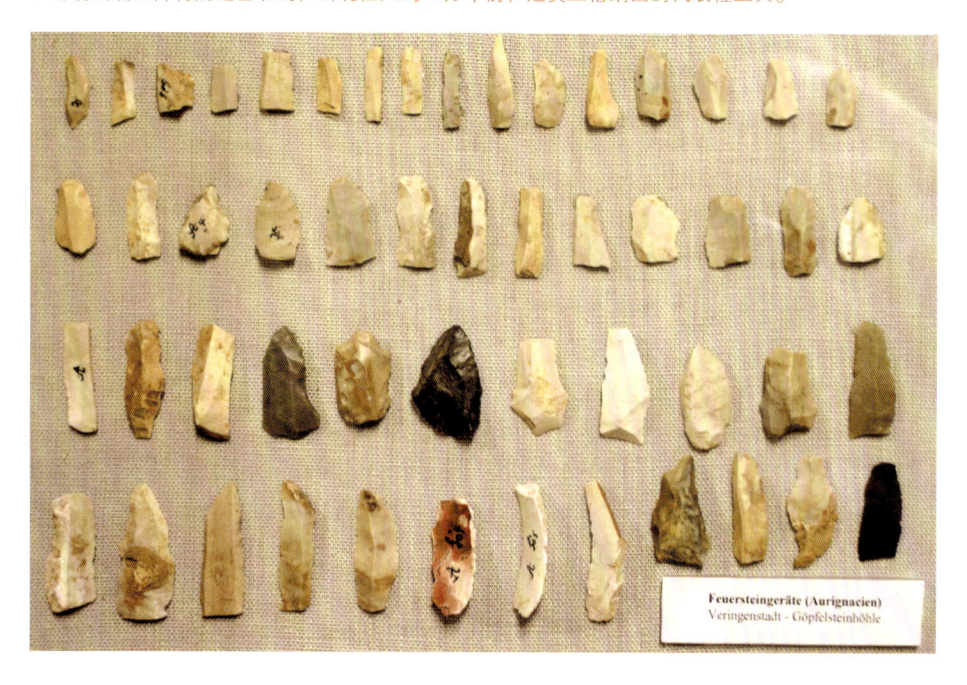

角制成的工艺品。这些遗迹可以追溯到大约 1.4 万年前，属于一个猎马人群体。该洞穴不仅能为人们遮风挡雨，在其俯瞰峡谷的有利位置还能观察到穿过峡谷的马群和野鹿。这个智人群落适应了一个非常特殊的生态位——上一次大冰川作用后期天然形成的野生动物迁徙通道。

那个时代的人们不仅为自己制造了成套工具，也在进行艺术创作。1908 年，在奥地利威伦道夫（Willendorf）的考古发掘中，已知最早的艺术实例之一大白于天下：这尊红赭色"威伦道夫的维纳斯"由鲕状石灰岩雕刻而成，

▼ 高夫洞穴是一个早期智人文物遗址，可追溯到大约 1.4 万年前。

是什么让我们成为人类？

我们不能用勾选清单来定义自己，因为这并非进化之道。我们通过划定界限——科、属、种——来对化石进行分类，但我们所观察到的是数十万年来持续变化的缓慢过程。

尽管如此，渐进的变化可能会累积到某个临界点，直到这时谈论某个拥有自己独特属性和能力的新物种才变得有意义。南方古猿能制造简单的石器，尼安德特人会用毛皮和皮革制作衣服。所有古人类都是群居动物，他们成群结队地在大地上移动，一定拥有共同的行为准则，可能还会使用某种语言进行交流。然而，他们都没能实现大约6万年前开始的快速全球化。

我们应当在此提及"进步的"进化。从某种意义上说，人类正在变得更加聪明和富有创造力，其中至关重要的是大脑能力。随着时间的推移，人类的大脑变得越来越大。现代人类的颅骨容量通常在1130到1260立方厘米之间。相比之下，非洲南方古猿的脑容量约为450立方厘米；直立人的脑容量约950立方厘米（需要注意的是，尼安德特人的大脑体积如果不比我们的大，就与我们的相似）。

这一特性的自然选择是一个颇为严肃的问题。脑组织比其他组织更加金贵：大脑只占我们体重的2%，却至少消耗了食物能量的20%。这种天择所带来的风险也很高。人类对直立行走的适应需要有狭窄的骨盆，但又要有较大的脑容量，这会在分娩时给女性骨盆造成压力，其结果是缓慢、痛苦，有时甚至是危险的生产创伤。

▼ 直立人头骨。

不过，这种自然选择的优势也显而易见。大容量大脑使现代人类能够通过共同语言和共享文化，创造和维持复杂的通常约150人的社会关系。人类不仅是群居动物，而且是超级群居动物，人类的大脑也就相应进化得特别大和复杂。

社交能力给进化带来了巨大的好处。人类的狩猎、采摘群体非常小，可能只有三四十人，但他们会与其他群体发生联系，或许有五六个类似规模的群体互相分享伴侣、资源、劳动力、信息和想法。社交、合作和文化彼此密不可分，都需要高水平的智力：从生物学角度来说，就是脑组织。

这让"是什么造就了我们"这个问题回答起来格外有难度。答案是文化。这意味着我们所创造的一切反过来造就了我们自己，从最简单的工具（如石斧）到最复杂的机器（如现代机器人），从用以交流的语言到政治机构，从"下里巴人"的电视游戏节目到"阳春白雪"的古典音乐和艺术杰作。

智人有这样一个特征：与包括其他人在内的所有其他动物不同，他们不受生物学的限制而囿于有限的环境之中。他们善于思辨，群策群力，同舟共济，不断创造新的文化形式，几乎能够适应任何地方的生活。因此，生物进化被文化进化所取代。在其他动物适应自然之际，现代人类则在改变自然。

▲ 尼安德特老人复原图。

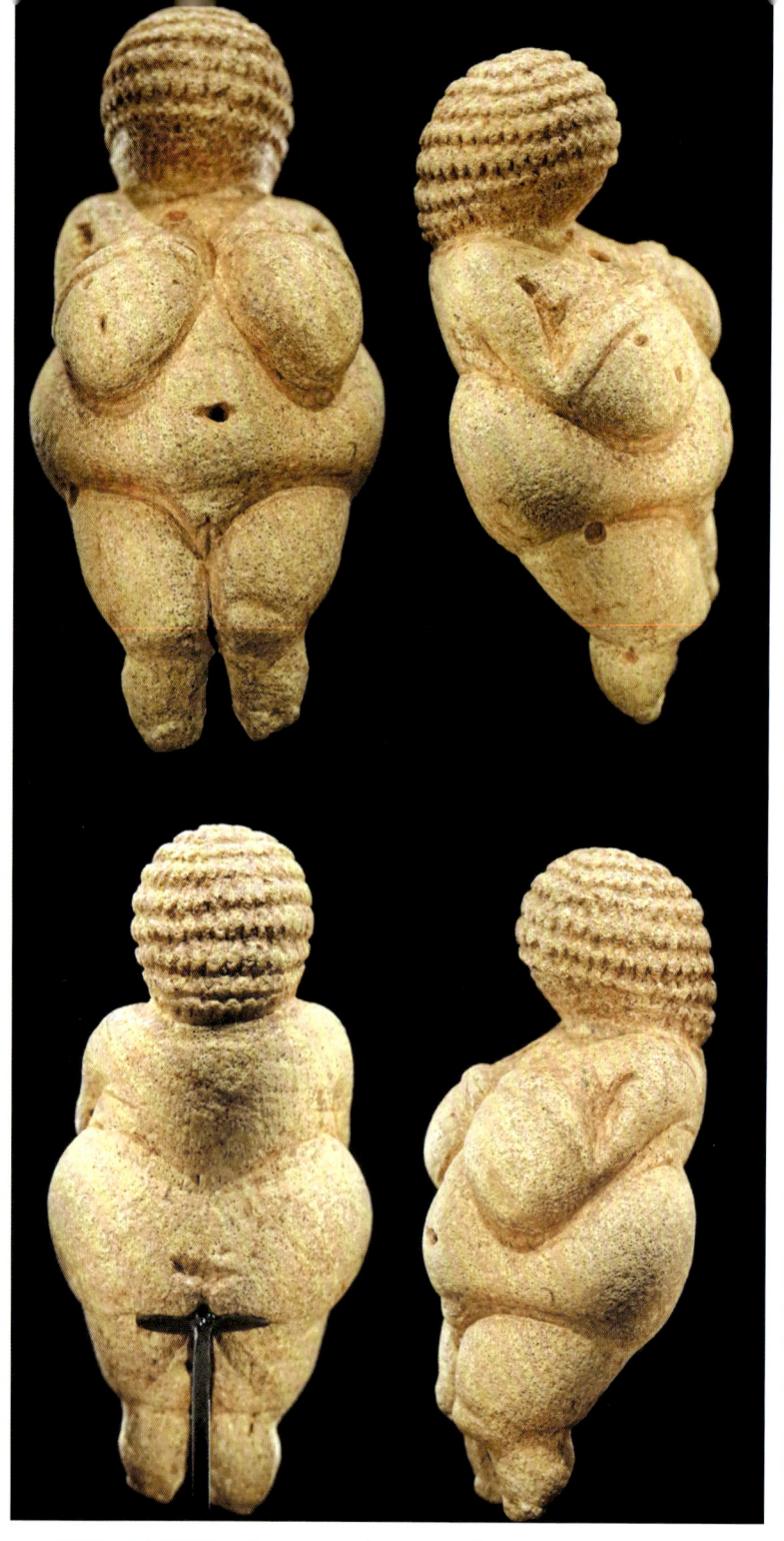

▲ 在奥地利威伦道夫附近出土的 2.5 万年前的"威伦道夫的维纳斯"雕像。这种雕像在旧石器时代晚期的欧洲多有发现。

▲ 肖维洞穴中令人叹为观止的描绘马匹和狮子的岩画。这是世界上最古老的艺术作品实例。

高 11 厘米，胸部丰满，大腹便便，大腿健硕，无疑是大约 2.5 万年前的生育女神。人们还发现了许多其他"胖女人"雕像实例。

更为壮观的是旧石器时代晚期层出不穷的洞穴艺术品。最早的例子是 1994 年在法国阿尔代什（Ardèche）肖维洞穴（Chauvet Cave）发现的。这里已经编目了数百幅动物岩画，描绘了 13 个不同的物种，其中包括欧洲野牛、熊、牛、鹿、马、豹子、狮子、长毛象和犀牛。它们的年代可以追溯到 3.7 万—3.35 万年前和 3.1 万—2.8 万年前这两个时期。

旧石器时代晚期绘画之所以大隐于此和其他地方并保存得如此悠久，是因为它们位于洞穴系统的最深处，在闪烁的人造光源下创作而成，但艺术家们却取得了惊人的成就。为什么？考古学家总是喜欢分庭抗礼争论这样的问题，但正确答案几乎可以肯定地讲是最显而易见的：我们见证了求子仪式的魔力。这种仪式是祈求现实的手段。我们可以想象成群的猎人或许在巫师的带领下，定期造访洞穴，举行神圣仪式，包括跳舞、唱歌和唱诵。

旧石器时代晚期的艺术种类繁多，包括石头、骨头、鹿角、象牙和黏土的岩刻、雕刻和雕塑，以及工具、礼器、乐器和其他手工艺品上的铭文、彩绘与装饰。这些艺术表现形式让我们深入了解了旧石器时代晚期人们的思想和信仰，而这对所有较早期人类来说是不可能的。目睹这些先人的艺术作品，我们知道自己和他们一脉相承，因为我们也有自己的圣物和魔法，还有旗帜、国歌、服装和仪式。

旧石器时代晚期的危机

旧石器时代晚期出现了一个问题：随着狩猎效率攀高，人类群体规模日益扩大，许多人赖以生存的大型猎物——长毛象、巨鹿、野马等被猎杀殆尽直至灭绝。

与此同时，上一个冰河时代最后一次冰川作用结束之时，地球正在变暖，大型猎物游荡的广阔草原正在再生林下消失，猎人可资利用的生物量

▲ 这样的"细石器"是石器技术发展的一个里程碑，因为它们体积小，易于携带，可以多用途有效利用，磨钝或破碎的"细石器"可以快速轻松地进行更换。

减少约 75%。向杂食性饮食转变、植物性食物占比更高，对智人生存至关重要，也是对智人进化适应力、物种适应力和生存能力的最严峻考验。

在新森林覆盖的北部地区，大多数人类定居在河流、湖泊、三角洲、河口和海滨，那里的食物丰富多样。公元前 7500 年左右，英格兰北部约克郡的斯达卡（Star Carr）是每年暮春和夏季人们使用的季节性营地。中石器时代的人在此猎杀野牛、麋鹿、马鹿、狍子和野猪，也猎杀松貂、赤狐和海狸等较小动物。他们采取跟踪和近距离伏击的方法，使用专门的武器，如带刺的矛头和被称为"细石器"的小薄片，用来制作箭头，或与其他薄片粘在木轴柄上，做成鱼叉等复合工具。

精细的狩猎、采摘和觅食技法使中石器时代居于温带的人们能够开发出潮湿和树木繁茂地区的新食物资源。但在更南边，危机要严重得多。在亚洲新干旱地区，全球变暖的影响需要适应性极强的新人类做出更激进的反应：从食物采集转向食物生产。自然文化的转变由此即将进入一个崭新的阶段。

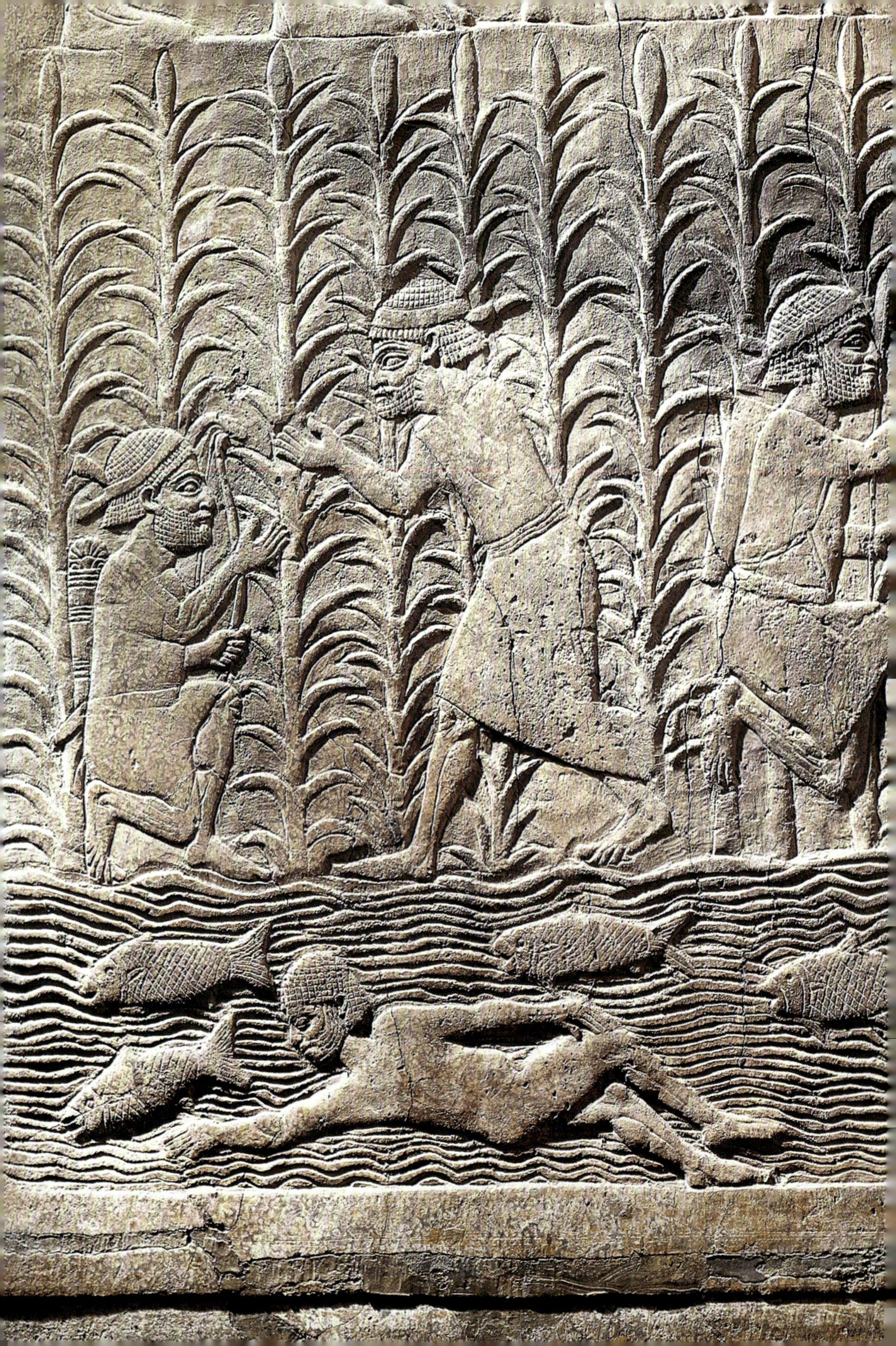

第三章
农业革命

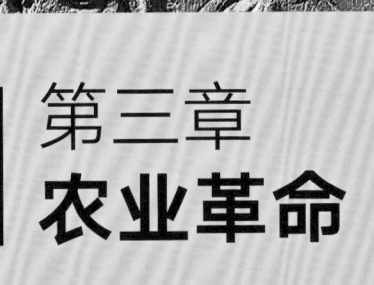

在新石器时代，一场巨变自公元前1万年悄然兴起，涉及农耕实践、亲缘关系和军事组织。它在西亚新月沃地（Fertile Crescent）风起云涌，但在南美、中国和非洲也发生了类似的变革。考古学家们在探求发现农业发展和扩散方式的同时，也试图了解其更广泛的社会、经济和政治影响。

约公元前645年亚述帝国尼尼微（Nineveh）王宫里表现农耕场景的浮雕。

▲ 新石器时代埃尔－贝达村遗迹，约公元前 7200 年至公元前 6500 年有人居住。

新石器时代早期的村庄

约旦南部的佩特拉（Petra）古城是世界上最著名的考古遗址之一，以其蜿蜒连绵的砂岩峡谷而闻名，游客可以通过峡谷走近其数千座岩墓，其中包括精心雕刻的纳巴泰（Nabataean）阿拉伯国王纪念墓地和建在中央柱廊街道两侧的宏伟寺庙。但就在它旁边还有另外一处考古遗址，无人问津，几乎为世人所遗忘，但其在世界历史中的重要性却使佩特拉相形见绌。阿拉伯语称其为埃尔—贝达（El-Beidha），是迄今为止发现的最早的农业定居点之一。

公元前 6500 年左右，新石器时代早期的农民曾在这里聚居。他们住在石头、泥土和茅草盖成的房子里，用简陋的手推磨磨米，还制造了各种各样的燧石工具，如箭头、刀和刮刀等。

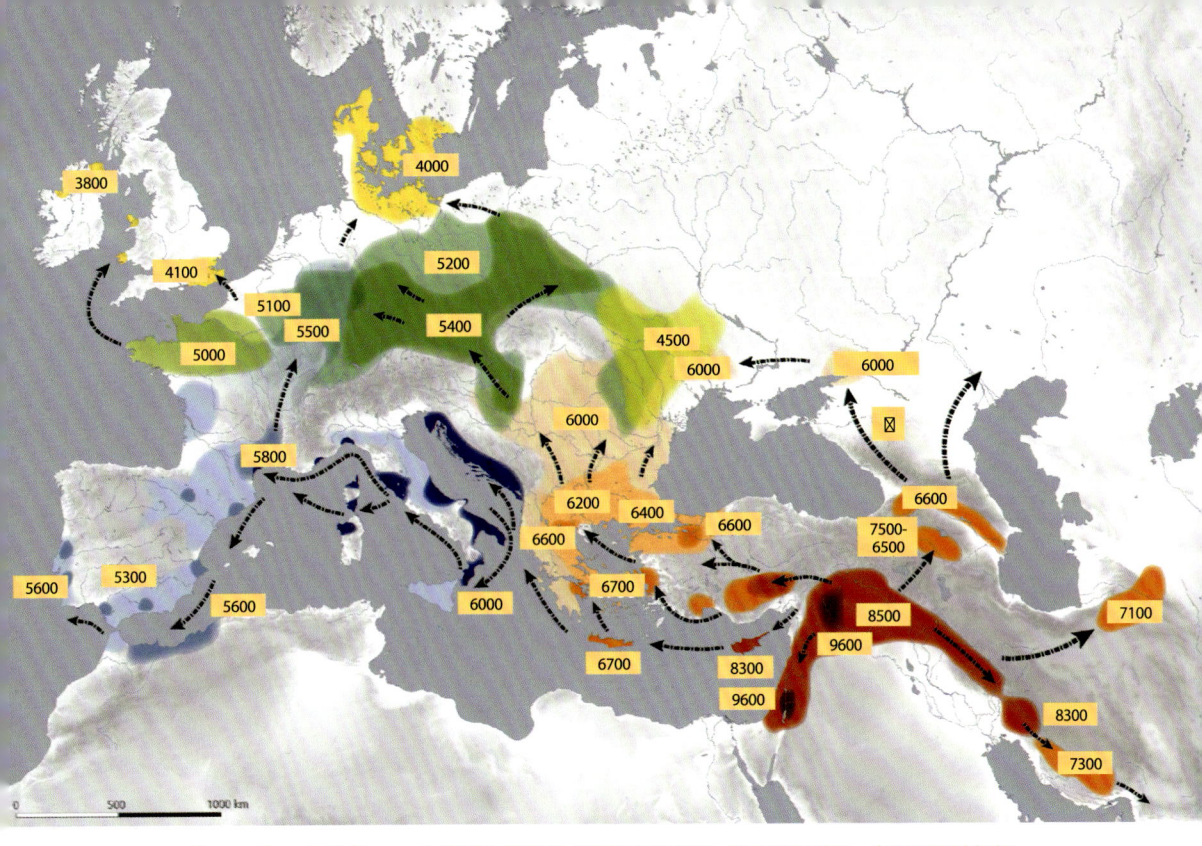

▲ 公元前9600年至公元前4000年欧亚大陆西部农耕分布示意图。考古证据显示，自新月沃地伊始，农业向西传至欧洲大陆，向东遍布伊朗高原，尽管还有其他几个地区的农业系独自产生。

为什么他们会在此定居？这很容易解释，因为这个村庄位于佩特拉的一座砂岩山脉的背风处，前面是由冲积土（水沉积）形成的一片广阔干谷，山脉既吸纳又疏导冬季洪水，进而形成溪流、泉水和水池，使得佩特拉成为一片绿洲。后来，纳巴泰人建造了人工运河和大型蓄水池，以集纳这些宝贵资源，供干旱夏季到来时使用。新石器时代早期的环境更加潮湿，植被也更丰富。他们的祖先或许利用自然水源来灌溉作物和喂养动物。

埃尔－贝达位于新月沃地。这是一条从黎凡特（Levantine）海岸穿过叙利亚延伸到美索不达米亚的弧形地区，即"两河流域"（现代伊拉克一带）。考古学家曾经认为农业起源于这里，后来又扩散到其他地区。虽然我们知道农耕实践、动物驯养和植物培育肯定扩散广泛，但我们也清楚，它在

第三章　农业革命　| 035

不同时期、不同地区也有独立进化，例如，在南美洲、中国和非洲之角都有独立的农业中心。换句话说，单一的"扩散论"已经被"独立进化"学说所取代。

然而，毋庸置疑的是，最早的农业定居点位于亚热带地区，而在落叶林遍布的温带地区，人们继续依赖狩猎、采摘、食腐谋生。第一批农民别无选择。亚热带地区气候变暖意味着干旱和野生动植物自然资源减少。为让现有种群生存下去，他们必须开始自给自足，自力更生。

▼ 玻利维亚现代版刀耕火种。这种做法可以追溯到农耕起源时期。

新的生活方式

从狩猎、采摘到放牧驯养动物、种植作物的飞跃并非像人们曾经以为的那样突然和绝对。长期以来，猎人与猎物之间一直是共生关系。他们开辟林中空地，诱导动物活动，提供食物，放生幼崽，抵御捕食者。从这种动物管理向畜牧业的转变很容易实现。畜牧业即是由狩猎管理演变而来。

同样，只需简单观察便能注意到，植物系从种子生长而来，进而可以得出这样的推论，即人们可能会采集和种植种子。任何无知都没能妨碍人们早早开始种植物，但农耕终究是一项长期、重复的苦役：伐木、排涝、锄地、修整草皮、铲除杂草和害虫，以及作物成熟后的收割和储存，概莫能外。同时还得承受干旱、洪水或枯萎病的风险。年复一年，周而复始。

不足为奇的是，越来越多的证据表明存在混合模式，数百年甚至数千年来，同样的聚居区在狩猎和采摘的同时还进行耕种和放牧。早期农民的"刀耕火种"推动了这种模式的演进。他们会开辟园地，在上面一连耕作数年，待土壤肥力耗尽后，继续迁徙他处耕作，让园地重新融入荒野。

一旦开始农耕就不能回头了。他们起初选择农业实非所愿。不过，这意味着更高的产量，能够养活更多的人口，也使得大自然的馈赠与生存所需之间的差距越拉越大。人类很快就作茧自缚，为自己的成功所困扰。

各地的农业各具特色：新月沃地主产小麦、大麦、豆类、牛、羊、山羊和猪，东南亚特产大米、香蕉、番薯、水牛、猪和鸡，中美洲则以玉米、豆类、红薯、西红柿、鳄梨和可可为主。

血腥的石器时代

德国西南部的塔尔海姆（Talheim）死亡坑表明当压力外溢时可能会发生什么。该坑宽3米，里面埋葬有34具遗骸，其中一半是儿童。两名成年人的头骨被燧石箭镞射中，包括儿童在内的其他20人曾遭痛殴，尸体随后被随意抛弃坑中。1983年发现他们的考古学家毫不怀疑这里曾经是一场大屠杀的遗址。

塔尔海姆大屠杀发生在公元前5000年左右欧洲新石器时代伊始。这一石器时代暴力的证据远非特例。在奥地利施勒茨（Schletz）一处新石器时代围场的沟渠中发现了一些被随意丢弃的遗骸。英国格洛斯特郡（Gloucestershire）克里克利山（Crickley Hill）筑有堤道的围场曾两次遭袭，周围散落着400多个燧石箭头，大多集中在沟渠之间的开阔地。在英国多塞特郡（Dorset）汉布尔登山（Hambledon Hill），出土了一名成年男性遗骸，胸部插有一支燧石箭头。

随着新石器时代战争的出土证据越来越多，一些考古学家重新审视博物馆收藏的往昔挖掘出来的人类骨骼，结果令人震惊。在研究小组检查的350个头骨中，至少有26个带有外伤痕迹。

社交距离在很大程度上排除了战争的可能性。有足够空间和便利食物来源的漫游原始人，即使在偶尔邂逅的情况下，彼此也不太可能发生争斗。但在新石器时代早期，世上到处都是定居下来务农和有房屋、工具、田地、动物、谷仓等资产需要保护的人。我们知道他们在划定领地，修建巨大坟冢和围场，社交距离明显在缩小。艰难时期生活勉强能够糊口，大家都没多少吃的，而近邻环伺，往往更容易横生龃龉。

因此，战争这种有组织的群体暴力成为新石器时代的有机组成部分，从而对社会组织结构产生了影响，男性武士得以被赋权，一种越发暴力、愈加重男轻女、更加等级森严的新社会形式应运而生。

新石器时代的生活方式是扩张性的。越来越多的土地变成了田野和牧场，持续增长的人口越来越依赖耕作和放牧，农业扩散至世界上大部分亚热带和温带地区。

然而，新石器时代早期的技术不但简单原始而且浪费惊人，社会缺乏足够的储备来应对自然灾害和艰难时世。在那些仍有许多原野可供开垦定居之地，压力尚属可控，可在其他地方，土地供应短缺，人口不断增长，压力势必外泄。

▼ 约公元前5100年一名在塔尔海姆大屠杀中丧生的男子的头骨，上面的痕迹显示了他生前曾遭受重创。

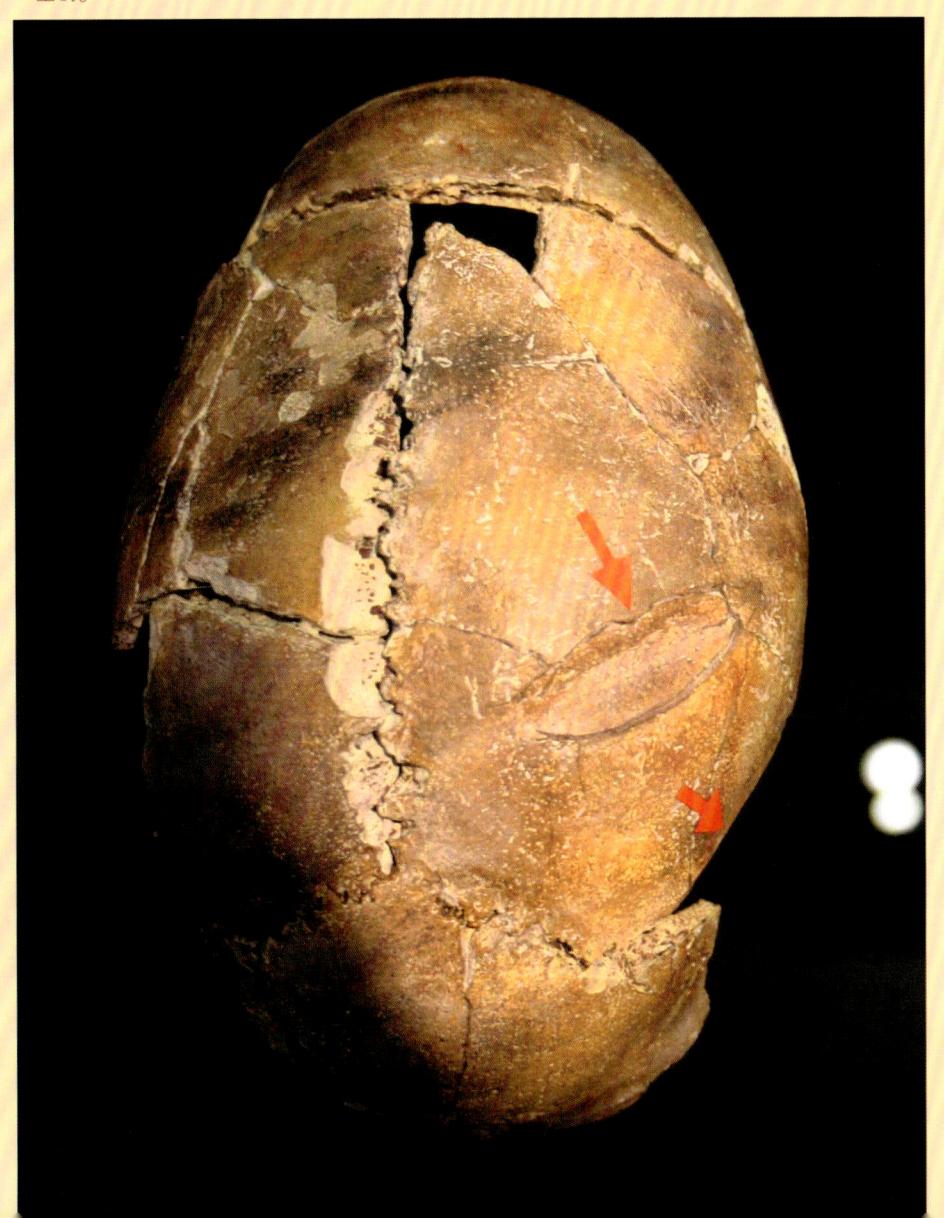

历次革命对社会影响都可谓巨大。农业革命是人类历史上仅有的两次包罗万象的变革之一（另一次是工业革命）。这意味着人们开始定居或者至少是半定居，开始有集体财产需要保护——农田、粮仓、羊群和水源，人口逐步增加，社会组织渐趋复杂，文化成就愈益夺目。游牧的狩猎采集者不得不携带拥有的一切出走，而定居的农民却能逐渐积攒起五花八门的家用器皿、农具和礼器。

新石器时代的生活方式是扩张性的。越来越多的土地变成了田野和牧场，持续增长的人口越来越依赖耕作和放牧，农业扩散至世界上大部分亚热带和温带地区。

然而，新石器时代早期的技术不但简单原始而且浪费惊人，社会缺乏足够的储备来应对自然灾害和艰难时世。在那些仍有许多原野可供开垦定居之地，压力尚属可控。可在其他地方，土地供应短缺，人口不断增长，压力势必外泄。

澳大利亚

然而，各地爆发的新石器时代革命的方式不尽相同。在有些地方，传统的狩猎和采摘做法仍然大行其道，同时也采取新手段来因地制宜。直到18世纪末叶欧洲探险家首次抵达之前，在整个澳大利亚大陆连同世界上最大的海洋——太平洋上的诸岛，人们依旧使用石器时代的工具进行狩猎、捕鱼和采摘。当时澳大利亚大陆上可能生活着50万土

▲ 澳大利亚新南威尔士州邦迪纳（Bundeena）的古老土著岩画所描绘的袋鼠。

著人。他们的祖先大约在公元前 4 万至前 3.5 万年间抵达这里，但后来海平面上升，阻断了澳洲大陆与外面更广阔世界的联系，土著人文化由此走上了独自流变的道路。变化虽然缓慢却真实存在，考古学家们的成果已经证实了这一点。沿海河口和潟湖周围定居点的贝丘证明了大约从公元前 3000 年开始出现以海鲜为食的部落。在内陆大河旁的定居点出土的石磨则表明，当地人主要以野生小米为生。有种新的带柄石器甚至在最严酷的沙漠和山区也能找到，这意味着狩猎技术的改进。有证据表明，从公元前 1000 年左右开始，出现了多达 700 人的定居村落和远距离易货做法，细粒石、装饰性贝壳和红赭石的运送距离竟达数百英里[①]之遥。

考古学家还记录了丰富多彩的神话、仪式和祖先崇拜文化。岩画在澳大利亚各地都有发现，部分岩画可以追溯到人类殖民伊始，因为它们有时会出现灭绝的巨型动物的形象。澳大利亚人还对树皮、篮子和纺织品进行装饰。这些艺术品包括动物图案、狩猎场景、精灵描绘、生殖象征和参差不齐的几何图形。这些画像可能与神圣仪式和埋葬地点有关，例如位于维多利亚州蜿蜒的墨累河（Murray River）洪泛平原上的鲁恩卡阶地（Roonka Flat），年代为公元前 5000—前 4000 年的 12 座早期坟墓立葬在狭窄的竖穴中，随葬有骨头和贝壳挂件，另外 70 处墓葬可以追溯到公元前 2000 年，葬式为伸展或蜷缩姿势的躺葬，随葬品有食物、骨头或石头等日常物品，间或有精致的衣物和珠宝，在一名男性头骨周围还发现了一条由两排小袋鼠前齿穿成的头带。人类学研究充分支撑了考古证据。我们知道，在原始的"梦创时代"，先祖之灵创造了大地、水、天空、动物和人类，并将自身融入创造之中，从而使物质世界始终充满了神圣的存在。这一切对所有土著群体来说都耳熟能详。

原始母系社会

当谈到对考古的解读时——这是本书关注的重点，永远都不要认为最新

[①] 1 英里约等于 1.6 千米。——译者注

▶ 路易斯·亨利·摩尔根(1818—1881年)是一位美国人类学家，他对易洛魁人的亲属关系模式进行了详尽研究。

研究成果就一定是最好的指南。学科是知识和解读的积累，总会有一些引人注目的开创性研究，使得学者们不得不一次又一次地解读。现在我们转向新石器时代的社会组织结构，它似乎已经演变了几千年，我们要探究一下个中原委。

我们的研究方法必须是跨学科的。正如研究旧石器时代的考古学家必然会借鉴研究化石遗迹的古人类学家的成果一样（参见第二章），研究新石器时代的考古学家同样离不开社会人类学家（研究小规模社会）和古代历史学家（尤其是那些专门研究古代社会的人）的真知灼见。

我们从早期社会人类学的经典著作之一——路易斯·亨利·摩尔根（Lewis Henry Morgan）所著的《古代社会》（1877年）谈起。在实地调查纽约州易洛魁（Iroquois）土著印第安人的过程中，他在亲属关系模式方面有了一个惊人的发现：易洛魁男性不仅是自己亲生儿女的父亲，也被自己兄弟的所有孩子称为父亲；另一方面，他把姐妹们的孩子称为侄子和侄女，而他们则叫他叔叔。与此同时，易洛魁妇女称自己和姊妹的孩子为儿女，而他们则称其为母亲；她称其兄弟的孩子为侄子和侄女，而他们则称其为姑姑。这

第三章 农业革命 | 043

▲ 勃洛尼斯拉夫·马林诺夫斯基在特罗布里恩群岛的工作离不开摩尔根学说。图为1918年他和几位岛民研究对象在一起。

绝非单纯做做样子而已，亲属关系称谓反映了易洛魁人各种关系的亲疏。

当摩尔根将他的研究扩展到过去和现在的其他社会模式时，他一次又一次地发现了相同的基本模式。他得出的激进结论是，最早的婚姻形式是一夫多妻制的集体婚姻，而不是一夫一妻制的配对婚姻。由此产生的同样激进的结论是，早期社会组织一定是母系制的。人们倾向于同母亲的家人住在一起，按照母系追溯自己的血统。

第一次世界大战期间，另一位英国社会人类学先驱勃洛尼斯拉夫·马林诺夫斯基（Bronislaw Malinowski，1884—1942年）对西太平洋特罗布里恩岛（Trobriand）居民进行的实地调查充分印证了摩尔根的学说。他发现，特罗布里恩的亲属制度是母系的（通过母系追溯血统），但婚姻却是父系的（妻子和孩子与父亲的家人在一起生活）。马林诺夫斯基将这种二分法解释为"母权与父爱"之争。换句话说，它代表了特罗布里恩亲属制度演变的一个过渡阶段。

▲ 线纹陶文化时期典型的长屋模型。长屋能容纳整个家庭，意味着一个相当不稳定的社会。

在回到考古学物证之前，我再扯远一点，谈一门互补学科。1926年[①]，德国著名古典学家约翰·雅各布·巴霍芬（Johann Jakob Bachofen，1815—1887年）的名著《母权论》出版。大约在同一时间，马林诺夫斯基出版了其有关特罗布里恩群岛的专著。通过研究希腊语和拉丁语文本，巴霍芬发现了大量证据，证明古代世界曾经是母系社会。例如，在古代的利西亚（Lycia，位于土耳其西南部），儿童的地位源于母亲而非父亲，财产由女儿而不是儿子继承，决策权属于女性而非男性。

考古学家对此有何评论？这无疑是史前学家们各执己见的一个领域，但证据仍然支持这样一种观点，即最早的农业社会本质上是平等的和母系的。

虽然可能存在分工，包括一些能通神治病的巫师，但似乎没有社会阶层或等级制度。以公元前5000年左右新石器时代早期欧洲线纹陶文化（Linearbandkeramik）为例：人们居住在由二三十栋长约30~40米、宽约5

---

① 《母权论》实际出版于1861年。

第三章 农业革命 | 045

▲ 一尊新石器时代的母亲雕像，高约 15 厘米。马丽加·金芭塔丝关于古欧洲文化具有强烈母系色彩的观点深入人心，母亲女神的形象随处可见就是明证。

米的木制长屋组成的大村庄里。建造它们必须付出集体努力,甚至需要整个群体的参与,因为它们过于庞大,每栋长屋都得能容纳下几代同堂的大家庭而不是核心小家庭。无论是住宅还是墓葬,都没有显示出财富的社会分化。留给我们的印象是,每个人都各尽所能,平等贡献和消费。也许每栋长屋里都住着一群兄弟姐妹和他们的孩子。

新石器时代早期或多或少普遍存在的大地母亲崇拜亦可视为古代母系制的证据。美国学者马丽加·金芭塔丝(Marija Gimbutas)的专著《女神的语言》(1989年)是史前母亲女神形象的集大成。她对母系制当然深信不疑。在她看来,公元前4300—前2800年间,源自中亚大草原的父权制和军事入侵性"原始印欧"文化取代了拥有母系组织、发达农业、固定居所、伟大艺术作品,没有暴力、与自然和谐共生的古欧洲文化。她的论点颇受争议,有些细节或许还有错误,但她为大地母亲崇拜的盛行所提供的证据却无可争辩。

因此,似乎没有扎实的依据来假设新石器时代早期社会由男性主导。由于女性一生中大部分时间要么怀孕,要么哺乳,分娩死亡率高,总体预期寿命相对较低,因此几乎可以肯定存在性别分工。在旧石器时代晚期、中石器时代和新石器时代早期的社会中,女性可能扮演着不同的角色:前者更多的是采摘而非狩猎,后者更多的是耕种而非放牧。然而,这并不是认为女性劳动受到轻视或女性声音在决策中被边缘化的理由。

从母权制到父权制

它们只不过是在裸露的发掘面上刮出的一条细细的深色土线,但却是格拉斯哥大学在苏格兰佩思郡(Perthshire)邓宁村(Dunning)进行的为期10年的考古挖掘中最令人惊叹的发现。它们可以追溯到公元前38世纪(公元前3800—前3700年)的新石器时代,与数百块史前陶器碎片有关。它们揭示出原始手扶木犁的活动。格拉斯哥大学考古团队在这些遗迹中发现了一些最早的农耕证据。

在世界其他地区，手扶犁很可能可以追溯到更早的公元前 6000 年。它们通常由两头牛牵引，后面的农民控制犁把以确保能耕到土地，同时利用尖头棒或鞭子来赶牛。

如上所述，锄耕通常涉及"刀耕火种"的烧垦做法。犁耕往往是一系列新技术的一部分，其中包括使用动物和人类粪便施肥，让土地"行行好"，丰收永续。

锄耕通常由女性承担，因为园地靠近房前屋后，可以把婴儿用背带绑在身上干活，劳动相对较轻。犁耕几乎清一色由男性负责，田地往往更大，离家更远，干起活来非常辛苦，无法照料孩子。

事实上，男性往往担当牧民角色，在草场上收放牲畜，这主要是因为他们的机动性更强。女性在生产和哺育婴儿方面的作用已经决定了这种性别分工，就像在过去狩猎采集社会中一样，这决定了她们是采摘者而非猎人。然而，犁的出现似乎将人类社会推向了一个周期性临界点。

和居家周围的轻体力劳动（女性工作）相比，远距离重体力劳动（男性工作）开始占主导地位。大部分粮食生产都由男性负责。犁、牛群、谷物和

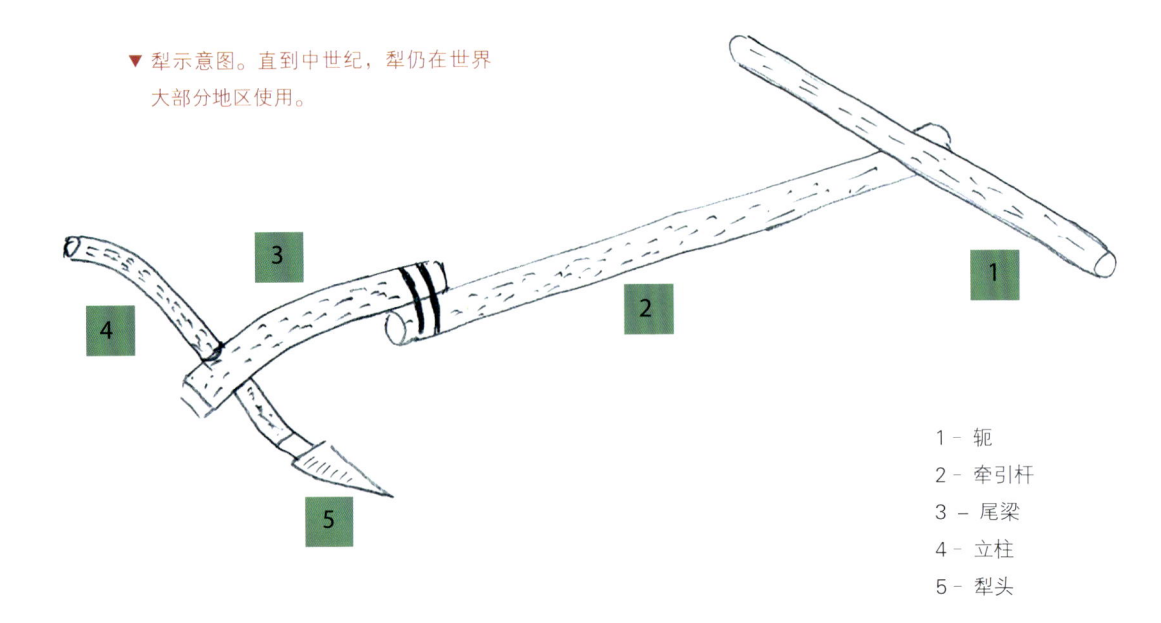

▼ 犁示意图。直到中世纪，犁仍在世界大部分地区使用。

1 – 轭
2 – 牵引杆
3 – 尾梁
4 – 立柱
5 – 犁头

肉类如今都成了男性生活中的重要组成部分。这与母系制度有着显而易见的冲突。

在母系制度中，男人在田间、牧场上的劳动成果归属妻子的家人。因此，如今面临着推翻母权、主张父权的压力。更宏观地说，重新定义农耕财富的压力越来越大。人们不再将其视为某个群体可以分享的共同财富，而是视为男性及其直系亲属的私有财产。

我们已经谈及此间另一个极具影响力的因素，即有组织战争的开始。撇开奇幻小说不讲，只有在极其特殊的情况下，史前女性才能在战争中扮演一定的角色（受害者除外）。在通常短暂的成年生活中，她们大部分时间都在孕期或在哺育婴儿，而战争需要征战沙场，直面敌人，舞刀弄棒，将弓、矛、斧、棍悉数派上用场，这些当然非男性莫属。

马丽加·金芭塔丝认为父权制系由外部入侵者引入。这一观点可能是错误的，重大变革的所有要素都可能在新石器时代社会内部演变而来，犁、牛群、有组织战争、私有财产和父权制均在此列。这是一种新文化和新社会秩序。

当然，植根于这种新社会秩序的是对女性的压迫，她们被剥夺了对私有财产的控制权，成为男性的附庸，受制于父亲和丈夫的权威。但她们并不是唯一的失败者，集体生产和共同物品的终结、私有财产的发展，为财富差异和社会阶层的出现奠定了基础。

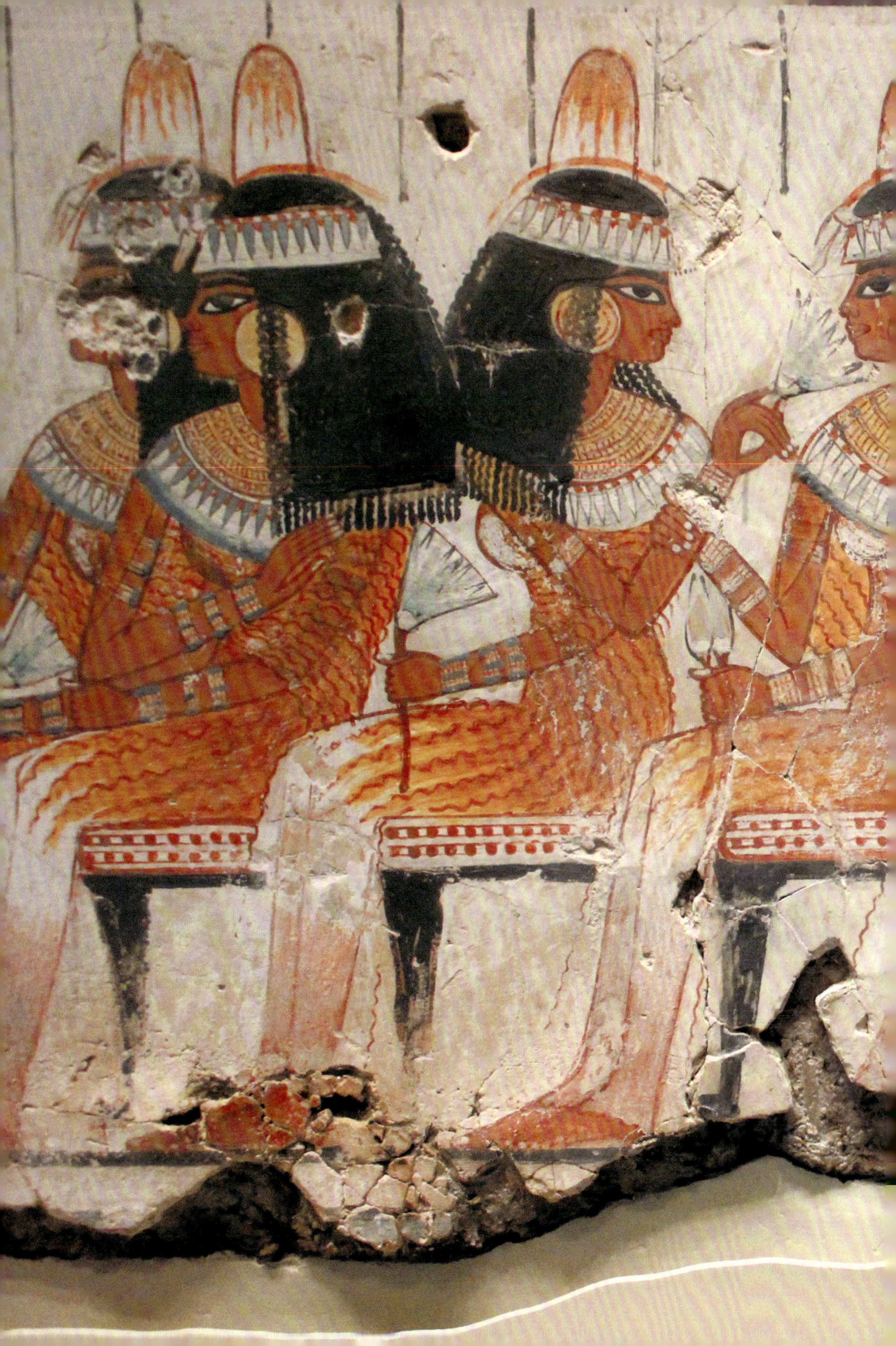

第四章
青铜时代的文明

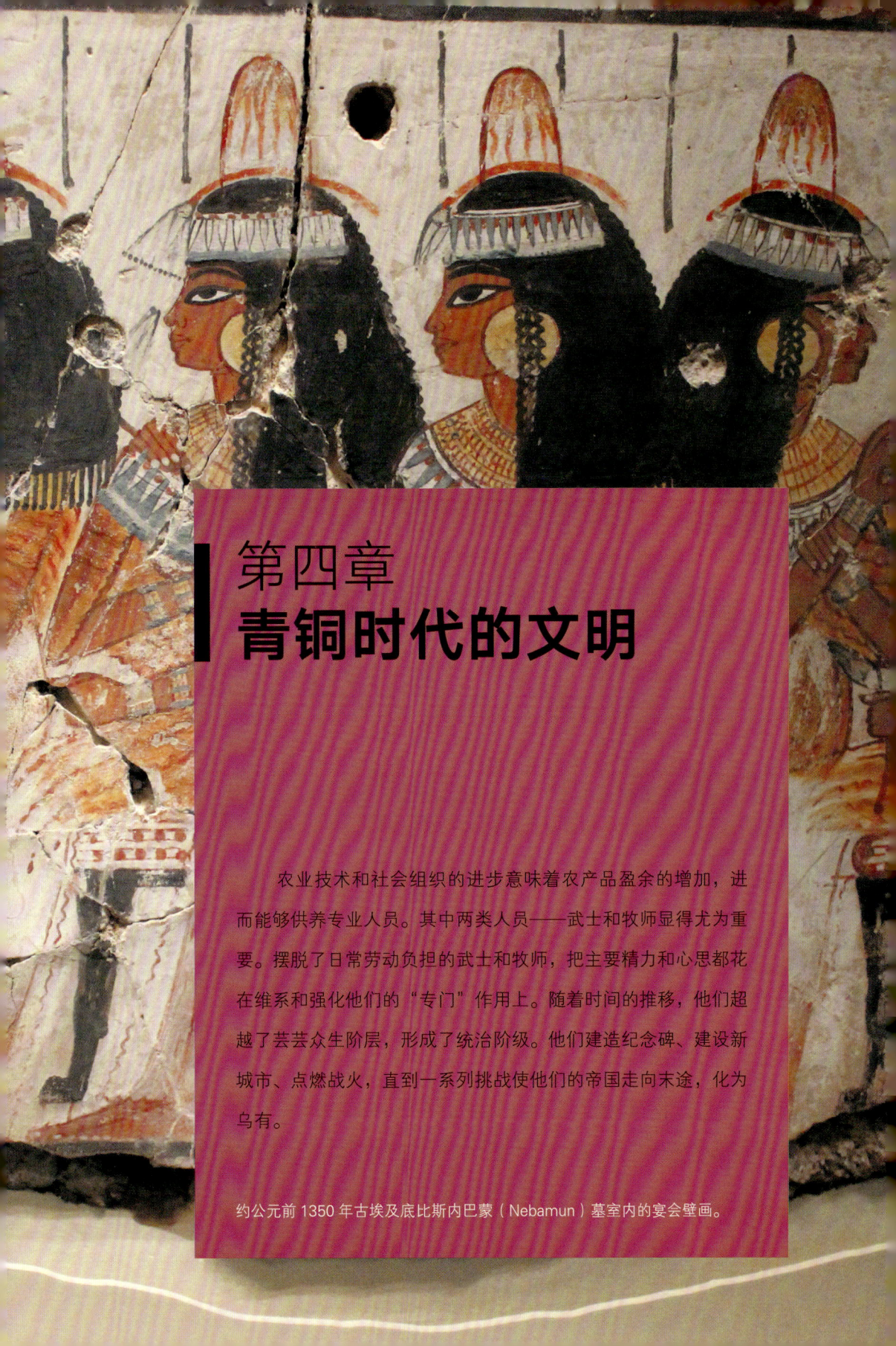

　　农业技术和社会组织的进步意味着农产品盈余的增加，进而能够供养专业人员。其中两类人员——武士和牧师显得尤为重要。摆脱了日常劳动负担的武士和牧师，把主要精力和心思都花在维系和强化他们的"专门"作用上。随着时间的推移，他们超越了芸芸众生阶层，形成了统治阶级。他们建造纪念碑、建设新城市、点燃战火，直到一系列挑战使他们的帝国走向末途，化为乌有。

约公元前 1350 年古埃及底比斯内巴蒙（Nebamun）墓室内的宴会壁画。

▲ 伊比利亚南部埃尔·阿尔加尔（El Argar）文化的一种罐葬。死者往往和贵重的陪葬品一起下葬，以此表明死者尊贵的身份。

第一社会阶层

最近，在西班牙穆尔西亚（Murcia）的拉阿尔莫洛亚（La Almoloya）遗址出土了一个公元前17世纪中期的巨大陶罐，里面殓有一男一女两具遗骸，从而证实青铜时代早期社会的高度等级分化特征。

公元前2200—前1500年间，埃尔·阿尔加尔文化在伊比利亚半岛东南部盛行，面积相当于今天的比利时，与克里特（Minoan Crete）文明大致同时代。拉阿尔莫洛亚是考察这种鲜为人知文化的关键遗址。

这对夫妇大约在同一时间下葬，随葬有29件贵重物品，其中大多数应当属于这名年龄在25至30岁之间的女性，有手镯、戒指、耳塞和头饰，以银器为主，也有金器。在埃尔·阿尔加尔文化其他女性墓葬中也发现有类似头饰。

自2013年以来，巴塞罗那自治大学的考古学家一直在该遗址工作。他们渴望更多地了解西班牙第一个使用青铜、建设城市中心、创建先进阶级社会和国家结构的文明。给人的印象是，那是一个由男性武士组成的军事社会。

拉阿尔莫洛亚遗址所讲述的故事与其他数千处青铜时代遗址讲述的并无二致。这是一个由社会精英统治的时代。与新石器时代早期扁平社会结构形成鲜明对比的是，我们现在有确凿证据表明青铜时代存在财富和权力的等级制度。

下文中我们将对青铜时代早期社会进行详细探究。在这个社会中，积累过剩和社会分层使得财富集中成为可能，从而能够向城市文明实现跨越式转变。不过，我们暂且先来讨论一下金属工人，因为正是他们在某种意义上定义了这一时期。

青铜工人

"青铜时代"是我们仍在使用的一个相当老套的术语，形成于 19 世纪中期。当时的古文物研究者关注更多的是考古文物的制作材料。青铜时代可追溯到约公元前 3000 年或稍早至约公元前 1200 年或稍晚。

使用金属并非始于青铜时代。在与其他金属混合制成更坚硬、更耐用的合金之前，数千年

▶ 在黑弗灵区出土的青铜时代剑的碎片。考古现场发现了数百件青铜武器。

第四章　青铜时代的文明　│　053

来，铜间或会被用来制作装饰品。严格来说，青铜是铜和锡的合金，但铜也可与其他金属混合，与锌混合可制成黄铜。考古学家倾向于使用"铜合金"一词来描述所有含铜器物。

然而，"青铜时代"有用词不当之嫌。青铜相对罕见，很难获得。有充分证据表明，青铜时代的精英们为弄到铜和锡而不惜一切代价。这种合金相对较软，因此利用它们所打造的日常生活工具不够耐用。青铜工艺品通常制作精良，艺术性很强，本质上属精英器物，常见的有武器、盔甲饰品和小件饰物。青铜时代的农民依旧使用石头、木头和骨头等制成的工具耕种土地。

也许大量青铜时代金属制品的出土并非罕见。有史以来最大的青铜器埋葬点[①]在伦敦黑弗灵（Havering）区被发现。在453件青铜器中，有斧头、矛头以及剑、匕首和刀的碎片。所有这些都可以追溯到约公元前900—前800年，也就是英国青铜时代的末期。

像往常一样，在这种情况下，考古学家无法确定这些宝藏是在未知圣地向未知神祇所做的仪式性供奉，还是人们有时所称的"创始者窖藏"，即四处奔波的青铜工人为安全起见而藏匿于地下的金属制品。

青铜工人是一个特殊的群体。他们的服务对公众来讲供不应求，人们热切期盼他们偶尔造访。就像后来历史上四海为家的工匠一样，他们一直处于驿动之中，浪迹天涯，只为稻粱谋，而只有青铜时代最伟大的领主才能供养得起全职金属工人。

希纳国（Land of Shinar）

他生活在4000多年前文明的黎明。公元前2144—前2124年间，他曾身兼数职，担任苏美尔（Sumerian）地区拉格什（Lagash）城邦的战争领袖、大祭司、水利工程师和首席部长。他就是古迪亚（Gudea）。人们之所以对他耳熟能详，是因为约有二十多尊他的雕像和大量记录其成就的铭文得以传世。

---

① 2018年发现。

让我们看看他所生活的那个时代。《旧约全书》中所称的"希纳国"——古代苏美尔，横跨美索不达米亚下游（今伊拉克）的底格里斯河和幼发拉底河流域。公元前4000年中期，这里的沼泽漫无边际，泥沙俱下的河水缓缓流动，芦苇高耸，椰枣树林立。与周边的沙漠地区相比，这片食物丰富、水量丰沛的丛林是名副其实的伊甸园，也许事实上它就是那座伊甸园。一旦加以利用，渠化水系，排干沼泽，就会把这里变成一片冲积土形成的沃野。

这是在第四个千年的最后几个世纪里经历的转变，需要大量劳动力来予以实现。人们取直、深挖河道，建造护岸堤，分流和治理水系，还必须付出巨大的努力以期可持续发展——疏浚河道、恢复河岸、弥补洪水造成的破坏和损失，结果使人们享受到了前所未有的农业财富。如此富庶的收获让人们得以从青铜时代的农庄生计向都市生活过渡。

▶ 约公元前2090年苏美尔国王古迪亚的雕像。他曾主持修复拉格什神庙，并在其中立了几尊自己的雕像。

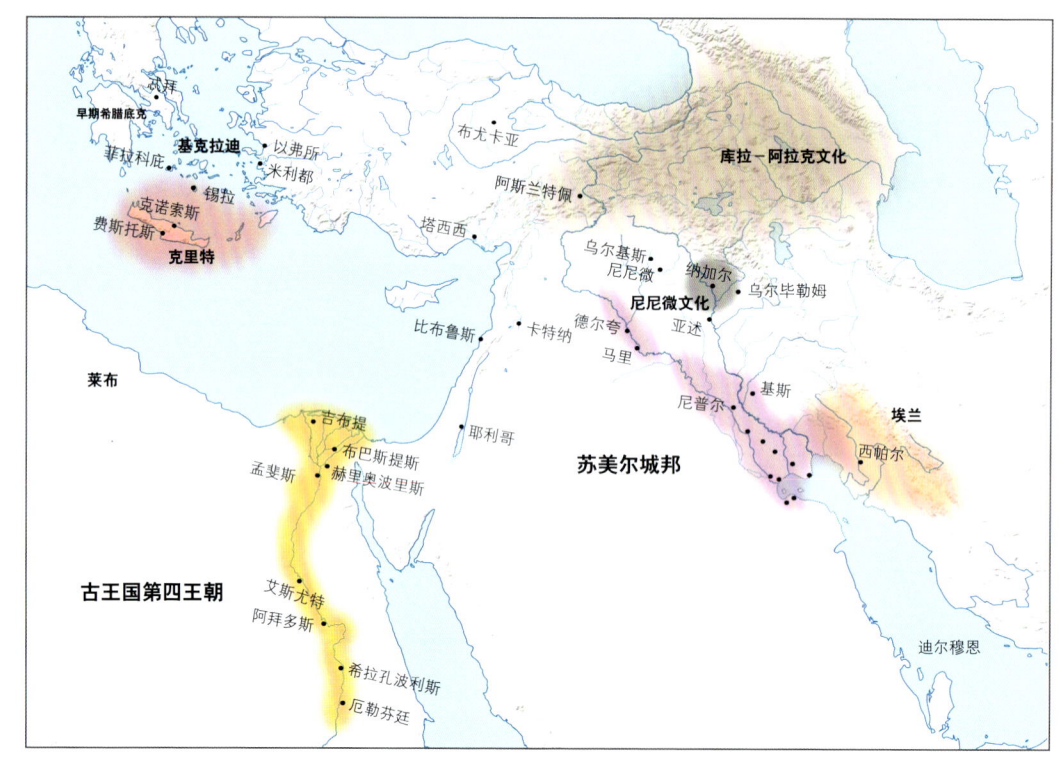

▲ 约公元前2600年近东主要文化地图。苏美尔文明占据了底格里斯河和幼发拉底河流域的狭长地带。它由一系列城邦构成，而非单一的中央集权帝国。

用后来的标准加以衡量，苏美尔文明的规模一定很小。苏美尔作为一个整体，面积大约相当于现代丹麦，即便是较大的城市也可能只有一或二平方英里。据记载，拉格什城乡成年男性人口约3.6万人，总人口约为10万人。

但与之前的一切相比，这堪称一场城市革命，在规模和复杂性上实现了人类社会组织的巨大飞跃，为文化大爆发奠定了基础，在写作、测量、算术、几何、计时和财政上都有长足进展。我们对这个文明的了解在很大程度上要归功于文字的发明、记录的保存和城邦官僚机构的存在。古代苏美尔的市政文书不仅撰写官方文件，而且还以土简形式将其归档，4000年后的考古学家才能有机会将它们发掘出来。

对于美索不达米亚的农民来说，这些创新并不一定就是好事。许多存世

▲ 约公元前 2120 年的巴乌女神（the Goddess Baü）浅浮雕。巴乌是拉格什崇拜的诸神之一，该城邦统治者视其为圣母。

文件都清楚记载了欠账明细。例如，我们从中了解到，掌管拉格什领地的 20 位神祇之一巴乌女神拥有 44 平方千米的土地。鉴于巴乌不可能事必躬亲，这些地产由神庙祭司代为管理。他们的付出得到了很好的回报。虽然巴乌领地上的佃农可能只占有 1/3 公顷的土地，但神庙里的大祭司所拥有的土地却超过 14 公顷，也是大祭司的城邦首领则至少拥有 246 公顷的土地。多亏苏美尔官僚机构一丝不苟的记录，我们还知晓了更多的细节。巴乌领地的佃农把 1/7~1/8 的农产品作为租金支付给神庙。这些租金足以使牧师能够雇用 21 名面包师、27 名女奴、25 名酿酒师、6 名奴隶和 40 名纺织女工。

除了挥金如土尽享奢华生活，苏美尔统治阶层还利用其控制的财富建造宏伟纪念碑和发动战争。最伟大的纪念碑是人们称之为"神塔"的大型神庙

第四章　青铜时代的文明 | 057

◀ 最初的埃雷克（Erech）（今乌鲁克，Uruk）金字形神塔建于约公元前 4000 年，公元前 3500 年扩建。

和人工土丘。例如，埃雷克的一座早期神塔高 10 米，由晒干的砖块建成，正面摆放了数千个陶制酒杯，顶部是一个沥青平台。

至于战争，最珍贵的证据可能就是华美的"乌尔军旗"了①。它是在 20 世纪 20 年代对乌尔王室陵寝的发掘中发现的，可追溯到公元前 2600 年左右。"乌尔军旗"实则是一个小空盒，上面装饰有用贝壳、石灰石、杂青金石和沥青镶嵌的场景。在"和平嵌板"面，最上层描绘的是坐着饮酒的统治者及朝臣，而中下两层刻画的则是携带礼物、贡品或战利品的普通人；背面的"战争嵌板"展示的是战斗中的统治者形象，可以看到四轮战车和一排排长矛手正在向敌人冲去，最上层显示出一队绝望的俘虏在将领面前走过。由此可见，这是一个阶级社会，也是一个由军事将领和大祭司等精英统治的奴隶社会，还是一个复杂社会，需要精心设计的有文化的官僚机构才能管理。这个社会还需要与更广阔的外部世界建立联系，因为无论以灌溉为基础的美索不达米亚农业多么丰饶，先进文明所需的诸多原料——木材、工具用石、装饰用宝石以及金银等金属在苏美尔都是不可多得的。

木材可能来自伊朗或叙利亚，铜可能来自阿曼，锡可能来自伊朗、叙利亚、小亚细亚甚至欧洲，青金石可能来自阿富汗，珍珠母可能来自波斯湾。这些都是长途贩运来的，涉及的方方面面必须依靠我们的想象来加以补足——

---

① 英文 Standard of Ur 的直译。该木盒现藏于大英博物馆，在墓中出土时位于一具男性遗骸的肩部，恰似扛着一面军旗，故名。具体用途不详。——译者注

▲ 乌尔第一王朝打造的"乌尔军旗"和平嵌板。它向我们透露了苏美尔的社会性质,但其最初用途仍是一个未解之谜。

商队、沙漠贸易站、商船、港口、外交安排以及向当地部落首领支付保护费。

鉴于此,苏美尔的巨额盈余不仅撑持着城市文明和统治精英,还助力形成了商人阶层和延伸数千英里的贸易网络。除巨大粮仓外,一定还有装满了昂贵进口商品的仓库遍布各地。

全球变革

我们把古代苏美尔作为青铜时代文明的主要案例进行了详细研究。不过在青铜时代早期,另外两个河谷流域也经历过城市革命。

约公元前3200—前3000年,传说中的第一任法老美尼斯(Menes)统一了尼罗河三角洲(下埃及)和尼罗河流域(上埃及),建立了一个以自己为专制神王的单一中央集权国家。像苏美尔城邦首领和大祭司这样的早期法老,为埃及城市革命创造了文化先决条件。

其中最重要的是灌溉工程。对尼罗河的治理是丰收、富裕和健康劳动力的保障。官方贸易代表团采购到了武器制造、大型建筑项目和奢侈品消费所需的原材料。能写会算的官僚机构管理着国家权力所依赖的贡品和劳务。

古埃及王国最引人注目的考古遗迹非吉萨金字塔莫属。和苏美尔神塔一样，它们不是神庙，而是王室陵墓。它们是建筑设计和社会组织的杰作，但同时也是剥削、独裁和糜费的纪念碑。

精英们建造这些纪念碑，借以展示他们的半神性，从而将自己与众神联系起来。毕竟众神生杀予夺，而法老是现世与众神之间至关重要的媒介。众神就是一切，他们能让太阳升起，也能让尼罗河水泛滥成灾。

尼罗河是埃及人的生命线。滚滚大河恰似一支蓝色的箭，在原本干旱的土地上飞奔而过。大多数古埃及人日常都生活在河流沿岸星罗棋布的村庄里。有时，人们把古埃及称作"没有城市的文明"。诚然，人们熟知的古城的确相对较少。这与当代美索不达米亚的情况不同。在那里，幼发拉底河与底格里斯河为人们提供了食物和水源，人口广布在两河流域之间，这一地区的多个大城市及卫星城受益于两条大河的不息灌溉。无论人们的定居模式如何，埃及和美索不达米亚都是等级森严的社会。

这与另一种以丰饶的河岸农业为基础的当代城市文明形成了鲜明对比。

▲ 吉萨（Giza）金字塔是古埃及的标志。它们反映出社会森严的等级。为纪念王室先祖，这个社会不惜投入巨大资源。

该文明于公元前 2600 年左右出现在今天的巴基斯坦印度河流域。摩亨佐—达罗（Mohenzo-daro）的宏伟纪念碑和郊区住宅占地 2.6 平方千米。哈拉帕城墙周长为 4 千米。刻字印章和标准度量衡表明了官僚管理的繁复程度。这也是一个高度发达的社会：摩亨佐—达罗所使用的卫生设施直到罗马时代以后才为世人所知，其中包括世界上最古老的独立"冲水式"厕所、淋浴间和密布城区的排水系统。房子都是精心建造的，但每栋都大同小异。与美索不达米亚或埃及的伟大文明不同，印度河流域似乎是一个没有阶级的社会，或者至少城市居民之间没有阶级差异。考古学家也没有找到确凿的宗教明证和

▲ 印度河流域的哈拉帕（Harappa）遗址揭示了一种与众不同的社会类型，发掘出的住宅之间的差异极小。

第四章　青铜时代的文明　|　061

任何与战争或暴力有关的证据。这再次与其同时代的两个文明形成了鲜明对比。因此，印度河流域城市没有惯常的寺庙、浮夸的雕像或精英艺术。事实上，在摩亨佐－达罗出土的人类形象中，只有一个年轻的"跳舞女孩"和一尊"祭司王"半身像。然而，没有证据表明这尊半身像是祭司还是国王。他双目半闭，似在默想，或许是在做瑜伽冥想。印度河流域很有可能是一个和平的、没有等级制度的社会。然而，它也很富有，联系广泛，触角远至阿拉伯。一旦印度河流域文明那些难以捉摸的文字得到破译，我们也许就会对这个与埃及和美索不达米亚迥然不同的古老文明有更多的了解。

◀ 摩亨佐－达罗出土的"祭司王"。印度河流域文明很少把资源耗费在建造精英纪念碑上，我们也无法确定这个人物究竟是祭司还是国王。

编筐文化（Basket-makers）和奥尔梅克（Olmec）文明：美洲最早的文明

在美洲史前时期，狩猎和觅食与农耕之间没有明显的区分。直到 19 世纪，包括最著名的北美大平原上的狩猎文化在内的许多文化都规避了农耕。似乎早在公元前 7000 年的南美洲和公元前 3000 年的北美洲就有了农耕文化。或者更为常见的是，狩猎和觅食与园艺有机结合在一起。

由于证据不完整，因此结论难免存在偏差。我们对北美园艺家的首次清晰了解要归功于西南部的干旱条件。那里的干燥气候使有机植物的残留得以保存下来，也包括用于觅食、储存和簸扬的篮筐容器。因此，考古学家将这种文化称为"编筐文化"（公元前 1500—公元 750 年）。早期的编筐者似乎一直四处游荡，随遇而安，但在公元 1—500 年，他们在冬雨灌溉、有肥沃冲积土的山谷旁建立了由 10 栋左右房屋构成的永久性小村庄。即便如此，在这个阶段也几乎没有证据表明他们从事过栽培，他们似乎仍然靠狩猎和采摘为生。然而，公元 500 年后却发生了较大的变化。当时的村庄建在洪泛平原旁的梯田上，人们开始种植玉米、豆类和南瓜。考古学家估计，这时大约 50% 的食物都是以这种方式供应的。这一阶段是编筐文化三期，定居点比以往更大，多达 50 栋住宅的村庄相继出土。住宅都是浅坑式，地面下沉，直径从 2 米到 7 米不等，周围有粮食储藏坑。在新墨西哥州沙比克希（Shabik'eschee）遗址曾发掘出一个长方形下沉式房间，保存完好：房间里有灶台和用来研磨玉米等的小坑，通过短而凸起的通道与一个圆形前室（用于存储？）相连；墙上的石板由土和灰搅拌形成的泥浆粘贴；一个由柱子和横梁搭成的框架支撑着屋顶的灌木嵌条。

在中美洲（Mesoamerica），古代文明发端的第一条线索是一尊巨大的玄武岩头雕，1862 年由一名甘蔗工人在墨西哥韦拉克鲁斯（Veracruz）地区偶遇。而第二尊这样的石雕直到 1925 年考古学家才得以发现。当时，尽管考古界对私人收藏的类似风格的文物进行了仔细研究，并创造了"奥尔梅克"

一词来定义这一文化,但这些文物背后创造者的身份仍然是个谜。随着放射性碳—14断代法的发明,考古界取得了重大突破。这是基于这样一个事实,即放射性碳——碳的放射性同位素——存在于所有有机物中,以已知的速度衰变,因此,通过测量剩余的放射性碳量,可以确定含有有机物质的挖掘物的年代。由于碳—14断代法在奥尔梅克陶器有机材料上面的应用,该文化被追溯到约公元前1200—前300年,从而成为中美洲最古老的文明。发掘出来的奥尔梅克人定居点寥寥无几,圣罗伦索的礼仪中心算是其中之一。该中心位于一个50米高的天然高台之上,南北长1.25千米,顶层有厚达7米的填埋,可能是为了平整场地。一些考古学家认为,手指状延伸的高台或许代

▲ 编筐文化时期的盘筐。编筐者居住在美洲西南部的大片地区,主要依靠狩猎、采摘来维持生计。

▶ 约公元前1200—前900年在圣罗伦索特诺奇提特兰(San Lorenzo Tenochtitlán)发现的一尊巨大的奥尔梅克头像。这尊石雕头像高3米,重达28吨。

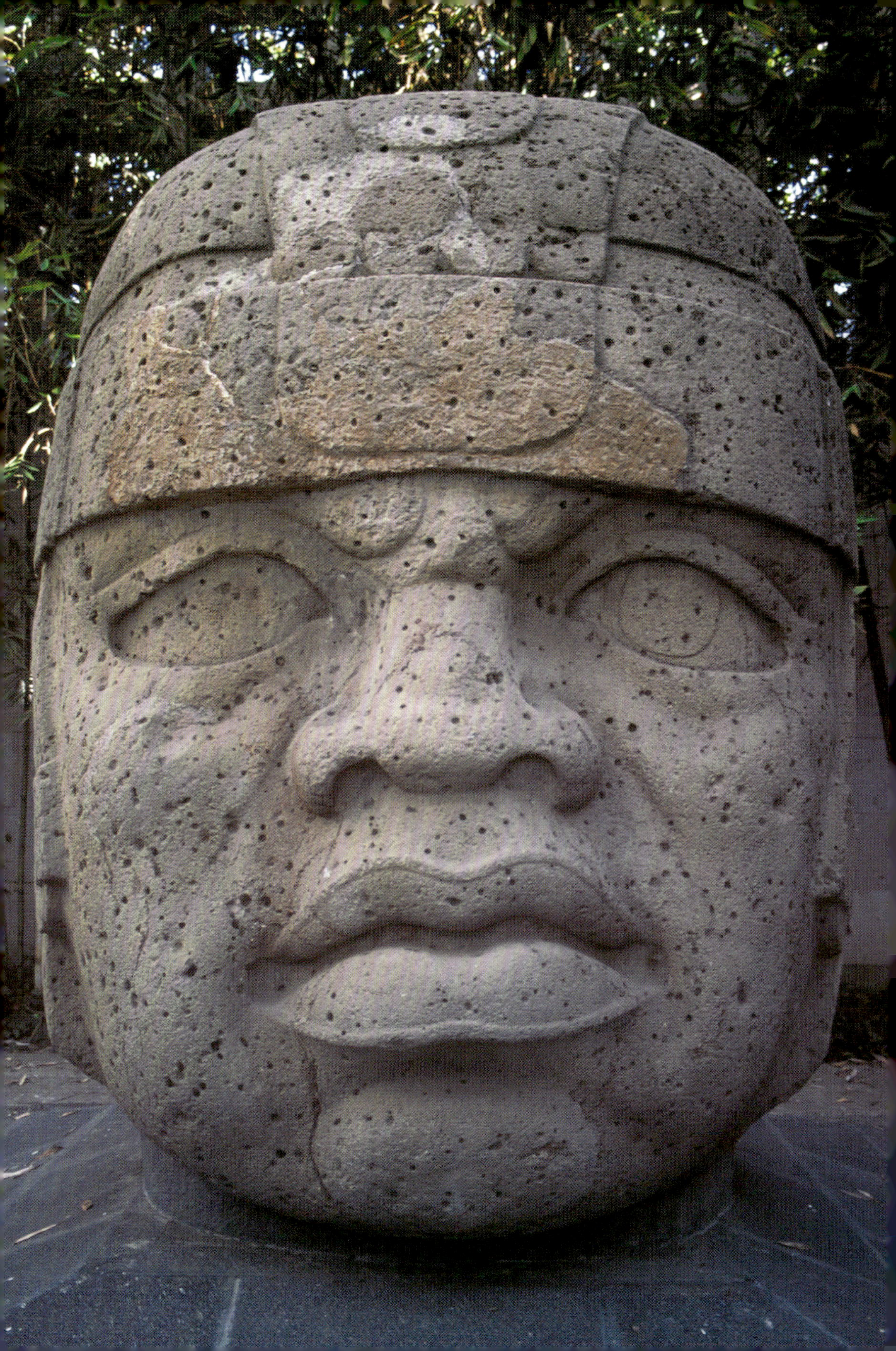

表了一只鸟。这片建筑群的中心地带是由土台围成的庭院，也许用于沐浴仪式、神圣球赛和其他宗教活动。为清除积水，地下挖有排水系统。从80千米外的山上运来的玄武岩雕成8尊高达2.85米的巨大头像，具有独特的奥尔梅克风格，厚嘴唇、平鼻子、大眼睛，还戴着参加神圣球赛时戴的头盔，看起来像古老的棒球运动员。现场还挖掘出大约200个房屋土堆，是这一炎热潮湿的热带地区农业生产力的明证。

然而，圣罗伦索与提奥提华坎（Teotihuacán）文明比较起来相形见绌。更加神秘的提奥提华坎距墨西哥中部的特克斯科科（Texcoco）湖不远，离现代墨西哥城只有40千米之遥，在公元500年左右达到巅峰，是当时世界第六大城市，人口估计有20万，是一个2.5万平方千米的迷你帝国的中心。它以20

平方千米的网格规划区域为核心，中间是一个巨大的仪式建筑群，南北主轴线"亡灵大道"长 5 千米，两旁有 75 座神庙，每座神庙都是平顶，由土坯、泥土和石头堆成，涂成红白两色，许多还装饰有彩色壁画。占据主导地位的是位于大道尽头最为宏伟的月亮金字塔和太阳金字塔。太阳金字塔是一座 70 米高的纪念碑，估计由 100 万吨的泥土和碎石堆成。

▼ 从月亮金字塔上俯瞰到的提奥提华坎亡灵大道。在公元 500 年前后的鼎盛时期，提奥提华坎是世界上最大的城市之一。

查文文化

位于秘鲁查文德万塔尔（Chavín de Huántar）遗址神庙中心的圣石兰松（Lanzon）高 4.5 米，上面雕刻着一种类人生物，长着猫样尖牙，头发是扭曲的蛇身。大约在公元前 800 年，整座神庙都是围绕着这个神的崇拜形象建造的。该建筑呈 U 形，围成一个下沉式庭院。地下画廊里摆满了从四面八方运来的陶器。人们在仪式上把这些陶器打碎，作为对神的供奉。秘鲁考古学家通过对这一遗址的发现和挖掘，证明一个起源于安第斯山脉、可追溯到公元前 1200 年的古老文明的存在。人们对他们的信仰和仪式知之甚少，但从石头、黄金和陶瓷上的诸多表现（包括一系列令人叹为观止的带马镫形瓶

▲ 查文德万塔尔考古现场，约公元前 1200—前 500 年存续。该遗址出土了一系列令人惊叹不已的文物，进而增进了我们对查文文化的了解。

嘴的瓶子）可以看出，查文艺术中动物神——美洲豹、老鹰、鳄鱼、蛇以及像圣石兰松一样具有动物特征的类人——占据主导地位。秘鲁文明的第一次繁荣大约在公元前 200 年告一段落。

▶ 查文德万塔尔神庙内名为查文兰松的雕像。人们认为它代表了那里居民顶礼膜拜的神祇。

阿克罗蒂里（Akrotiri）、特洛伊（Troy）、克诺索斯（Knossos）和迈锡尼（Myceanoe）

毫无疑问，主要的文明中心对周围社会都产生了影响。发达都市区组成的"核心"与经济上依赖于它们的欠发达地区构成的"外围"之间存在着互动。我们将以地中海东部 4 个著名的青铜时代遗址为例。

卡纳冯（Carnarvon）勋爵问英国考古学家霍华德·卡特（Howard Carter）能否看到什么东西，得到的答复是："精彩绝伦！"这一天是 1922 年 11 月 25 日。第一块封门石已经搬走，里面满是你能想象的琳琅满目的随葬物品。卡特发现了新王国法老图坦卡蒙（Tutankhamun）的陵墓，里面竟然完好无损。

在此后的一个世纪里，陵墓里出土的东西堪称迄今为止发现的最著名的考古宝藏：雪花石膏雕像、半身像、箱罐、动物雕塑、金质女神，黄金、玉髓、光玉髓、长石、青金石和绿松石打造的首饰，镀金并镶嵌象牙、乌木、玻璃浆料、釉面陶土和半宝石的精致家具，最重要的是木乃伊棺椁和令人难以置信的黄金死亡面

◀ 在图坦卡蒙陵墓中发现的死亡面具和雪花石膏罐。图坦卡蒙陵墓的随葬品证明了世界的相互关联，因为制造用原材料进口自不同地区。

具。随葬品总共有 5000 件之多。几乎所有这些器物都是复合材料制造，采用的是进口原材料。图坦卡蒙宝藏的重要意义在于它们为埃及的国际贸易提供了佐证。

青铜时代晚期新王国法老们（公元前 1334—前 1325 年图坦卡蒙在位）的贸易联系远至整个地中海东部直至非洲内陆。他们从黎巴嫩采买木材，从塞浦路斯购铜，从苏丹进口黄金。黎巴嫩的比布鲁斯市（Byblos）通过木材贸易发达起来，当地商人纷纷招募懂埃及文的雇员。塞浦路斯的恩科米市（Enkomi）作为铜贸易中心也同样凯歌高奏。考古证据表明，该遗址上曾进行过冶炼，公元 2 世纪下半叶曾建有坚固的防御城墙。另一方面，北苏丹被埃及吞并，不得不用黄金进贡。

▼ 这幅约公元前 1550 年的阿克罗蒂里的克里特壁画描绘的是一支航行中的船队。该壁画长 6 米，由于火山爆发将城市掩埋在灰烬之中而得以幸存。

贸易需求刺激了商人、船长和造船商。从大约公元前 3000 年开始，以桨手为动力的大船便在爱琴海上航行。引人注目的证据来自青铜时代中期位于基克拉迪群岛（Cyclades）锡拉岛（Thera）上的小城阿克罗蒂里。小城在公元前 16 世纪的一次火山爆发中被毁，埋在灰烬和浮岩之中，故而保存得非常完好，堪称青铜时代的庞贝城。有幅长长的壁画描绘了一支船队沿着港口和小城前的海岸航行，船只从小型划艇到中型轮船不一而足，装有成排的木桨或带有桅杆和风帆，此外还有船舷两边各有 20 只桨和 1 根中央桅杆的大型战舰（这些船只看上去与后来古代艺术品上描绘的非常相似），由此可

见当时的远洋贸易技术已经相当发达。特洛伊古城遗址也向世人揭示了青铜时代的商业状况。因为它与《荷马史诗》有密切关联，古文物学家和考古学家在 19 世纪 70 年代首次投去关注的目光。特洛伊古城遗址位于连接地中海和黑海的重要贸易通道达达尼尔海峡入口附近。尽管由于淤塞，它现在离内陆已经有一段距离，但它最初却是在海上，而且拥有一个良港。

▼ 这幅奔牛壁画发现于克里特岛的克诺索斯王宫，可追溯到约公元前 1550 年。人们认为，它或许表现了克里特文化中的赛牛运动。

▼ 在克里特岛札克罗王宫（Zakros）发现的一把约公元前 1500 年的水晶大酒壶。

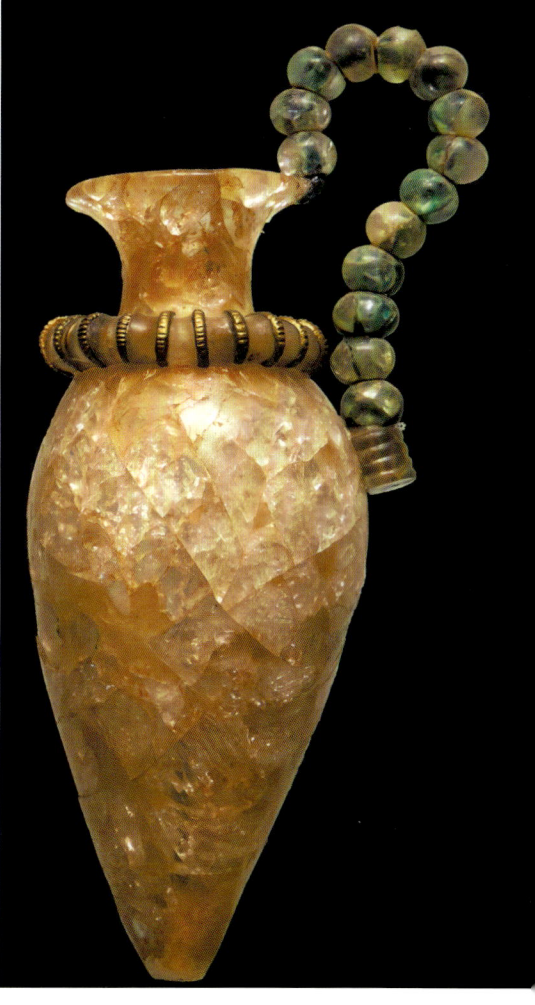

第四章 青铜时代的文明 | 073

特洛伊古城规制像一个数千年来由碎石和泥砖堆积而成的人工土丘。考古发掘揭示了它的悠久历史，从大约公元前3000年一直延续到公元前6世纪。考古学家总共确认了11个主要阶段，但只有在希腊和罗马时代（特洛伊8世以后），该遗址才能称之为城镇。在青铜时代（特洛伊1—6世），它是一座设防的宫殿建筑群，俯瞰海港，纵深不足200米，但毋庸置疑，它的存在及其相对重要性归功于贸易。克里特岛的例子就更说明问题。由于位于东地中海的中心位置，加之岛上居民对深船体、大容量、帆动力货船的革命性设计，克里特岛在青铜时代中期（约公元前2000—前1600年）日渐取得制海权。

克里特岛的统治者住在宏伟的石头宫殿里。宫殿布局严格对称，形成了窄走廊和小房间组成的密集迷宫。"皇家寓所"和"家庭教堂"里装饰着琳琅满目的壁画，其

▶ 1871年，德国考古学家海因里希·施利曼（Heinrich Schliemann）发现特洛伊遗址。在其被发现之前，人们一直认为它是希腊诗人荷马描绘的一个传说。

第四章　青铜时代的文明 | 075

考古与文明

中的人物场景让我们可以观赏到栩栩如生的居民模样。宫殿的附属部分是储藏室，里面装满了大型陶瓷容器。人们认为这是向佃农索取的贡品和向商人征收的过路费。大约在公元前1450年，克里特岛被来自希腊大陆的入侵者迈锡尼人占领。考古学家对迈锡尼人的兴趣是由19世纪70年代在迈锡尼的6个竖穴墓中发现的19具遗骸的大量随葬品引起的。然而，直到20世纪50年代迈锡尼遗址出土的烘烤泥板上线形文字B的破译，才证实这些人的确是长期以来人们一直怀疑的说希腊语的人。

假设他们是来自北方的入侵者。这些武士贵族横扫希腊，在青铜时代中期建立了新统治阶级。他们似乎在公元前16世纪便实现了城市革命，创造了一个由战车贵族（有点类似于《荷马史诗》中的英雄）统治的高度分层社会。这些贵族们为自己建造了宫殿，中间是一个大宴会厅，后来用巨石高墙围了起来。

迈锡尼的宫廷文明是靠进口原材料支撑的。金属、象牙、玻璃，或许还有石油、葡萄酒和羊毛等均用来出口易货。有明显证据表明，迈锡尼制品遍及从西西里岛到黎凡特（Levant）的地中海东部和中部大部分地区。显而易见，迈锡尼人是侵略成性的海上游骑侠。我们知道，他们在公元前15世纪中期占领了克里特岛，《荷马史诗》中叙述了公元

◀ 迈锡尼狮子门是巨石石工的一个典范。它是建于约公元前1250年的迈锡尼城堡的入口。

第四章 青铜时代的文明 | 077

▲ 哈图沙的狮身人面像门是公元前 2000 年中期赫梯帝国力量中兴的象征。

前 13 世纪中期他们对特洛伊进行的一次大规模远征，而赫梯人（Hittite）和埃及人的历史记载则把他们称为海盗。

就地中海地区而言，青铜时代的"核心"美索不达米亚和埃及的领主及城市中心促进了远距离贸易的增长和"外围"新文明的出现。及至青铜时代末期，世界已经变得拥挤不堪，躁动不安、势不两立的精英们在争相追逐财富和权力。一场缓慢的军备竞赛悄然而至，青铜时代的文明正危如累卵，行将崩溃。

青铜时代晚期的军事对抗

那是一个充斥着庞大帝国、独裁军阀和暴力欺凌的狂妄傲慢时代。考古证据证实了青铜时代晚期地中海地区的日益军事化，一场军备竞赛正徐徐而至。

那个时代的大城市之一是博阿兹科伊（Boğazköy），即位于安纳托利亚（Anatolia）半岛中北部的赫梯帝国都城哈图沙（Hattusha）。公元前 1500 年左右，它由一座中央城堡和西北部一座地势较低的围城组成。一个世纪后，随着上层新城的建设，它的规模翻了一番。

数十年后，它再度扩建，向一个方向扩展了 2.5 千米，向另一个方向扩展了 1.5 千米。这个统一的、控制着今天土耳其大部分地区的王国大约在公元前 1650 年建立。博阿兹科伊的发展反映了赫梯帝国日益增长的财富和渐趋显赫的权力。截至此时，这里的纪念性建筑比比皆是，城堡内经过大规模重建的皇家宫殿更是耀眼夺目。这里有一个 32 平方米带有围柱的谒见厅和两个皇家档案馆，考古工作者从中发掘出大约 3000 块楔形文字泥板。已确认城里至少有 5 座神庙，城外约 3.5 千米处还有一个重要的宗教圣地。主要城门都规模宏大。在博阿兹科伊和其他赫梯遗址还出土了许多表现神祇、国王和武士的石雕碎片，有些是圆雕，有些是浮雕，通常比真人还大。该城的防御工事于公元前 13 世纪完工，使赫梯都城成为该地区最坚固的堡垒之一。在

环形都城的南部，石砌防御城墙的高处还建有高墙，城外则建有低矮墙体作为外围防御。此外还辅助有常规的防御工事（可供防守者向进攻者射击），城门由高耸的双塔守卫。

尤其珍贵的是楔形文字泥板。楔形文字是公元前3200年左右在中东地区发展起来的一种文字。在接下来的3000年里，它是该地区的语言代表，通过将楔

◀ 赫梯楔形文字泥板。这些泥板提供了关于青铜时代政治、社会、宗教和国际关系的丰富信息。

▼ 在赫梯古都哈图沙发现的大型陶器。

▲ 埃及阿布辛贝（Abu Simbel）神庙里描绘公元前 1274 年卡迭石（Kadesh）之战的浮雕。它展示了拉美西斯二世在战斗中手刃敌人的场景。卡迭石之战是当时规模最大的军事行动之一。

形笔（cuneus，在拉丁语中有楔子之意）压入软泥板形成。许多这样的泥板在考古发掘中得以保存下来，要么是因为人们有意烧制以永久存档，要么是由于它们在意外火灾中受到烘烤。除埃及象形文字铭文证据外，楔形文字泥板也为我们提供了青铜时代晚期国际紧张局势的各种线索。我们有一个特别生动的书面和艺术证据实例，那就是公元前 1274 年爆发的卡迭石之战（具体日期尚不确定）。赫梯帝国和埃及新王国为争夺黎凡特的控制权进行了长达数百年的斗争。在最近的这场冲突中，据说法老拉美西斯二世（Rameses Ⅱ）指挥着 2000 辆战车和两万名步兵，他的对手赫梯国王穆塔沃利什（Mutawallish）调遣了 2500 辆战车和 1.5 万名步兵。这可能是历史上规

第四章 青铜时代的文明 | 081

模最大的一场战车大战，无疑代表着势不两立的双方在军备方面投入了大量资源。不过，这场争斗最终不相上下，势均力敌。青铜时代晚期的军事抗争陷入僵局。

青铜时代系统崩溃

一个世纪后，沧海桑田，人间巨变。13 世纪的东地中海地区曾被赫梯、埃及、米坦尼（Mitanni）、亚述、巴比伦和迈锡尼等庞大帝国统治。12 世纪，这些帝国努力保卫自己的边界，抵御来自陆地和海洋的"野蛮人"的入侵。他们来自四面八方，不断进行突袭、掠夺并最终定居下来。

他们究竟是谁，我们知之甚少。人们把他们中的许多人统称为"海洋民族"。这很像后来"维京人"的称谓。"海洋民族"并非一个明确的种族和语言群体，而是海上袭击者的混称，本质上是海盗，但人数众多。例如，我们可以将荷马笔下描述的对特洛伊城发动过大规模海上进攻的亚加亚人（Achaeans，即迈锡尼希腊人）归于此类。可以肯定的是，公元前 12 世纪定居在黎凡特并给巴勒斯坦命名的腓力斯丁人（Philistines）也是海洋民族之一，因为他们出现在拉美西斯三世陵庙哈布城（Medinet Habu，公元前 1185—前 1152 年）的著名

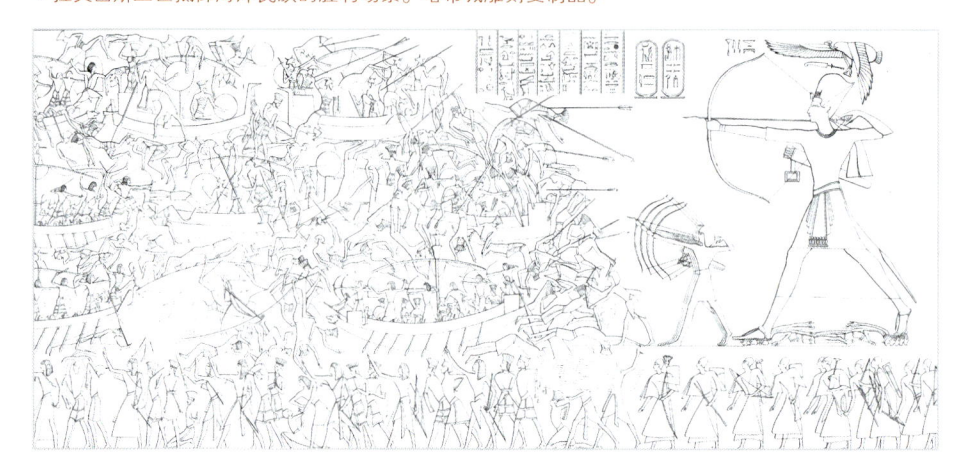

▼ 拉美西斯三世抵御海洋民族的胜利场景。哈布城雕刻复制品。

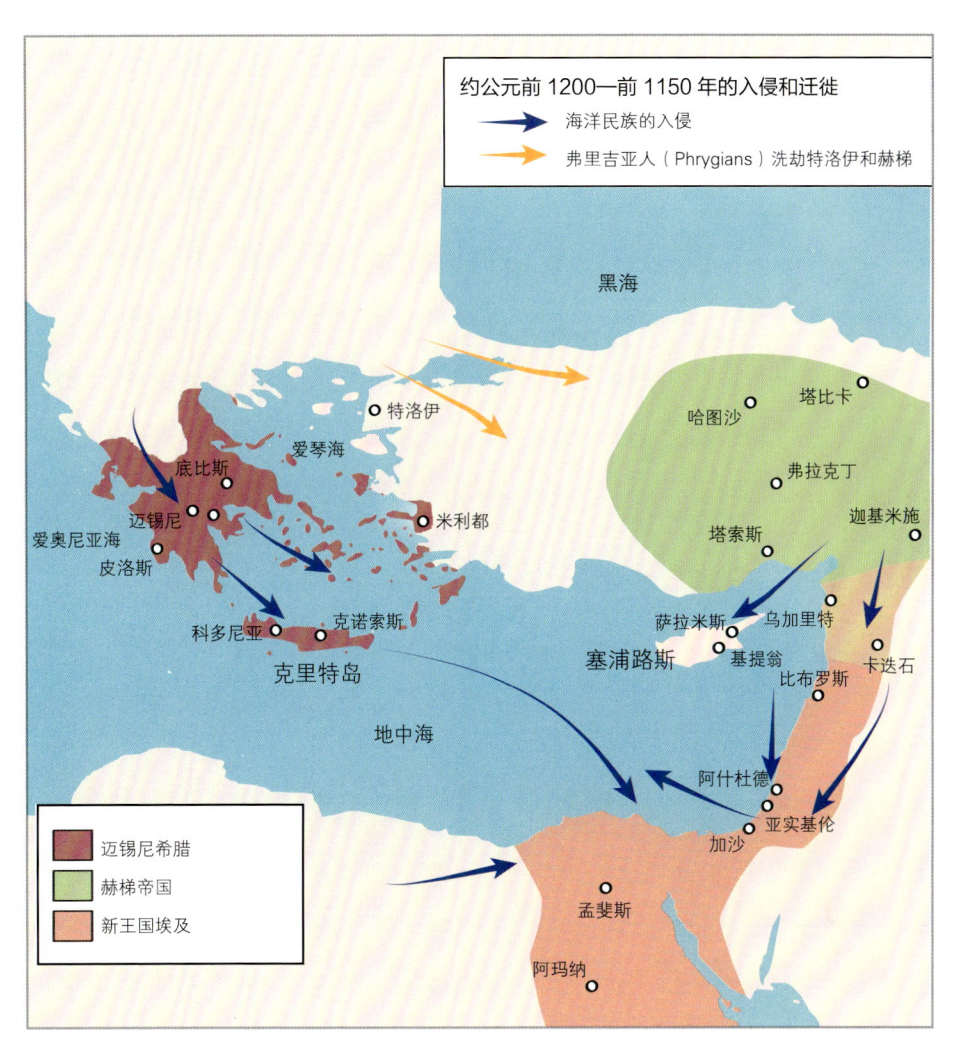

约公元前 1200—前 1150 年的入侵和迁徙
➔ 海洋民族的入侵
➔ 弗里吉亚人（Phrygians）洗劫特洛伊和赫梯

地图标注：黑海、爱琴海、爱奥尼亚海、地中海、特洛伊、底比斯、迈锡尼、皮洛斯、科多尼亚、克诺索斯、克里特岛、米利都、哈图沙、塔比卡、弗拉克丁、塔索斯、迦基米施、萨拉米斯、乌加里特、基提翁、塞浦路斯、比布罗斯、卡迭石、阿什杜德、亚实基伦、加沙、孟斐斯、阿玛纳

图例：迈锡尼希腊、赫梯帝国、新王国埃及

▲ 约公元前 1200 年，海洋民族的入侵和迁徙引发了青铜时代晚期帝国的崩溃。

浮雕上。这些浮雕是为庆祝法老拉美西斯三世战胜了来自北方的海上袭击者而作。当然，还有入侵者从陆路袭来。这在埃及出土的证据中表现得尤为明显，其中既有对海洋民族（戴着独特羽毛头饰）的描绘，也有对利比亚人（留着浓密黑发）的刻画。

明白无误的是，跌宕起伏、冲突不断的这个世纪所承受的后果：主要城市中心惨遭摧毁，希腊的迈锡尼、达达尼尔海峡的特洛伊、小亚细亚的哈图

第四章 青铜时代的文明 | 083

沙和黎凡特的乌加里特（Ugarit），概莫能外。赫梯帝国分崩离析，西部领土被北方野蛮人占领，东部领土被新兴大国亚述占领。新王国埃及土崩瓦解，朝臣和牧师组成的统治阶级因派系而分道扬镳，国家一蹶不振，坠入长期衰落期。迈锡尼烟消云散。希腊进入了注定要持续数百年之久的"黑暗时代"。

是什么导致了青铜时代晚期文明的全面崩溃？对于考古学家来说，这类问题回答起来总是难度很大。尽管被焚烧、毁坏的物证和被遗弃的定居点一清二楚，能证明那段时期混乱和暴力的文档和器物也直观明了，但这些都没能为事情的起因提供直接证据。然而，也许从青铜时代晚期军事化的大量证据中可以找到答案。我们知道，青铜时代的社会头重脚轻。它使相对少数的武士贵族、大祭司及其随从大权在握、富甲一方，令他们有能力积累财富，挥金如土，大兴土木，穷兵黩武。由青铜时代晚期遗址可见，该时期防御水平不断提高。公元前16世纪，迈锡尼尚未设防；及至公元前13世纪，已成大块石料砌就的围城。这一切都建立在青铜时代农业并不坚实的基础之上，数百年来基本上没有变化，因为农民们仍在年复一年地用简单的木头、石头和骨头工具劳作。帝国日益强化的政治军事基础设施似乎成了难以承受之重。贫穷、压抑的农民蛰伏在公元前12世纪的疾风暴雨和血腥冲突之中，极易沦为数十年间蜂拥而至的入侵者的牺牲品，进而成为动摇青铜时代晚期文明的内因。我们说不清楚，也永远无法断言，但这似乎是一个合理的假设。

印度河流域文明的瓦解

那更广阔的青铜时代世界又是什么状况呢？前文我们已经谈到，巴基斯坦印度河流域和中国黄河流域都各自发展了以灌溉为基础的文明。它们的命运如何？

以哈拉帕和摩亨佐－达罗等大城市为中心的印度河流域文明似乎相对短暂。缓慢的衰落和废弃过程早在大约公元前2000年就已经开始。在大约

1000 年的时间里，印度次大陆从未出现过类似的情况。个中原因仍然是一个考古之谜。

20 世纪，摩亨佐－达罗遗址上进行了一系列重大发掘活动，在下城区部分地区共发现 37 具遗骸。许多遗骸呈零碎或扭曲状，似乎是胡乱抛尸所致，根本谈不上什么正式下葬。这引发了人们的猜测，还以印度已知最古老诗集、梵文《梨俱吠陀》（*Rig Veda*）为依据，认为来自北方的雅利安入侵者所信奉的主神因陀罗（Indra）是"城市破坏者"，可能对印度河流域文明的崩溃负有责任。而一些学者恰巧相信《梨俱吠陀》的创作日期可能在公元前 1900 年左右（尽管也有人认为是几个世纪以后的事情），进而与印度河流域文明危机的考古证据密切联系起来。鉴于没有武器、烧坍墙壁等形式的直接考古证据，许多考古学家对此不屑一顾，声称雅利安人入侵的说法纯属虚构。然而，这种说法却经不起推敲。证据缺乏并不意味着证明了该事从未发生。尽管完全缺乏考古证据，但许多文字史料所记载的大规模军事动乱的例子，没有人会想到要质疑。例如，假设没有历史记录，我们对公元 5 世纪匈奴或 13 世纪蒙古人的征服将全然不知。

或许来自中亚大草原马背上的游牧民族雅利安人类似于地中海地区的海洋民族，很可能与印度文明的解体脱不了干系。这场辩论不能因没有证据的武断主张而结束。但不管怎样，其他因素肯定也在起作用。城市革命的农业基础可能已经被生态变化——河流系统改变、洪水泛滥、土壤盐碱化、灌溉系统崩溃——所破坏。摩亨佐－达罗面积最终扩展到 60 公顷，可能居住了 4 万人，建设和供应如此规模的城市需要控制大量的农业盈余。考虑到青铜时代技术的原始性，生态平衡相对较小的变化很容易导致生产力降低，使城市发展变得不可持续。

无论做何解释，我们都有另一个青铜时代系统崩溃、重新回到以前城市生活方式的实例。

▲ 摩亨佐—达罗古城遗迹。约公元前2600—前1900年有人居住。其衰落原因尚不清楚，雅利安入侵者或许是罪魁祸首，但环境变化也可能是元恶大憝。

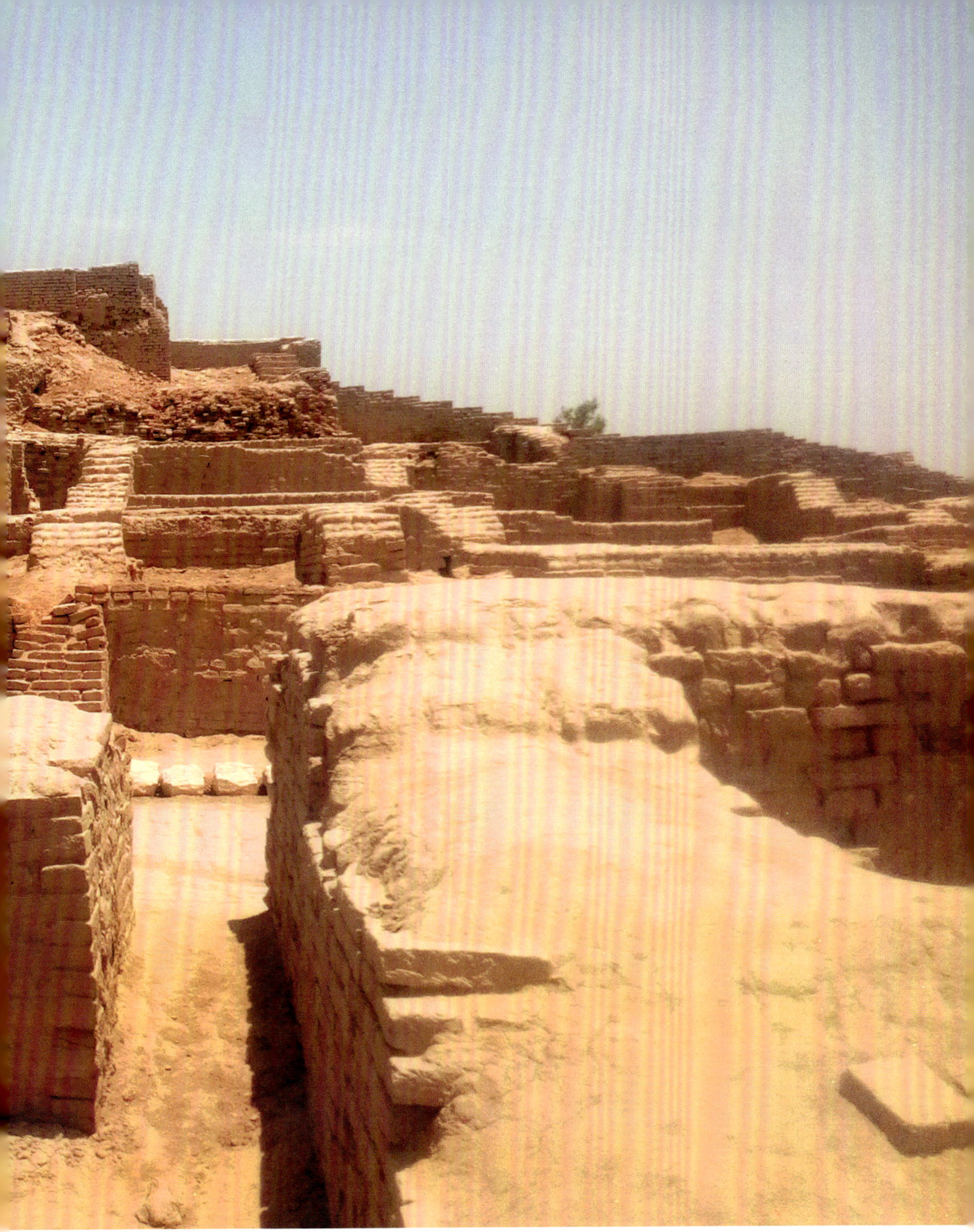

商朝及其灭亡

在中国北部黄河地区的安阳，有一个长约 10 千米、宽约 4 千米的没有围墙的建筑群遗址。这里可能是商朝都城。考古发掘发现了墓葬丰富的王陵、大量纹饰青铜器和数以万计刻有铭文的"甲骨"。青铜时代晚期的商朝震古烁今，中国北方黄河流域文明的最初中心已经延伸到了中国中北部的长江。为控制巨大的农业盈余，商代统治阶级建立了诸多城市，为自己建造了精美陵墓，资助制造了五花八门的奢侈工艺品，种类繁多、精心装饰的大型青铜器和高等级建筑中墙壁和天花板的漆面尤其令人瞩目。

商朝贫富差距悬殊。一位商朝王后在安阳下葬时，殉葬 16 人，随葬 6 只狗、440 余件青铜器、约 590 件玉器、560 件骨制品和 7000 枚子安贝。另一个商代权贵的墓葬中至少有 165 名殉葬者，他们可能是家奴或战俘。无论哪种情况，这些怪诞的仪式都揭示出一个等级森严的社会。这可能有助于我们了解公元前 11 世纪在北方周朝的入侵下商朝灭亡的原因。然而，这并不意味着中国文明的终结，只是改朝换代而已。虽然事实证明周朝因内战频仍而动荡异常，但中国社会的基本形式仍在持续发展，尽管在性质上变得更加封建，权力愈发分散。

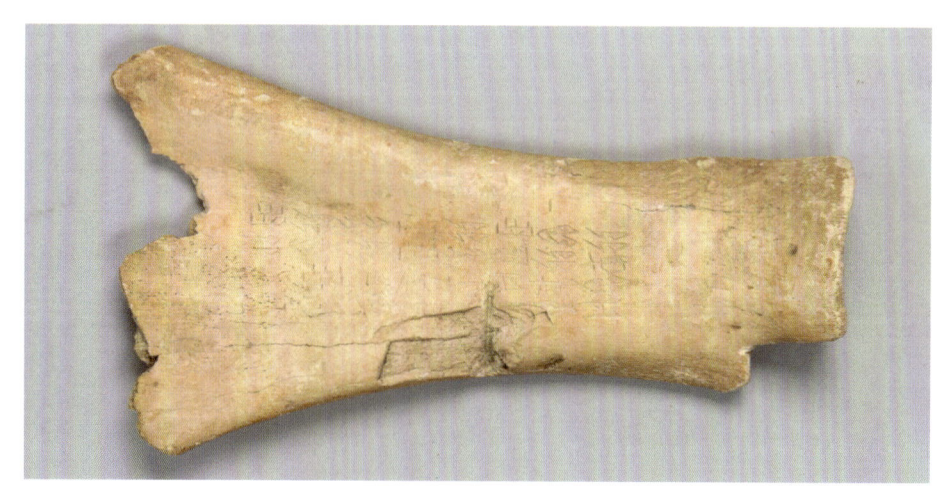

▲ 上面刻有文字的商代甲骨。

商朝的权力依赖于对粮食盈余的掌控来维系军事力量。马匹、战车和青铜是当时中国战争的必需品，其成本连同城市、陵墓和奢侈支出都由中国农民负担。尽管王朝周期性更迭，混乱和冲突旷日持久，这种模式存续了数千年。历经周（前1046年—前256年）秦（前221年—前206年）汉（公元前206年—公元220年）、隋（581—618年）、唐（618—907年）、宋（960—1279年）、元（1271—1368年）、明（1368—1644年）和清（1644—1911年）。无论如何更替，每个王朝都很快适应了中国的既定形式。因此，人们往往把中国历史的格局比作一扇"旋转门"。

历史上的过往朝代是中国农民无情、强大和成功的剥削者。他们能够积累巨额盈余来支撑庞大的官僚统治机构，建立强大军队守卫自己的领土，而农民常常怨声载道，偶尔还会揭竿而起。有时，起义力量与内战和外国入侵势力杂糅，足以推翻一个王朝。但农民会满足于用一个"好"皇帝取代一个"坏"皇帝，待起义者返回他们各自的村庄后，旧秩序很快就会重新建立起来。尽管我们不能确定，但我们可以猜测，公元前11世纪周朝进攻之前，农民反抗或许是导致商朝灭亡的一个要因。

▲ 安阳车葬。商朝权贵们的大量随葬品是身份和地位的象征。常有奴隶殉葬，以便在阴间陪伴左右。

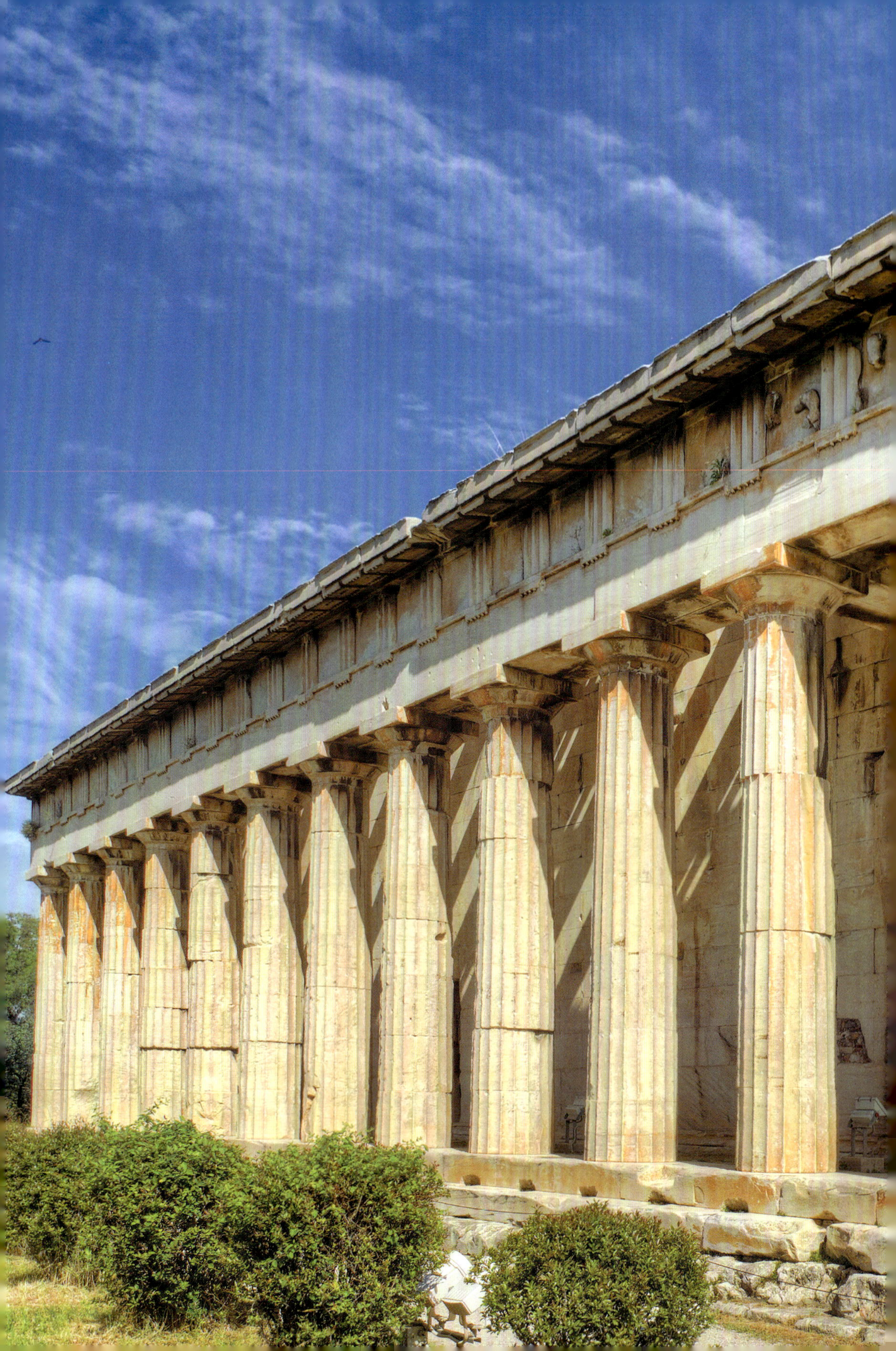

第五章
铁器时代的世界

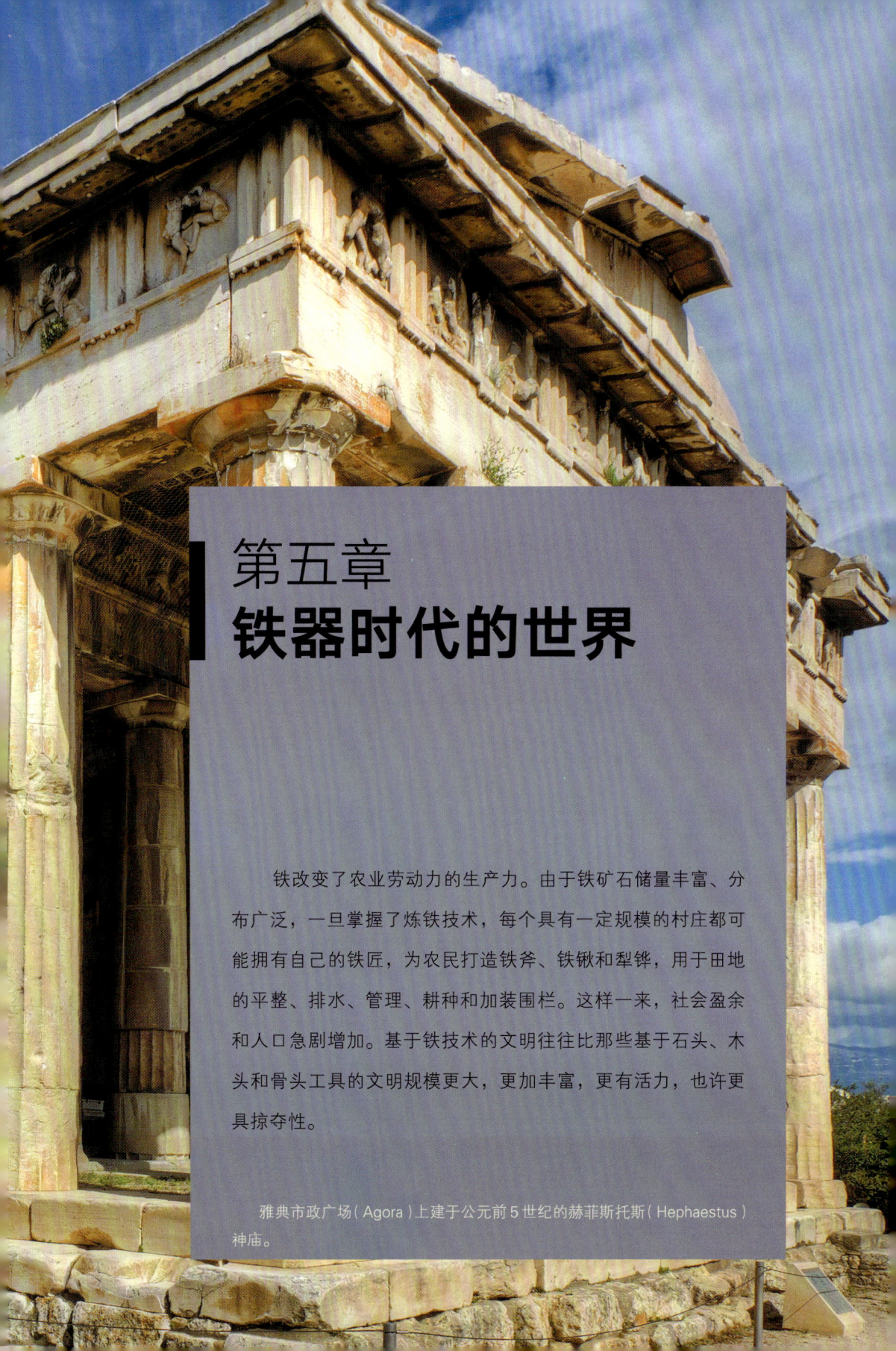

  铁改变了农业劳动力的生产力。由于铁矿石储量丰富、分布广泛，一旦掌握了炼铁技术，每个具有一定规模的村庄都可能拥有自己的铁匠，为农民打造铁斧、铁锹和犁铧，用于田地的平整、排水、管理、耕种和加装围栏。这样一来，社会盈余和人口急剧增加。基于铁技术的文明往往比那些基于石头、木头和骨头工具的文明规模更大，更加丰富，更有活力，也许更具掠夺性。

雅典市政广场（Agora）上建于公元前 5 世纪的赫菲斯托斯（Hephaestus）神庙。

▲ 约公元前 883—前 859 年亚述国王亚述纳西尔帕（Ashurnasipal）宫殿里的浮雕。

第一次工业革命

你能想象用石斧砍倒成片森林的情景吗？大约在公元前 1200 年之前，各地对此都司空见惯。金属加工虽说已有数千年历史，但金、银、铜、青铜和黄铜主要用于装饰和制造武器。动用这些金属制造农具太过奢侈，尽管它们硬度足够，可以用来完成强度大的劳动。

从另一方面讲，由于世界各地铁矿石储量丰富，因此铁的成本较低，可以广泛使用。不过，铁的应用存在一个重大技术瓶颈。青铜在 900℃ 左右即可熔化，而炼铁却至少需要1100℃的高温。以炼铁技术为基础的第一次伟大的工业革命，离不开能够达到极高温度的高效熔炉的发明。

越来越多的考古证据表明，早在公元前1200年之前，亚洲和非洲部分地区就有炼铁活动，但直到这一年份之后才有大规模工业生产的证据。鉴于此，铁器时代始于公元前1200年左右，其第一次大规模生产恰逢青铜时代晚期的帝国危机。这两个事件的演进相互关联。

▲ 大约公元前550年的4把铁矛头。铁的可获性改变了战争的性质。

青铜是权贵的专宠，而铁则掌握在所有人手中；青铜时代的战争以荷马史诗《伊利亚特》中描述的那种战车贵族武士为核心，但当地铁匠却可以把铁尖长矛武装到每一个身体健全人的手上。村民们借此可以组成长矛手方阵，向当地领主的权力发起挑战。铁不仅改变了农业生产，还使战争民主化，最终助力推翻了整个青铜时代的社会秩序。

正是通过这种方式，铁开辟出自己的全球霸权之路。旧文明由保守派精英主导，他们在纪念碑和奢侈品上穷奢极欲，抵制变革，经常阻止采用新技术，因为担心这会破坏现状（尽管赫梯帝国似乎多少算个例外）。当青铜时代晚期文明崩溃之时，他们的地位（至少在一段时间内）被一些较小的政体所取代。在这个全新、开放、较为民主的世界里，炼铁业蓬勃发展起来。新技术随之创造了新经济、新社会关系和新的政治形式。

非洲炼铁

早在公元前 2000 年，西非和中非就有一些炼铁的证据。关于这项技术是从北方引进还是在当地开发，人们莫衷一是。考古学家经常会参与到"中

▼ 该图描绘的是使用风箱将空气吹入炼铁炉的场景。空气有助于保持炉温。铁和炉渣从炉底放出。

1 迦太基	19 卡巴丘西 1
2 瑙克拉提斯	20 瑞扬杰 1
3 莫加多尔	21 KM 2&3（东非镍带）
4 阿克茹特	22 卡普维林布韦
5 瓦拉尔德	23 卡伦杜
6 杜米尼	24 本菲卡
7 亚芬芬	25 因邦加
8 德克帕桑瓦尔	26 迪武尤 & 恩戈马
9 菲托拉	27 大津巴布韦
10 塔鲁加	28 马托拉
11 奥皮 & 勒贾	29 夸甘达甘达
12 黛玛	30 鲁伊伯格
13 芬东	31 瓦迪达拉
14 巴塔利莫	32 拜达里
15 纳帕塔	33 那迦达
16 麦罗埃	34 珍妮·杰诺
17 迪玛姆	35 布亨
18 夸莱	36 马希拉卡

▶ 非洲最重要金属加工点地图。炼铁活动在整个非洲大陆随处可见，每个地区都可以找到相关证据。

心扩散说"（新思想从一两个原始中心扩散开来）和"自主创新说"（处于类似发展水平的社会独立提出类似的想法）之间的辩论中来。然而，非洲拥有各种各样的熔炉和铁制品，这倒是不争的事实。

炼铁炉通常包括一个黏土烟囱，里面装着多层木炭和碎矿石。烟囱顶部敞开，可以排放烟气，添加原料和燃料。烟囱底部有两个开口，一个是风口，使空气通过风箱吹入，另一个是渣口，排出炉渣。经过几个小时之后，如果不断使用风箱将炉内温度保持在 1100℃以上，就会在炉底形成"钢

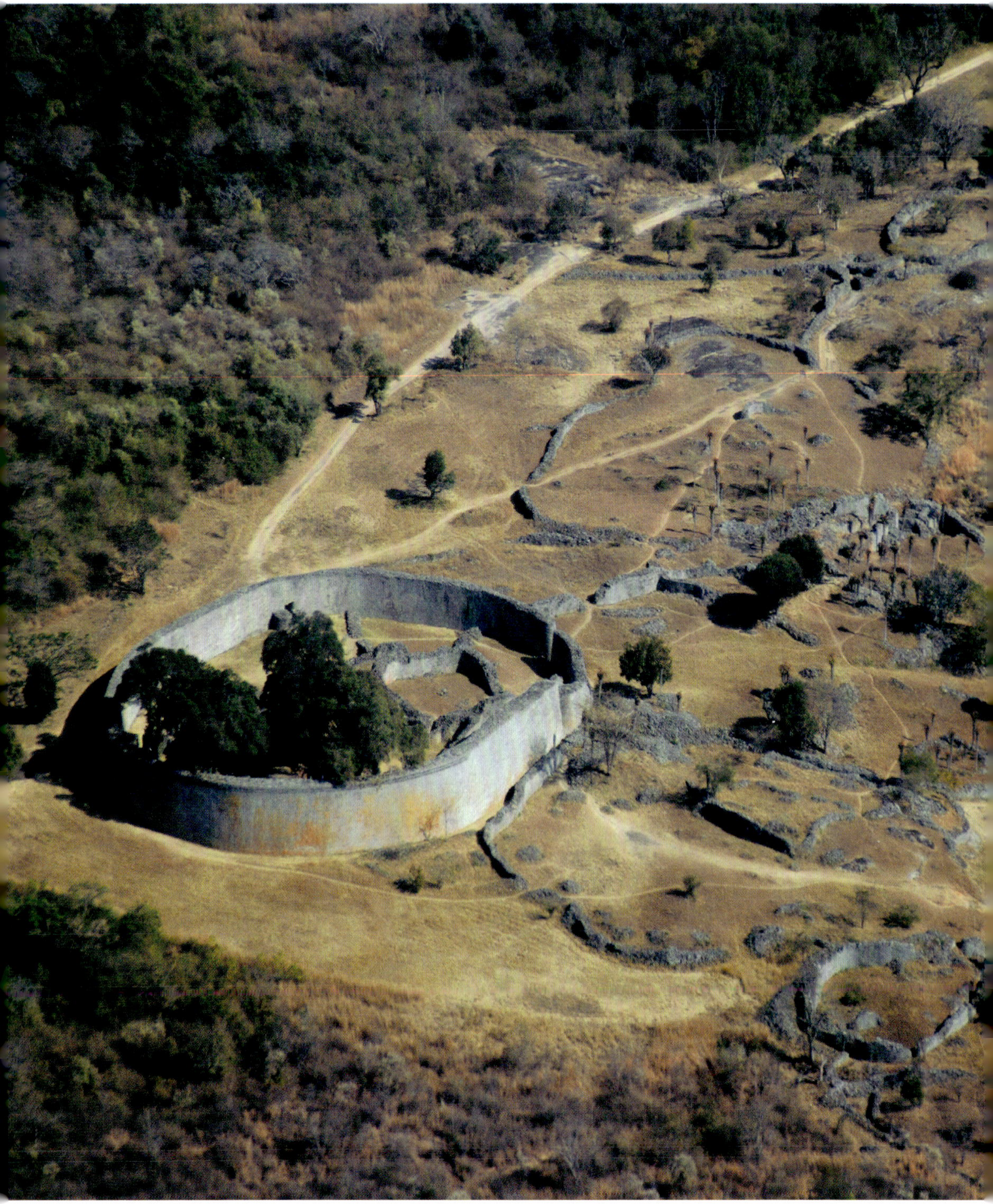

坯",待熔炉冷却后可以取出。熔炼之后是锻造过程,即加热和锤击的结合,将熔渣从钢坯中打出来。由此产生的铁锭可以在二次锻造过程中"加工"成各种各样的工艺品。在实践中,熔炼和锻造过程可能在同一车间内进行,也可能在不同地点各自独立进行。考古学家正在遗址中寻找冶炼和锻造的遗迹。

撒哈拉以南非洲最早的可靠的炼铁时间约为公元前450年。直到20世纪,这项技术始终在非洲大陆的大部分地区使用。熔炉尺寸从地面挖出的小渣坑到一米宽的竖穴不等,这些竖穴有多个风箱和5米高的采用自然通风的烟囱。它们证明了非洲炼铁工人在因地制宜应用技术方面的独创性(就地取材烧炭、利用当地高品位矿石、发挥本土能工巧匠的作用)全都有机结合起来。

班图人扩张

从大西洋到太平洋的欧亚大陆是一条巨大漫长的东西大通道,全长近1万千米。相比之下,非洲大陆南北长达6500千米,从北到南充满艰难险阻,还得穿过数个气候带:海岸平原、沙漠、稀树草原、热带森林、稀树大草原、沙漠和海岸平原。沙漠和森林对人类和动物的迁徙以及技术、思想的

◀ 大津巴布韦围城和山谷建筑群的俯视图。在该国铁器时代晚期,据信这里曾是王国的首都。

交流都构成了难以逾越的障碍。

这就是非洲从石器时代跨过青铜时代,直接跳到铁器时代的原因之一。面对非洲令人望而却步的生态屏障,早期冶金业缺乏实现农业革命和创造帝国文明的手段。正是在公元前1000年期间,炼铁技术的迅速扩散为最初来自中非西部、讲班图语(Bantu)的非洲人提供了所需的武器和工具。他们以牺牲当地的狩猎采摘群落为代价向南扩张,穿过中非热带森林。公元前500年至公元500年间,农业、金属加工和班图文化在非洲大陆南部得到同步发展。

大津巴布韦就是这一进程的纪念碑。这座石头城始建于11世纪,15世纪被遗弃,是讲班图语的非洲帝国的首都,占地近8平方千米,可供2万人居住。可能是皇家宅邸的中央围城(Great Enclosure)是当时撒哈拉以南非洲最大的建筑,围墙250米长、5米厚、10米高。牛和黄金、铁、铜、锡贸易是大津巴布韦统治者的摇钱树和聚宝盆。

神圣金属

公元前1000年后半叶,铁是尼日利亚几个王国的权力基础。奥贡(Ogun)是当地的铁神,他是猎人、武士、伐木者、铺路者和皇家王朝的缔造者。人们认为他引入了金属。奥贡的铁剑象征着他开荒耕田的文明使命和创建以武士为本的新政体的帝国使命。

熔炉、锻造厂和铁制品通常带有强大的神圣力量。铁砧可以作为宣誓或供奉的祭坛。炼铁工既受人尊敬,又令人恐惧,因为人们认为他们的专业知识和技能让他们有机会与神力亲密接触。他们经常四海为家,从一个地方搬到另一个地方。这种生活方式增强了他们在某种程度上是局外人的感觉。即便如此,他们对圣明和神祇的认知意味着部落头领在做出重大决定时往往会寻求他们的建议。

所有铁制品,也包括日常器物,都带有某种神奇的力量。但除了工具和武器，非洲铁匠还打造了具有特殊仪式意义的徽章、护符、圣杖和其他铁器。例如，被称为"铁女人"的巴马纳（Bamana）杖是地位高的人所携带的仪式用长矛，并在神殿和祭坛上展示。巴马纳杖将阳具形式与女性形象相结合，与一种流行的观点形成默契：铁砧是女人，而铁匠是"锻造丈夫"。因此，打铁和炼铁被赋予了生育的象征意义，而这种革命性技术成为农业生产力和政治权力的基础。

新文明

我认为，地中海和中东地区青铜时代晚期的文明在很大程度上是在其自身的重压下崩溃的。敌对国家之间为开疆拓土和完善军事设施所进行的军备竞赛已经使其赖以生存的农业系统不堪重负。这些羸弱不堪的帝国当时很容易受到民众反抗和外部侵略的影响。青铜时代晚期的世界在公元前12世纪的风暴和冲突中土崩瓦解。

此时，正是铁首次被引入地中海地区的时候。从公元前1500年开始，赫梯帝国就在进行炼铁。目前尚不确定他们是自己开发了这项技术，还是从别人那里学到了这项技能，但毫无疑问，他们在青铜时代晚期的战争中使用了铁武器。随后，这项

▲ 公元前8世纪出土于亚述尼姆鲁德（Nimrud）宫遗址的腓尼基风格的象牙雕像。铁器时代，黎凡特地区出现了几个新的强国。

第五章 铁器时代的世界 | 099

技术在 12 世纪的乱世中得到了广泛应用，也许是敌对国家在背水一战的情形下不得不病急乱投医、孤注一掷的结果。

战争或许是创新之母。但一旦打铁技术普及开来，自然就被农民所采用，成为农业产量大幅增长的基础。青铜时代统治者的适度盈余与铁器时代统治者的巨额盈余相形见绌。在公元前 1000 年间，帝国和文明都获得了更加强大的经济平台。

在本章中，我们将纵横铁器时代的世界，探索这一时期异彩纷呈的人类文化成就。

美索不达米亚：亚述帝国

青铜时代晚期的危机导致大国崩溃或衰落，大量小国随之接二连三地涌现出来。腓尼基人在黎凡特海岸建立了一座座商业城市，还在地中海建立起贸易站网络；以色列人在巴勒斯坦建立了新王国，定都耶路撒冷；亚美尼亚人还在凡湖（Lake Van）周围的山区建立了自己的王国，史称乌拉尔图（Urartu）王国。不过，这些公元前 1000 年早期的小国最终还是被新兴帝国体系所吞并。

公元前 9 世纪，上底格里斯河河谷（The Upper Tigris Valley）兴起了一个新帝国。该帝国继承了古代美索不达米亚丰富的农业传统，如今又得到了铁器时代技术的有力加持。它就是亚述帝国。

公元前 880 年左右，亚述帝国的都城从阿舒尔（Ashur）迁移到尼姆鲁德，在接下来两个世纪的

▼ 尼姆鲁德宫西南入口图。与英国探险家雷亚德的探险活动同期绘制。

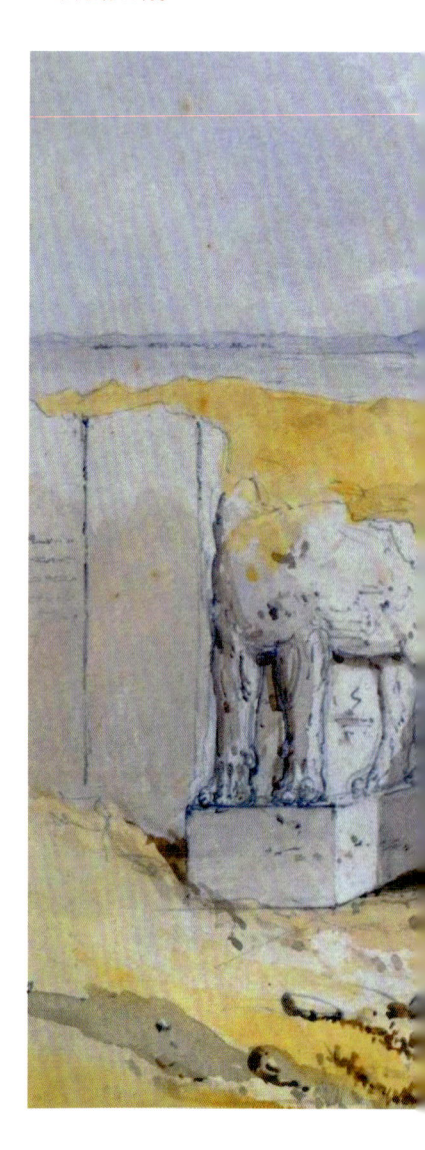

大部分时间里一直定都于此,后来再次迁移到霍尔萨巴德(Khorsabad),最后迁移至尼尼微(Nineveh)。尼姆鲁德是底格里斯河畔一座巨大的泥砖防御围城,面积约360公顷。尽管早在1845年就开始了考古发掘,当时著名的古文物学者奥斯汀·亨利·雷亚德(Austen Henry Layard)首次引起人们对丰富的尼姆鲁德遗址的兴趣和关注,但在这一巨大遗址中出土的文物相对较少。20世纪50年代,英国考古学院在伊拉克进行了进一步的大规模发掘。考古

活动由著名侦探小说家阿加莎·克里斯蒂（Agatha Christie）的丈夫马克斯·马洛文（Max Mallowan）牵头。阿加莎自始至终参与挖掘工作，负责文物修复（用面霜修复古代象牙）、伙食管理和工作标准监督（连餐巾纸架都含在营地设备中）。余暇她都在考古篷房里写作。当然，她的许多悬疑推理小说都是以考古遗址为背景创作出来的。

挖掘人员将注意力集中在这座古老的城堡上，而曾有8万人居住的其他地区目前尚未开展发掘。这座20公顷的城堡位于西南角，有一座60米高的神塔。亚述国王在此建造了一系列寺庙、宫殿和行政建筑。东南角坐落着第二个建筑群，即沙尔马那塞尔（Shalmaneser）堡。开放式庭院周围有一系列建筑，包括阶梯式御座、高高的讲台、接待室、住宅区、王室金库、营房、弹药库和车间。

这里和其他亚述遗址一样，王宫的觐见厅和正殿都装饰有浮雕，突显亚述国王的威严。狩猎、指挥军事探险、监督建筑工程、接受臣民朝贡、会见朝臣和外国使节等，全都在浮雕上有所体现。对亚述军队行军、激战和围攻等行动的认真观察和精细描绘格外有价值。参杂其中的还有对暴行的无耻表现，如对囚犯进行集体斩首、分尸和剥皮。对帝国军事行动进行全面展现的亚述雕塑无疑是一种宝贵资源，令任何古代军队都艳羡之至。另外，遗址纪

▶ 亚美尼亚乌拉尔图王国浮雕。乌拉尔图王国存续于公元前9—前6世纪。

第五章　铁器时代的世界 | 103

▶ 英国考古学家奥斯汀·亨利·雷亚德是让尼姆鲁德废墟中大量文物重见天日的第一人。

▼ 在尼姆鲁德宫遗址发现的公元前 730 年描绘亚述战斗的浮雕。类似浮雕是我们了解亚述军队的主要信息来源。

念碑式的大门和入口由巨大的、长着翅膀的人头狮子守卫。历代亚述国王都是掠夺成性的军事帝国主义者，这些场景旨在令亚述臣民和外国使者心生恐惧、俯首帖耳。

事实上，亚述国王的军力十分雄厚，他们借此建立的帝国最终覆盖整个美索不达米亚和叙利亚、黎凡特海岸大部分地区、塞浦路斯岛以及安纳托利亚东南部的金牛座（Taurus）山脉。叙利亚农田，腓尼基贸易要素，塞浦路斯和金牛座山脉的铁、铜、铅等资源全都在他们的掌控之中。

▲ 马克斯·马洛文（左下角背对相机者）在监督尼姆鲁德遗址的挖掘工作。他采用地层发掘、系统测绘地形等更加科学的方法，把古城面貌还原出来。

波斯：阿契美尼德（Achaemenid）帝国

公元前 5 世纪，如果你想一睹伟大帝国中心的风采，就不会去尼姆鲁德、霍尔萨巴德或尼尼微。公元前 7 世纪末，帝国臣民巴比伦人、迦勒底人（Chaldeans）、米底人（Medes）、波斯人、斯基泰人（Scythians）和辛梅里安人（Cimmerians）起义后，亚述帝国的城市沦为一片废墟。公元前 550 年，其中两个民族米底人和波斯人因被征服而获得统一。米底人是里海（Caspian）地区草原上的游牧民族，波斯人是伊朗崎岖山谷中的定居农民。在两代人的时间里，美索不达米亚、埃及、安纳托利亚、印度河流域和中亚的大部分地区被居鲁士（Cyrus）、冈比西斯（Cambyses）和大流士（Darius）这 3 位伟大的阿契美尼德国王所征服。

如此规模的征服史无前例。到公元前 6 世纪末，波斯"大帝"或"万王之王"控制了 4 个文明中心（尼罗河、底格里斯河、幼发拉底河和印度河流域）的 3 个以及其间的一切。最终，波斯帝国疆域西起色雷斯（Thrace），东到印度河流域（巴基斯坦），北抵高加索山脉，南达苏丹努比亚（Nubian）沙漠。

这个帝国由公路网和官方邮政系统连接在一起。例如，皇家公路从土耳其西部的萨

▶ 阿契美尼德帝国都城波斯波利斯（Persepolis）古城遗址全貌。

第五章 铁器时代的世界

108 | 考古与文明

迪斯（Sardis）横跨伊朗西部的苏萨（Susa）。虽然行省总督（satraps）管辖它，但没有尝试在文化上一刀切。帝国不同民族的臣民都保留了各自的种族和宗教身份、经济社会组织以及政治架构，重要的是他们必须遵纪守法、照章纳税。波斯王室权贵们积累的财富令人叹为观止。公元前331年，亚历山大大帝占领了都城波斯波利斯。那里的宝藏价值相当于希腊城邦中最富有的雅典300年的收入。

波斯波利斯王宫坐落在一个500米长、300米宽的阶地上，里面有宽敞的觐见室，顶棚由立柱高高撑起，还有起居区、储藏室和营房。建筑群被一堵高耸的防御墙所包围。宫殿之外是一个庞大的城镇，几英里外是一处陵墓，里面葬有阿契美尼德历代统治者的石墓。此外，波斯波利斯只是王室住所之一，已知在苏萨、巴比伦、哈马丹（Hamadan）和帕萨尔加德（Pasargadae）还有住处。我们怀疑还有更多住处尚未为人们所知。当然，除此之外，作为半独立的地方统治者，每个总督在省府都拥有一座宫殿，毕竟穿越波斯帝国的距离过于漫

◀ 通往波斯波利斯阿帕达纳宫的楼梯。阿帕达纳宫是大帝接待官方访客的地方，每侧长60米，有72根柱子。

第五章　铁器时代的世界　| 109

长，往返传递消息和命令耗时过多。

通往大流士一世在波斯波利斯的阿帕达纳宫（Apadana）的仪式楼梯上装饰着浮雕，描绘了23个不同民族的臣民向大帝进贡时的场景，贡品包括纺织品和服装、金属器皿、黄金、象牙、马、骆驼、羚羊、狮子和獾狮狓（我们猜测是献给皇家狩猎场的）。波斯波利斯出土的铭文列出了帝国的主要民族，而数以千计的过火泥板则记录了向王室、官员和工匠支付的食物或白银。由此可见，在再现这一有史以来最伟大帝国内部运作状况方面，考古学提供了关键证据。

印度：领主和印度教徒

有时，考古学家会以某类占主导地位的人工制品来命名整个时期。传统的石器时代、青铜时代和铁器时代三分制就是一个宽泛的分法。当然，也有许多基于"文化史"的更加精细的年表划分。

让我们回顾一下一个颇有争议的观点，即印度河流域文明在公元前2000年初被来自北方的雅利安入侵者终结。一些以古代著作为依据的学者更喜欢将印度的青铜时代晚期和铁器时代早期说成是"吠陀（Vedic）时期"。他们所说的吠陀时期是指来自中亚大草原的雅利安入侵者穿过兴都库什（Hindu Kush）山口，先是挺进巴基斯坦印度河流域，然后进入印度北部平原和孟加拉恒河（Ganges）流域，最后开进印度南部德干（Deccan）。在这一长达数百年的进程中，新语言（梵语）、新宗教（印度教）和新社会结构（种姓制度）逐渐占据了主导地位。需要注意的是，一些学者把已知最早的雅利安—印度文《梨俱吠陀》的编写时间推定在公元前1900年（尽管它更可能像荷马的《伊利亚特》和《奥德赛》那样，最初采用口头史诗的形式，几个世纪后才首次书写下来）。

那么，我们可以推测，铁器时代的印度由雅利安—印度教领主阶级统治。他们引入了马匹、战车和后来的炼铁技术。随着时间的推移，他们强制实行了由宗教权威庇护的种姓制度。他们将自己定义为僧侣（婆罗门）、武士（刹帝利）或商人（吠舍），承认农民阶层形成第四种姓首陀罗。大部分土著人口最终作为各种亚种姓而融入了社会秩序。完全被排除在部落体系之外者除外，他们被归类为"弃儿"或"贱民"。印度教素以保守主义、繁复仪式和可怖权神而闻名，这种僵化的等级制度恰好就反映在印度教中。人们认为社会秩序是自然而又神圣的，顺从之人将转世梵化到高种姓，忤逆之辈来世定会降级到低种姓。

炼铁技术使恒河流域遍布以灌溉和水稻种植为主的高产农场，大量农业盈余使得建立新土邦和城市中心成为可能。到公元前 600 年，恒河流域已经形成了大约 16 个小邦。公元前 321 年，孔雀王朝开国之君旃陀罗笈多（Chandragupta Maurya）篡夺了摩揭陀（Magadha）王国的王位。在接下来的 20 年时间里，他将其变成了开拓疆域、四处征服的大本营，进而成了恒河流域、北方平原和印度河流域的主宰。其继任者，尤其是公元前 3 世纪中期的阿育王大帝，将帝国进一步扩展到印度南部的德干地区。

这座庞大的帝国大厦并非经久不衰、永垂不朽，就像西方亚历山大大帝的近现代帝国一样，在阿育王驾崩后没出两代人，旃陀罗笈多帝国因内部纷争而崩塌。致命的裂痕之一似乎是印度教和佛教之间的宗教冲突。

◀ 阿育王（Ashoka）统治时期的银币。

印度：商人与佛教徒

据称，位于巴特那（Patna）附近的孔雀王朝（Mauryan）都城华氏城（Pataliputra）顺着恒河沿岸绵延了约14千米，里面波斯风格的带有圆柱大厅的宫殿比比皆是，外围筑有带木材护板的防御土堤。在孔雀王朝时期之前、期间和之后，印度北部建起了许多城市。这一统一帝国的日渐式微似乎并没有阻碍这场第二次城市革命。事实上，在公元前1000年最后几个世纪，贸易的急剧扩张将城市化进程推向了一个新的高峰。主要贸易路线从陆上到达兴都库什和中亚，沿着恒河到达孟加拉湾及更远的地方。在发现季风系统后，人们从德干高原跨越印度洋到达非洲和阿拉伯国家。

德干东海岸著名的阿里卡梅杜（Arikamedu）考古遗址象征着印度诸多新城市的连通性。据古罗马文献记载，20世纪40年代末发现、发掘的这处遗址，是一个叫作"波杜克"（Podouke）的商业中心。大量罗马双耳瓶、陶器、陶瓷灯、玻璃器皿、宝石、玻璃和石珠以及硬币出土。依据对陶器和硬币的年代测定，挖掘者得出结论：该遗址存续时间为公元前1世纪末至公元3世纪初。它可能由希腊商人建立（希腊语世界此时已并入罗马帝国）。阿里卡梅杜是古代全球化的有力佐证，反映出这一时期印度海上贸易的蓬勃活力。

商业和城市推动了新宗教佛教的传播。佛陀（"觉者"）是一位印度教武士王子，名叫悉达多·乔达摩（Siddhartha Gautama，一说为公元前565—前486年）。他与自己的种姓决裂，经历了深刻的宗教体验，用余生弘扬一种新的哲学。其教义精髓是，当你接受自然和社会秩序，认识到一切无常，超脱尘世琐碎实现精神上的宁静时，真正的幸福就会油然而生。

佛教的激进在于其普世主义和对财产、等级、地位的边缘化。它规定了一种目的明确、合乎道德、海纳百川的生活方式。这对商人、工匠和市民这些新印度的载舟者和覆舟者尤其具有吸引力，因为与使社会僵化的种姓制度合法化的印度教形成鲜明对比的是，佛教意味着每个人都应该在世界上自由

▲ 1912 年华氏城遗址发掘现场。

▲ 在孔雀王朝都城华氏城出土的柱头。

第五章 铁器时代的世界 | 113

文化史

文化史是一个重要的考古学概念。在历史文献匮乏、有限或存疑之处，考古学家通过识别、断代和辨明定居点的特征类型和相关人工制品来在时间和地理上划分过去。我们已经探讨过一些值得关注的例子，比如新石器时代早期以一栋栋长屋组成的村庄和别具一格的自制装饰性陶器为特色的欧洲线纹陶文化。

从文化史视角研究印度次大陆的史前铁器时代，公认的有两种主流文化，一是灰色彩陶文化（约公元前1300—前300年），二是北方磨光黑陶文化（约公元前700—前200年）。

▲ 约公元前500年北方磨光黑陶的碎片。

迄今已经发现了1000多个灰色彩陶文化遗址，绝大多数属于铁器时代规模有限的农庄。有数十个遗址稍具规模，可以看作是小城镇，但带有沟渠、城墙和木栅栏等简单防御设施的大型遗址凤毛麟角。换言之，尽管公元前2600—前1900年印度河流域文明不乏实例，但它不是一个城市社会，而是一个更类似于现代凯尔特（Celtic）的欧洲社会（见下文）。这就是考古学家使用陶器类别来定义这一时期遗址的原因之一：没有大型都市或雄伟纪念物来予以替代。

这些陶器由细灰黏土制作，用黑色涂料进行线性几何装饰，与其他考古证据共同形成了文化"套装"。特别重要的是驯养马匹的使用和用铁来制造武器和工具。这种特征组合为我们对灰色彩陶文化起源的推测提供了依据。

▲ 灰色彩陶实物。

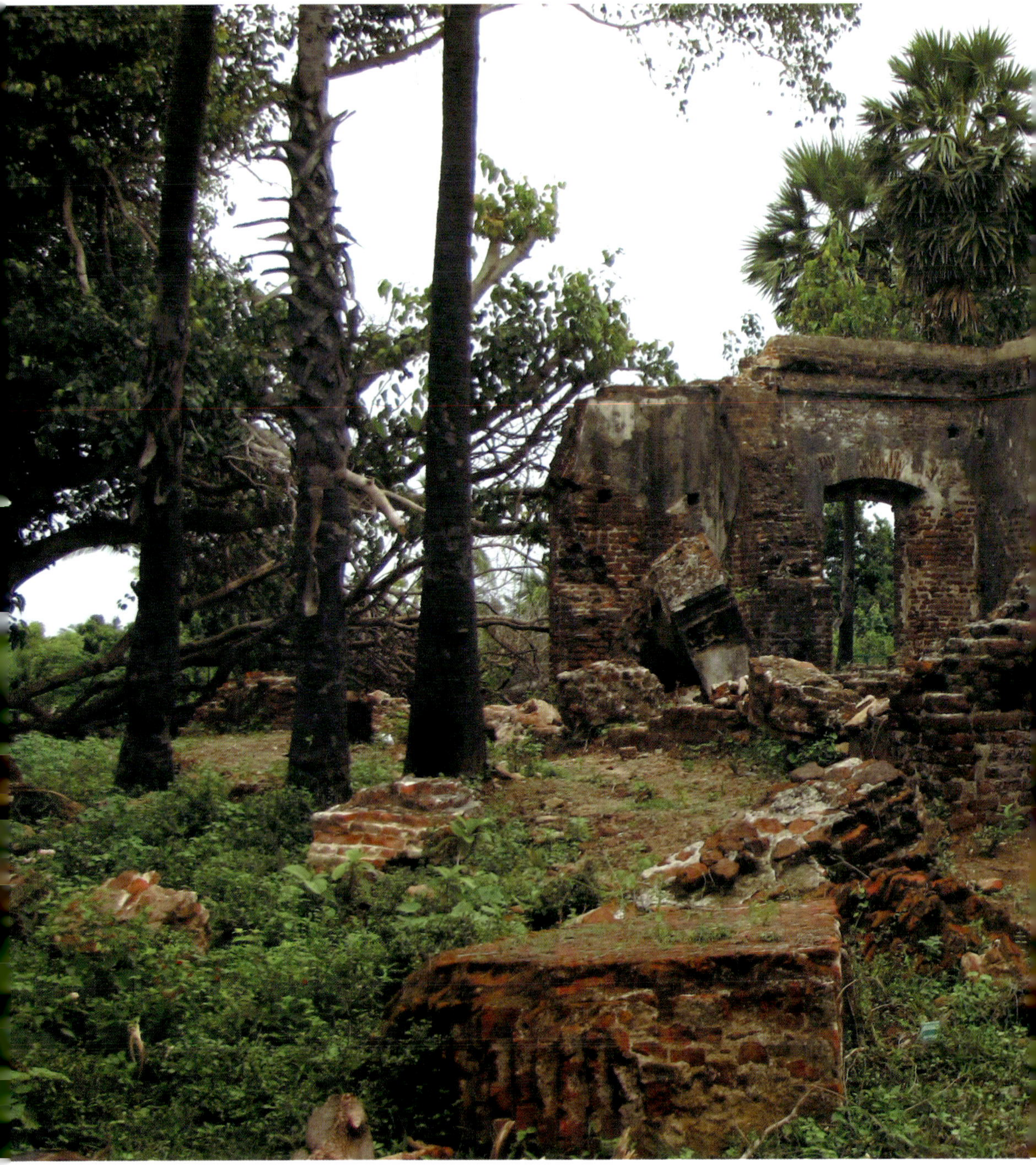

▲ 印度南部的阿里卡梅杜遗址证明了古代世界的全球化程度。考古挖掘发现了大量罗马文物，证实这里很可能是希腊的贸易殖民地。

地占有自己的一席之地。著名的欧亚贸易大通道——丝绸之路上川流不息的商队，在传播佛教方面无疑发挥了重要作用。海上贸易路线也同样重要，将佛教教义传递到了锡兰、马来西亚和印度尼西亚。

孔雀王朝皇帝阿育王护持的佛教形式是一种称作"达摩"（Dharma）的社会理想，强调宽容、和谐、和平共存。在他统治期间，人们把佛教教义刻到石碑和光滑的岩石表面上。这些佛教碑刻的分布表明公元前3世纪中期阿育王的领土范围。

通过考古记录可知，大约在这个时期出现了最早的佛教遗存：寺庙、圣物箱和寺院等不一而足。这些早期遗存均埋于地下，考古学家大多无法接

▼ 吠舍离（Vaishali）的阿育王石柱，建于约公元前250年。在他统治期间类似这样的柱子建造了许多，迄今有20根存世。

近，因为它们被后期更为壮观的遗迹所叠加。

公元 1000 年上半叶是佛教艺术和建筑的黄金时代。舍利塔（stupa，埋葬圣髑的圆丘）和佛塔（pagoda，装饰庙宇的多层宝塔）成为当时主要宗教建筑的特色。印度中部的桑奇佛塔由阿育王于公元前 3 世纪中期建造，此后一直扩建到公元 12 世纪，成为印度最伟大的佛教遗址之一。直径 37 米、高 16 米的桑奇大佛塔饰有阿育王柱，后来又增建了两座小佛塔、修道院、寺庙和小型神殿。整个建筑群周边建有高耸的围墙。

在印度中部的阿旃陀（Ajanta），马蹄形陡崖壁上凿有一圈寺庙。该遗址可以追溯到公元前 2 世纪末或 1 世纪初，于公元 5 世纪晚期达到顶峰。当

▼ 桑奇（Sanchi）佛塔是印度最古老的佛塔之一，公元前 3 世纪中期由阿育王建造并一跃成为印度最重要的佛教圣地之一。

时大多数石窟都已开凿出来，至少有21个独立庙宇，每个庙宇都有柱廊大厅和走廊，有些还是两层的，都用描绘佛陀生活的浮雕和壁画进行了装饰，供信徒们心慕手追。

其实，孔雀王朝早已分崩离析——统治阶级中印度教和佛教派系之间剑拔弩张，被征服国家叛乱频现，外部敌人蚕食边境领土。孔雀王朝始终是由一个个较小政体匆忙拼凑而成的混合体，只是其上强加了一个头重脚轻的军事上层建筑，缺乏一个由共同文化、良好沟通、社会融合和政治凝聚的有效机制团结起来的统治阶级来强力治理。

或许幸亏灭亡了，否则，孔雀王朝军事领袖会穷兵黩武，把民间社会资源损耗殆尽。中央集权帝国的崩溃使农民、商人和城市市民得以追求美好生活。当然，正是这种相对自由推动了佛教黄金时代的到来。

▶ 阿旃陀第26号窟中的佛塔，建于公元5世纪。

第五章　铁器时代的世界

中国：始皇帝

1974年3月23日，杨志发在村里挖井时，发现了一个陶土圈，看起来像是锅口。事实上，这是一个真人大小的战士俑的脖颈，头部已经不知去向。继续往下挖掘，杨志发发觉自己站在一个地下洞室的砖地上。显而易见，他的偶然发现意义重大。这个发现似乎与当地传说有关，即附近的骊山是公元前210年驾崩的中国秦始皇的陵寝。

事实证明了这一点。几十年过去了，我们现在知道，杨志发首次发现的1号坑里有6000多件穿披软垫背心和鳞片盔甲的弓箭手、弩手、长矛手、骑兵、战车手等士兵陶俑，占地面积超过2.5万平方米，地面上铺有约25万块土砖。这个巨大的房间最初用粗大的松柏树干作为屋顶。陶俑经高温（约800℃）烧制，表面呈灰色，后期彩绘。尽管身躯系标准化制作，但每张面孔的脸型和表情却各不相同，25种髯髭可能代表着组成中国的所有不同种族。

但这还不是全部。1976年，考古学家在1号坑以北又发现了两个陪葬坑。在2号坑里有1300件陶制兵马和80辆木战车；在3号坑里有68件武士陶俑、4

▲ 19世纪的秦始皇画像。他是第一个将整个中国统一在中央集权之下的统治者。

件马俑和 1 辆战车。有人认为后者塑造的是将领、幕僚和禁军。

还有更多的陪葬坑有待发现吗？很有可能。事实上，据估计，兵马俑大军总数从 1 万到 100 万不等！这是基于这样一个事实，即这 3 个坑与传说中的秦始皇最后安息之地骊山相比相形见绌。骊山是一处献给女娲女神的古老圣地。故事说，皇帝因对女神不敬而为疮痂所困，不得不焚香忏悔，以摆脱病恙。承蒙神

▲ 女娲壁画。女娲是中国神话中的创世女神。

谕，他来到骊山脚下，用冒出来的温泉水沐浴净化自己。后来，他的遗体就葬于此，长卧群山之下，位于他所缔造的从长城之外的北部荒野一直延伸到南方海岸森林的帝国中心。陵墓中，以水银作为流向大海的河流，天花板上镶嵌着珠宝构成的星座图案。据说，里面还有数百名殉葬者——不幸的陵墓建造者和皇帝的后宫妃嫔。

让我们把秦始皇（公元前 221—前 210 年在位）放在历史背景中来加以审视。他之所以被称为始皇帝，是因为他征服了整个中国，建立了大一统国家。取代商代的周朝从未建立过稳定的中央集权国家。随着水稻种植面积的扩大、长途运输运河网络的挖掘以及围墙城池的日益增多，文明在大踏步前进。不过，地方诸侯势力坐大，攻伐不止。公元前 5—前 3 世纪的战国时

▲ 秦始皇陵内的兵马俑。

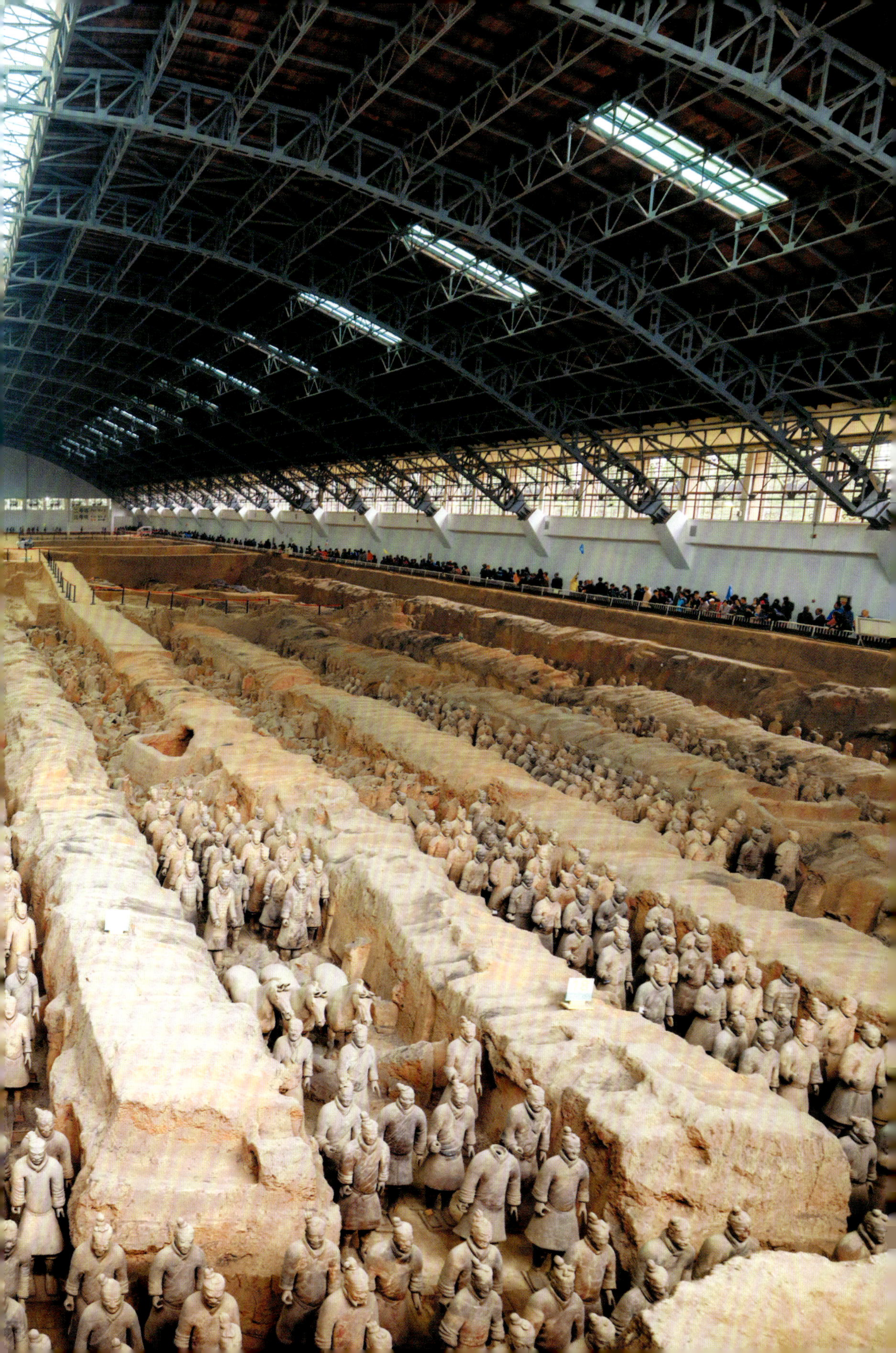

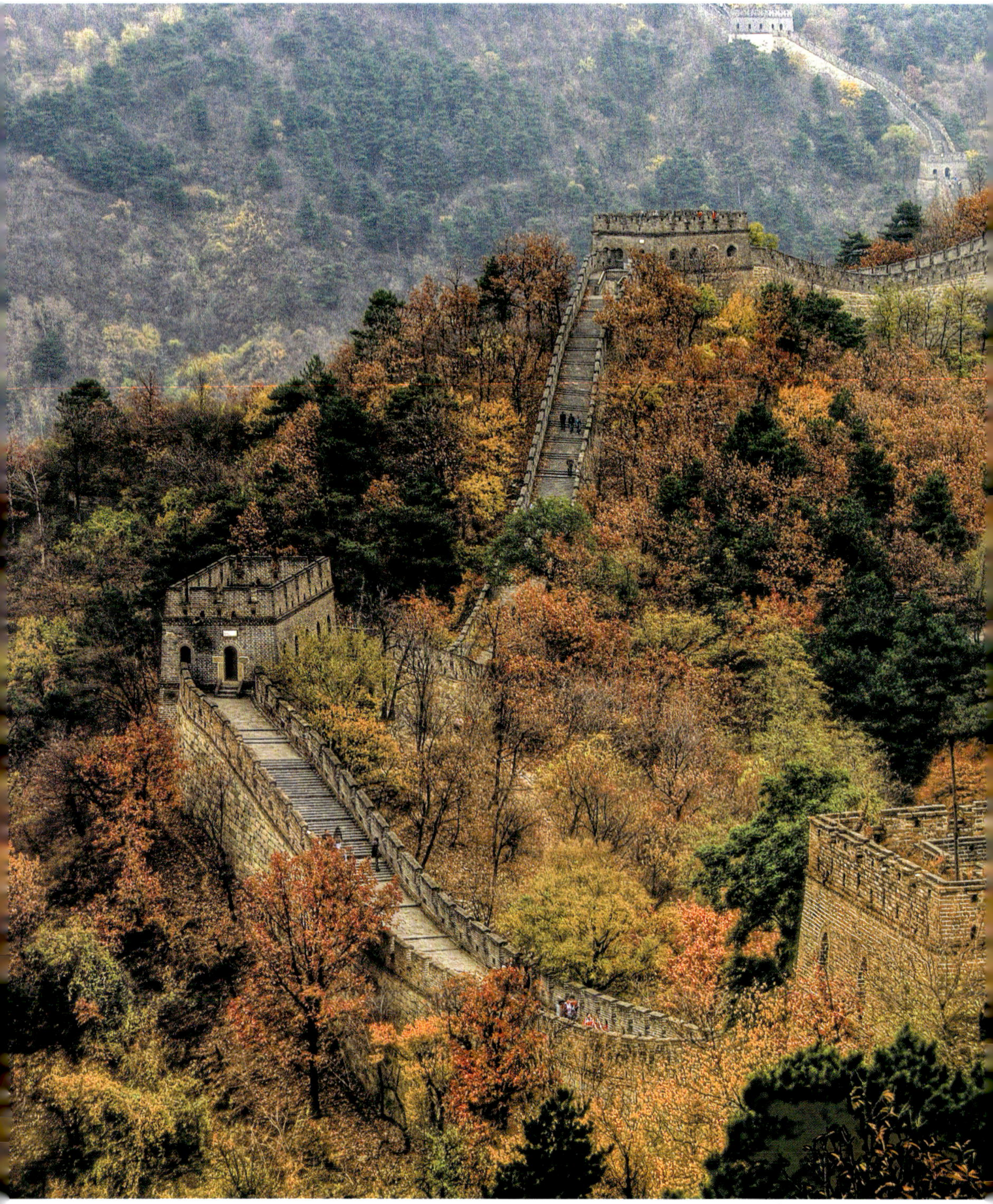

期，中国彻底进入大分裂时代。及至礼崩乐坏的周朝达到血腥高潮，秦王在荒野边陲横空出世。

秦国的弩兵、弓箭手和战车大军以高昂的代价相继灭掉六国。据称，在一次胜利之后，10万名战俘被斩首。大一统后，周朝12万名旧贵族势力和地方富绅豪强遭到强制迁移。从此，秦王以皇帝身份统治中国，其领土疆域是商朝的5倍。

秦朝是中国铁器时代的极盛期。巨大的农业盈余支撑着拥有至高无上权力的中央集权军事官僚们。道路系统变得比罗马帝国的还长，运河系统举世无双，度量衡、道路规格和车轨宽度甚至农具形式都实行了标准化。最重要的是，秦始皇修建了人类历史上最伟大的建筑工程——长城，作为对抗草原游牧民族匈奴和蒙古人祖先的屏障。长城每隔一段就建有一座烽火台，修建共耗时12年，动用数十万民夫，消耗数百万农民的余粮。

难怪秦始皇陵的宏伟壮观甚至让埃及吉萨（Giza）的基奥普斯（Cheops）大金字塔都黯然失色。这个铁器时代的文明在恢宏、残暴和浪费方面都无与伦比。尽管未来朝代更迭，但这个文明仍能保持历久弥坚的保守韧性。这与下文要探讨的古典希腊的铁器时代文明大相径庭。

◀ 中国最著名的长城是秦始皇在战国长城的基础上修建的，有万里之称，后世王朝也不断进行了修建、扩建和修复。慕田峪长城始建于6世纪的北齐，15世纪明朝重建。

第五章　铁器时代的世界　|　127

古典希腊

在雅典精巧的市政广场博物馆里,深藏着一些非同寻常的考古文物。它们很容易被错过,但在世界其他任何地方都看不到这样的东西。它们是已知最早的民主政体的物质遗存,具有非凡的历史意义。

公元前 5 世纪雅典实行的是参与式民主,当然,它仅限于成年男性公民,妇女、奴隶和外国人没有政治权利。古代雅典并非天堂,它是一个父权制、军国主义、蓄奴的社会。但是,与当时世界上其他地方不同的是,它不是由独裁者、军阀或寡头集团统治,而是由整个成年男性公民团体(demos)管理。该团体大约有 3 万人,其中绝大多数是普通农民。他们都有权参加露天公民大会(Ekklesia),就所有重大事项进行决策,有充分的发言权和投票权。他们中的任何人都可能当选为民众法庭陪审员。法庭本身就是大会,根据案件的轻重程度,由 201~2001 名不等的陪审员进行审判。他们中的任何人也都可能被选入由 500 人组成的议事会(Boule),负责在公民大会休会期间监督城邦的日常运作。他们还可能当选为城邦最高长官,成为每年选举一次的十将军(Strategoi)之一。

再回到市政广场博物馆的那些特殊文物上来。文物发现地市政广场曾经是一个古老的市场,后来演变成公共生活的中心,有议事厅、法院和大型露天会场。在这里出土了石制投票器的残部。人们用其从陪审团名单上挑选男性来审理某一特定案件。这一做法旨在防止原告或被告提前知道陪审员,从而进行贿赂或恐吓。每位陪审员都有一张刻有自己名字的铜片(pinakion)。开庭当天,人们把这些选票插入投票器的石槽中。这是一个相当精致的装置(古代资料中有描述,但尚未找到考古证据),包括黑白石球、漏斗和曲柄,用来选择哪排铜片(陪审员)来参与陪审。

此外,还出土了一些铜盘选票。每个陪审员发两个,一个带有表示无罪的实心钮,另一个带有表示有罪的空心钮。审判结束时,这些选票要投进石头票箱。这个票箱是在市政广场东北角的法庭里发现的,仍然留在原地!由

▲ 在雅典市政广场出土的公元前 4 世纪的铜片，上面刻有陪审员的名字。

▲ 这些公元前 300 年的铜盘由陪审员用来在雅典庭审时投票。

于冗长发言的律师可能会令人厌烦，因此，辩护时间通过陶瓷水钟——博物馆里也可以看到出土的碎片——限制在 6 分钟内。还有考古证据揭示出那些死刑犯的命运。在市政广场西南角的城邦监狱中发现了一些黑陶小药瓶。可以猜测里面曾经装过毒芹提炼的毒药，因为这是民主雅典所青睐的相对人道的自裁方式。当然，这也是西方哲学奠基者、可怜的苏格拉底被指控亵渎神明和误导年轻人而遭遇的结局。

还必须提及的是博物馆里展出的许多陶片（ostraka），上面粗糙地刻着主要政治家的名字。放逐是一种反向投票。公民借此投票将不受欢迎的政客流

▼ 公元前 482 年对特米斯托克利投出的反对陶片。特米斯托克利是希波战争期间雅典的主要政治家之一，约公元前 472 年被放逐。

放10年，以减少城邦政治生活中持续不断的派系冲突。假设有人得到6000张以上反对票，10天后他就得收拾行李走人！在市政广场发掘的大量陶片几乎囊括了公元前5世纪雅典政坛的所有名人——阿里斯蒂德（Aristeides）、客蒙（Cimon）、米太亚德（Miltiades）、特米斯托克利（Themistocles）、伯里克利（Pericles）等。

雅典卫城（Acropolis）高耸于市政广场之上。它曾经是城邦的设防城堡，但在古典时代，它只是一处献给城邦守护神雅典娜的宗教圣地。公元前480年，波斯侵略者摧毁了这个圣地，但雅典赶走了入侵者，继而建立

▼ 狄俄尼索斯剧院鼎盛时期可容纳约1.7万人，一直沿用到公元6世纪。

▲ 雅典卫城有许多纪念性神庙，展示了雅典城邦的实力。

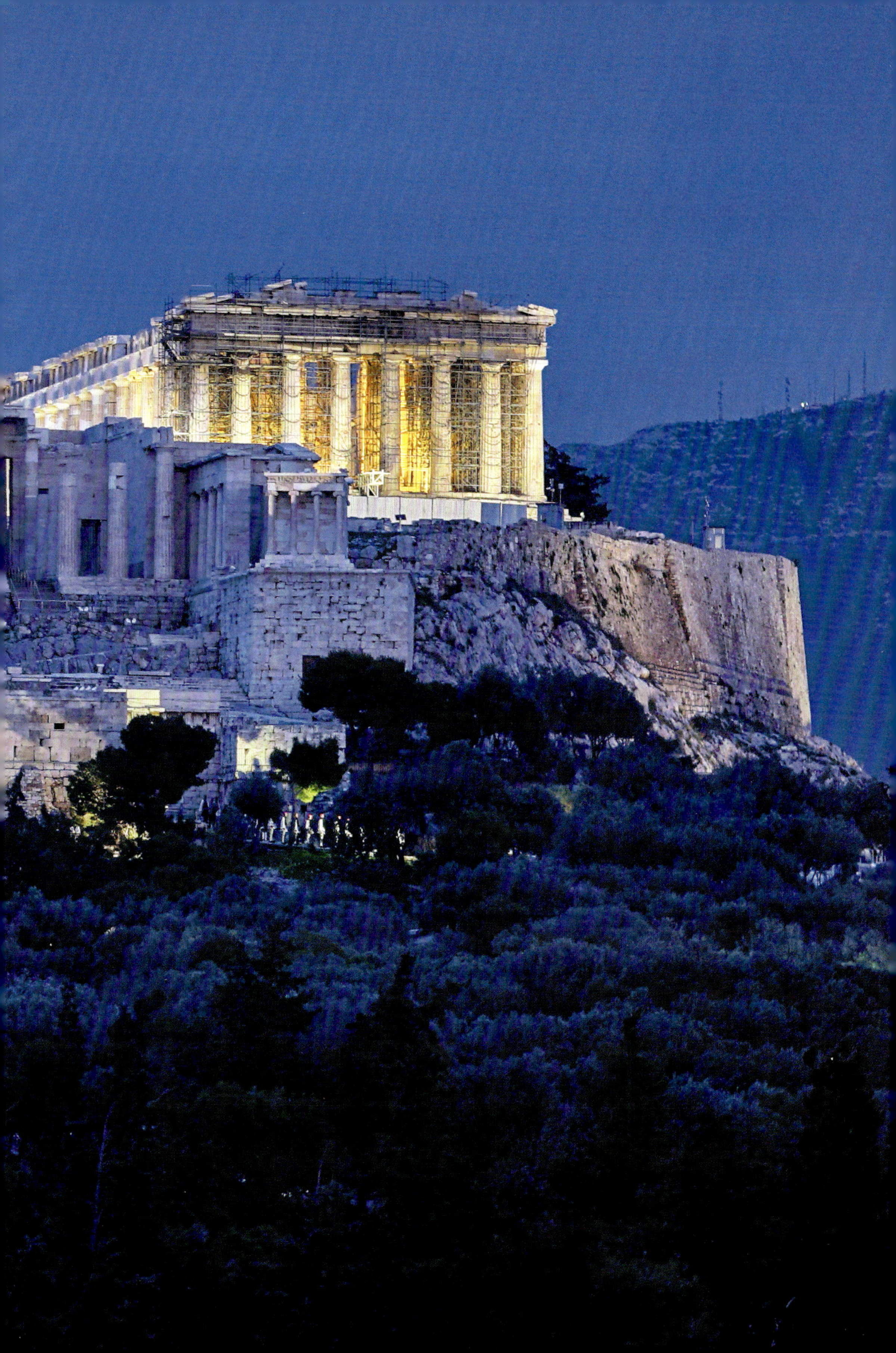

了一个横跨爱琴海的海上帝国。帝国的部分贡品，加上南部阿提卡（Attica）的银矿矿产，全都用来重建圣地。游客今天看到的废墟——雅典后建的帕提侬（Parthenon）神庙、重建的厄瑞克忒翁（Erechtheion）神庙以及通往圣地的卫城山门（Propylaia），都可以解读为公元前5世纪雅典帝国财富和权力的象征。

在雅典卫城市政广场对面，是另一处具有丰富象征意义的坍塌遗迹——狄俄尼索斯（Dionysus）剧院。2500年前，埃斯库罗斯（Aeschylus）、索福克勒斯（Sophocles）和欧里庇得斯（Euripides）三大悲剧大师的戏剧曾在这里首演。阿提卡悲剧是雅典黄金时代最伟大的文化成就之一。它的持久力量归功于雅典民主宪制下的言论自由和活跃的探究精神——这与当时和此后专制政权的悲情宣传截然不同。

对公元前5世纪雅典的考古，见证了人类历史上罕见的文化爆发。我们看到了铁器时代人类充分释放出的创造性潜力。

马其顿帝国与希腊化世界

1961年，阿富汗国王在其国家北部靠近苏联边境的地方打猎时，偶然发现了一座科林斯式（Corinthian）城址和一小块石碑。然而，此时他距离希腊4000多千米，远在喜马拉雅山脉一侧的中亚中心地带。不过，正如法国考古队很快证实的那样，国王邂逅的是一座失落已久的希腊化城市。如今，人们以离它最近的村庄名字命名，把它叫作阿伊·哈努姆（Ai Khanoum），在乌兹别克语中的意思是"月亮女神"。

它位于乌浒水（Oxus）河畔，守卫着从北方通往巴克特里亚（Bactria）王国的通道，始建于公元前4世纪末或前3世纪初，可能由亚历山大大帝本人所建。尽管受到东方的巨大影响，例如建有美索不达米亚风格的寺庙，但我们对此并不感到惊讶，因为亚历山大和他的希腊化继任者有意识地采取了"东方化"政策，旨在将当地精华融入新秩序。希腊化的巴克特里亚的统治者阿加托克利斯时期发行的6枚硬币（约公元前275年），一面是希腊铭文，另一面是当地的婆罗米（Brahmi）铭文，进一步证明了这一点。

不过，这座城市的许多地方都已希腊化。该遗址由卫城这个防御高点所控制。市中心有一个列柱围廊式庭院，南侧有一个附属的行政区，入口有由18根科林斯式柱子拱卫的门廊。偏北一点是一座英雄祠（heroön），也就是传奇人物的纪念陵。这是希腊城市的常见特征。在这里发现了一篇铭文，记录了一个名叫克利尔乔斯（Clearchos）的人如何千里迢迢赶赴希腊，将特尔斐（Delphi）神庙上的圣人箴言誊抄下来，带回阿伊·哈努姆。正如人们对这个希腊化文明的荒蛮边疆所期望的那样，这座城市规模适中，建有一堵防御围墙。这堵墙无疑是急需的，但似乎并未达到目的，因为阿伊·哈努姆在公元前2世纪末被烧毁，从此一蹶不振。

与希腊化的东方大城市——安纳托利亚的阿弗罗狄西亚（Aphrodisias）、以弗所（Ephesus）、米利都（Miletus）、帕加马（Pergamum）、普里埃内（Priene）；黎凡特的安条克（Antioch）、阿帕米亚（Apamea）、巴勒贝克（Baalbek）、杰拉什（Jerash）；埃及的亚历山大——相比，阿伊·哈努姆相

▶ 阿伊·哈努姆出土的圆盘。可追溯到公元前3世纪，上面展示了希腊胜利女神尼姬（Nike）和众神之母希布莉（Cybele）的形象。

第五章 铁器时代的世界 | 135

形见绌。这是公元前334—前326年亚历山大大帝对波斯帝国的征服，也是历史上最大规模的征服之一，见证了波斯帝国的彻底毁灭，让马其顿人一路开进了印度。

几乎可以肯定的是，还有其他失落的希腊化城市等待着人们去发现，尤其是叙利亚以外、马其顿王国霸权昙花一现的地区。然而，在安纳托利亚、黎凡特和埃及，希腊文化得以延续。尽管亚历山大帝国在其死后解体，但讲希腊语的国王继续统治，并建立了更多的城市。（顺便说一句，我们用"希腊化"一词来形容亚历山大大帝征服之后和罗马人征服之前的时期。）强大的希腊城市文明现在从埃及的亚历山大和约旦的杰拉什一直扩散到意大利南部的帕埃斯图姆（Paestum）和塔林敦（Tarentum）、西西里岛的阿格里真托（Agrigento）和塞利农特（Selinunte），甚至远至法国南海岸的马赛和西班牙东海岸的安普里亚斯（Ampurias）。这些西方希腊化城市是早期殖民浪潮的结果，在希腊化时期得到了实质性的重建。

两个因素导致希腊化城市的考古调查变得十分复杂。首先，许多希腊化城市演变成了中世纪和近代城市，大规模扩建一直持续到今天。其次，即便实际情况并非如此，它们往往在罗马时期也进行过改造，尤其是在公元2世纪，省城里修建了大量新纪念碑。尽管如此，在许多地方仍然可以看到壮观的希腊化遗迹，足见在神庙、议会会议厅、市场、体育馆、剧院、图书馆和运动场上曾经投入巨大。它们通常规划在一千米或更长的规则网格状街道两侧。

谁为这一切买单？这是我们在审视伟大的历史建筑和艺术纪念碑时经常会问到的问题。因为生活在希腊化世界的绝大多数人根本就不是希腊人。讲希腊语的人只是少数官员、地主和市民。百姓大多是当地人，说自己的语言，崇拜本土神明，风俗习惯和生活方式远远早于希腊人的到来。他们对外国领主的看法可能与中世纪英国人对诺曼人的态度或英国统治印度时期（Raj）印度不同民族对英国人的认知一样。不应忘记的是，希腊化城市发展的伟大成就离不开本土农民的艰辛付出。正是他们的劳动和服务、交租和赋税，才使得这一切成为可能。

▲ 阿伊·哈努姆出土的阿加托克利斯国王硬币。

▼ 西西里岛阿格里真托的赫拉（Hera）神庙。希腊化时期，希腊化城市在地中海南部也不乏其例。

斯基泰人

阿尔泰山脉叶尼塞河谷位于蒙古西部边缘，似乎是独具一格的铁器时代文化孵化器。这种文化，即斯基泰（Scythians）文化，注定要在中亚占据主导地位。

20世纪70年代以来的数次挖掘活动揭示了一系列异常复杂的皇家坟墩（kurgan）或土墩墓。第一个出土的是阿尔赞（Arzhan）1号墓，可追溯到公元前9世纪末，包括一个原木建造的8米宽墓室和圆材搭建的帐篷状木架构，覆盖了直径110米土墩墓的大部分区域。施工中使用了约6000根树干，估计每天需要1万劳动力。

中央木椁分葬一老年男子和一年轻女子，他们穿着金线、绿松石和彩色织物织就的华丽服饰。附近有8个独立棺椁，可能是为陪伴死者而随葬的家臣。此外还有6匹马，缰绳饰有黄金。在中央墓室周围还有大约150匹配有马鞍和缰绳的随葬马。

早在18世纪，土墩墓就引起了俄国考古学界的特别关注。许多墓中都有华美艺术品，通常用纯金制作，对斯基泰人进行了栩栩如生的自我描绘。他们戴着尖顶帽，穿着长袖束腰外衣和紧身长裤。从冻土坟墩中保存的服饰来看，这些纺织品由毛毡、毛皮和软皮革制成，通常用刺绣、金箔和锡箔精心装饰。木乃伊上有时会布满复杂交织的动物图案文身，也许期望它们能在与敌人的战斗中防身护体。

游牧草原武士的装备是艺术和手工技艺的结合。他们携带可进行远程射杀的复合"反曲"弓，身挂通常装饰奢华的箭袋，配备长矛，可供近距离投掷，也可在混战中刺杀。他们还配有用来肉搏的宝剑、自制或可能是希腊进口的头盔、用缝在紧身皮衣上的金属甲片制成的护甲，还有可能是用柳条紧密编织而成的防护盾牌。

斯基泰人用卷曲、扭曲、搏斗的野兽图案来装饰他们的身体、衣服和金属制品，有卧鹿、卷曲的猫、长翅膀的狮鹫和猛禽。我们能看到捕食者在撕咬绵羊、鹿和马，有时捕食者会相互争斗。我们还能看到猎人在行动，追捕

▲ 公元前8世纪阿尔赞坟墩航拍照片。里面发现有胸腹护甲等丰富的陪葬品。

◀ 公元前6世纪斯基泰人的剑墩。

第五章　铁器时代的世界　| 139

惟妙惟肖的狮子或神话中有角猫科动物等猛兽。这些图景恍然间幻化成了人类战争场面，打斗中的野兽俨然变成了某种隐喻。

这里还有另外一种铁器时代带有欧亚草原风情的文化。欧亚大草原是一条从太平洋沿岸延伸到匈牙利平原的几百英里宽的草原带，北部是森林，南部是沙漠。这里传统上是放牧马、牛、羊的游牧民族的家园。东西长9600千米，是一条运动的"走廊"。向西逐渐茂盛的草原（"草原梯度"）通常会在生态或社会爆发危机时诱发自东向西的运动。

这种危机相对频繁，因为气候条件的波动会对草原上人、动物和放牧之间的微妙平衡产生重大影响。充其量这是一种不稳定的平衡，夏季牧场的相对繁茂与隆冬时节对河流和沼泽芦苇的依赖形成了鲜明对比。随着群落整体向西迁徙寻找草料，生态的微妙变化可能会引发草原上持续不断的迁徙冲击波。

因此，草原民族天生就是斗士，随时准备为自己争得一席生存之地而战，或者更确切地说，为西边水草更加肥美的新牧区而战。这些冲击波有时会导致草原民族驰骋到草原之外的地方，与南方定居耕种者社会发生冲突，并由此登上了历史舞台。他们中有斯基泰人、辛梅里安人、萨尔马提亚人（Sarmatians）、匈奴人和蒙古人。所有这些都是混合词，用来描述在动荡时期聚集到一起的原本截然不同的部落。

凯尔特人

对阿尔卑斯山以北的铁器时代考古，重点是宝藏和山堡。我们在下文中做一分述。

1948—1973年间，在英国诺福克（Norfolk）郡西北部海岸附近一处保护区里进行了一系列调查，结果发现了斯内蒂舍姆（Snettisham）宝藏。在出土的众多器物中，有至少70件完整的、80件残破的公元前70年前后的金、银、铜项圈。这些人们佩戴的项圈是生活地位的标志，还可作为祭祀神灵的供奉。其中许多都是技艺精湛的艺术品，用多根金属线编织在一起，顶端装

▲ 公元前 70 年的斯内蒂舍姆宝藏里有许多奢华的金银首饰。

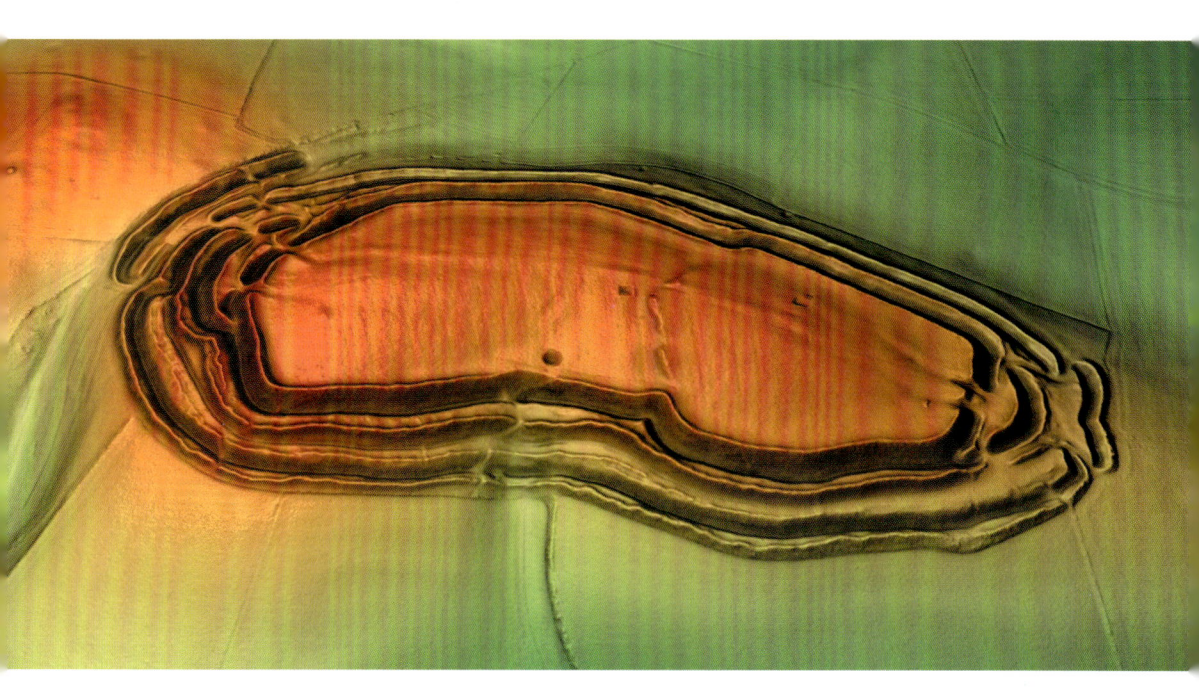

▲ 多塞特郡少女城堡地形的三维数字模型。

第五章 铁器时代的世界 | 141

▲ 约公元前 350 年拉坦诺文化风格的凯尔特人头盔。

饰有独特的"拉坦诺"（La Tène）文化风格的曲线、圆环、非写实植物图案和动物正面头像。

多塞特（Dorset）郡少女城堡是英国最大的山堡，有50个足球场那么大。那里曾经生活着数百人，可能都是掌管那里的大领主的拥趸。公元前1世纪，少女城堡最终构筑完毕，至少有4堵由6米深的沟渠隔开的独立防御城墙，上面安装木栅栏，坚固的城门上可进行多角度防守。这是铁器时代的常见景观。不同山堡各自为政，通常相距仅几英里，昭示着世界政治四分五裂、军事危机四伏。

究竟是什么样的人存放了斯内蒂舍姆宝藏并建造了少女城堡？希腊人把

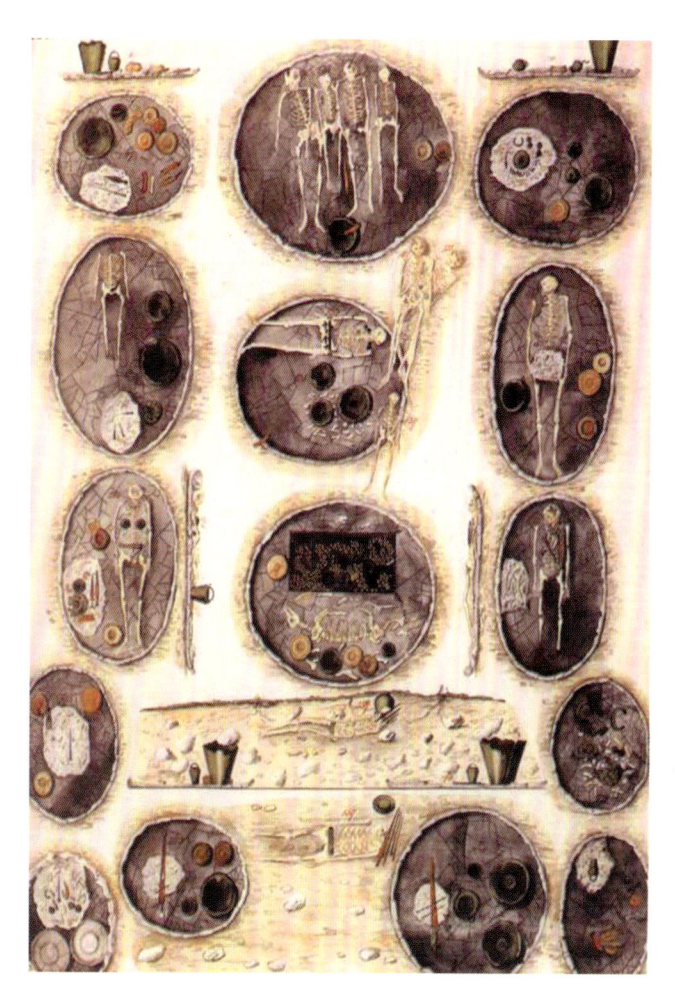

◀ 哈尔施塔特墓地发掘示意图，显示了墓穴排列和随葬品情况。该考古项目由考古学家约翰·乔治·拉姆绍尔（Johann Georg Ramsauer）负责。

第五章 铁器时代的世界 | 143

北欧和中欧人称为凯尔特人（Keltoi）。罗马人称他们为高卢人（Galli）。许多现代考古学家对这种包罗万象的术语持怀疑态度，有人甚至认为"凯尔特人"（Celts）从未真正存在过。这未免言过其实，因为毫无疑问，在铁器时代晚期的欧洲大部分地区部落众多。他们拥有共同的语言、习俗和信仰，就如同他们都有共同文化起源一样。

公元前6世纪，考古学家称之为"哈尔施塔特（Hallstatt）文化"中的武士贵族独树一帜，他们控制了阿尔卑斯山以北的领地。哈尔施塔特领主讲凯尔特语，住在山堡之中，死后随葬品有马车、青铜鼎和角杯。起初，他们人数很少，控制的领地也很小且分散；但在公元前5世纪，考古证据表明凯尔特风格的文物明显扩散开来。"拉坦诺文化"这种新风格为越来越多的贵族所采用。酒具、柴架、金银项圈、精心制作的马具和武器，尤其是带有装饰剑鞘的铁剑，成为中欧大部分地区不可或缺的地位象征。

从宝藏、山堡、随葬品和偶然发现的证据以及希腊和罗马作家的描述中，我们可以想象出一支由领主和武士随从组成的队伍，戴着头盔，身披铠甲，擅长使用长剑，在马背或战车上奋勇杀敌。尽管武士精神深深影响了整个凯尔特社会，手持长矛和盾牌服兵役是所有自由人的义务，但军事成就却是贵族地位的一个特殊标志。领主地位的高低是通过他在战争和作战中的功绩所吸引的追随者多寡来加以衡量的。考古学家还在山顶、湖畔、河岸、森林空地发现了一大批圣迹。人们把在这些地方主持圣礼的凯尔特祭司称作"德鲁伊特"（druids）。

公元前5世纪晚期，这种凯尔特武士文化已经突破了其原始家园的界限，借助此起彼伏的暴力浪潮席卷了整个欧洲。在这个大迁徙时代（约公元前400—前200年），凯尔特人抵达了欧洲大陆最远的边缘——穿过法国，进入英国南部和西班牙东部；向东到达多瑙河下游和黑海沿岸；从那里进入希腊，穿过爱琴海到达土耳其；越过阿尔卑斯山进入波河（Po）流域，在那里，他们最终与罗马人发生了冲突。

动物力量

人类把动物用作食物和原材料，用于运输、牵引和战争。动物是肉、奶、蛋、羊毛、皮革、毛皮、角、象牙等的来源，但它们也被用于运输、运送人员和货物、拉拽重物以及在战争中牵引战车、骑兵和运送物资。可追溯到公元前2500年左右的"乌尔军旗"描绘了亚洲野驴牵引四轮苏美尔战车的场景，每辆战车有两名乘员：一名御者和一名甲士。埃及艺术作品表明，早在公元前3000年前后，驴就被用作驮畜，而把骡子派作这种用场则是公元前1500年左右的事情（骡子系公驴和母马杂交所生，比驴更强壮也更顺从）。然而，在古代世界，调动动物的全部潜力面临着巨大的技术障碍。

驴骡不具备马匹的力量，而直至公元前第二个千年中期，马匹才从它们的中亚故乡到达各个文明中心。它们和另一种中亚进口产品——复合反曲弓一起，彻底改变了战争。由配备弓箭和标枪的战士组成的大规模战车编队赋予战争以新的机动性和打击力，但是骑兵的发展要缓慢得多。艺术作品中最早的呈现一直到了公元前1000年，那时的骑兵没有配备马鞍、马镫和马刺。希腊人和马其顿人也是裸骑。如果没有稳固的座位，轻骑兵射箭或投掷标枪

▲ "乌尔军旗"战争嵌板描绘了马拉战车的场景。战车是苏美尔战争机器的重要组成部分。

的行动会非常困难，近距离作战的突击骑兵也只能舞刀弄剑而已。如果没有马鞍或马镫，骑兵非但无法在奔马上挺起长矛刺向敌人，其反作用力还会把他们撞到马下。

凯尔特人可能为骑兵发明了一种有效的马鞍。这种设计后来为罗马人所继承。我们在罗马辅助骑兵的墓碑上看到了对它的描绘，在水淹文物中发现的保存下来的皮革证实了这些描绘的准确性。马鞍上安装了4个垂直的鞍头，用来将骑手牢牢地夹在鞍座上。这不仅为他们提供了一个更安全的投掷标枪和挥舞刀剑的平台，而且还使挺着长矛冲锋成为可能。

此时，马镫已为人所知，但尚未被广泛使用。它们最初由中亚游牧民族发明，直到公元1000年初才被中国人和朝鲜人所采用，直到公元700年才传到欧洲和地中海地区（注：中国学者研究，马镫最早出现在中国。）。直到这时，真正的重型骑兵才应运而生。人们在贝叶（Bayeux）挂毯上可以看到，诺曼骑士全副武装，骑在专门培育的战马上，足蹬马镫，稳稳地坐在马鞍上，用长矛冲向盎格鲁—撒克逊人组成的盾牌墙。

不过，还存在一个与马有关的问题——没有合适的挽具。上轭的牛能很好地干活，而马则不然。轭和枷担旨在让牛肩用力，但对气管也会施加压力。解决办法是去除轭，让马戴上一个软垫胸带，并用马身体两侧的挽具将其连在车上。通过这种方式，马能够全身用力但又不影响呼吸。同样，这

▼ 埃尔金大理石雕塑（Elgin Marbles）局部刻画的两名骑手。骑术是一项重要的军事技能，但直到公元前1000年才发展起来。

种驾具最早的证据来自公元前 1000 年末的中国,由此缓慢遍及亚洲,公元 8 世纪传到欧洲,但直到 12 世纪才在那里广泛使用。马匹使役速度比牛快 50%,也更加昂贵,在饲养方面需要更多的投入。因此,毫不奇怪的是,尽管早在 14 世纪就有人描绘过马匹拉犁的场景,但在整个欧洲中世纪和亚洲大部分地区,直到今天牛仍然被用来犁地。

驾驭马匹所需的技术手段与驾驶骆驼有相似之处。"沙漠之舟"是阿拉伯国家奢侈品贸易的基础。公元前 1000 年末,这类贸易恰似滚滚洪流,

▲ 公元前 1 世纪卢修斯·罗曼努斯（Lucius Romanus）的墓碑是最早描绘马鞍的艺术品之一。

在东西方之间流淌，贸易商品包括黄金、白银、宝石、香料、香水、象牙和细布。但由于缺乏合适的鞍鞯，日益增长的贸易需求受到了掣肘。显而易见，对于马匹、骡驴来讲，只消把鞍鞯放在它们背部的曲线位置即可；但就单峰骆驼而言，事情远远没有这么简单，驼峰成了一大障碍。南阿拉伯驼鞍可能是在公元前 1200 年前后发明出来的，实际上是一个放在驼峰上、靠绑到骆驼腹部固定的垫子。这给骆驼带来了压力，进而限制了它们的运载能力。公元前 500 年左右，人们想出了解决办法，非常简单。

北阿拉伯驼鞍其实是一个放在驼峰上的四边形箱子，重量压到骆驼两肋，但有厚厚的垫子避免摩擦和疼痛。骑手坐到软垫座椅上。座椅位于两

▲ 贝叶挂毯上描绘的马镫。马鞍、马镫的出现使在马背上动用重型盔甲和武器成为可能。

个高高的木制鞍桥之间的箱形框架顶部。货物均匀地挂在两侧，用鞍桥支撑，但重量通过箱形框架转移到骆驼的整个上背部。

  北阿拉伯驼鞍的历史意义无论怎样都很难夸大。通过将骆驼可能承受的货物重量增加一倍或更多，中东阿拉伯国家陆上散货运输的能力大幅提升。对于古代沙漠运输来说，骆驼相当于现代集装箱。事实上，可以毫不夸张地讲，骆驼运输令阿拉伯商人们赚得盆满钵满，使他们能够向城市文明顺利过渡。砂岩城市佩特拉有大约 1000 座石冢，柱廊街道两旁宏伟的神庙林立，是当今世界最著名的考古景点之一。可以说，它的存续与北阿拉伯驼鞍有千丝万缕的联系。

▲ 有两个木制鞍桥的北阿拉伯驼鞍，可以有效地将骆驼用作坐骑。

▶ 佩特拉古城是纳巴泰人（Nabateans）的都城。这座城市的发展归功于骆驼长途沙漠运输。

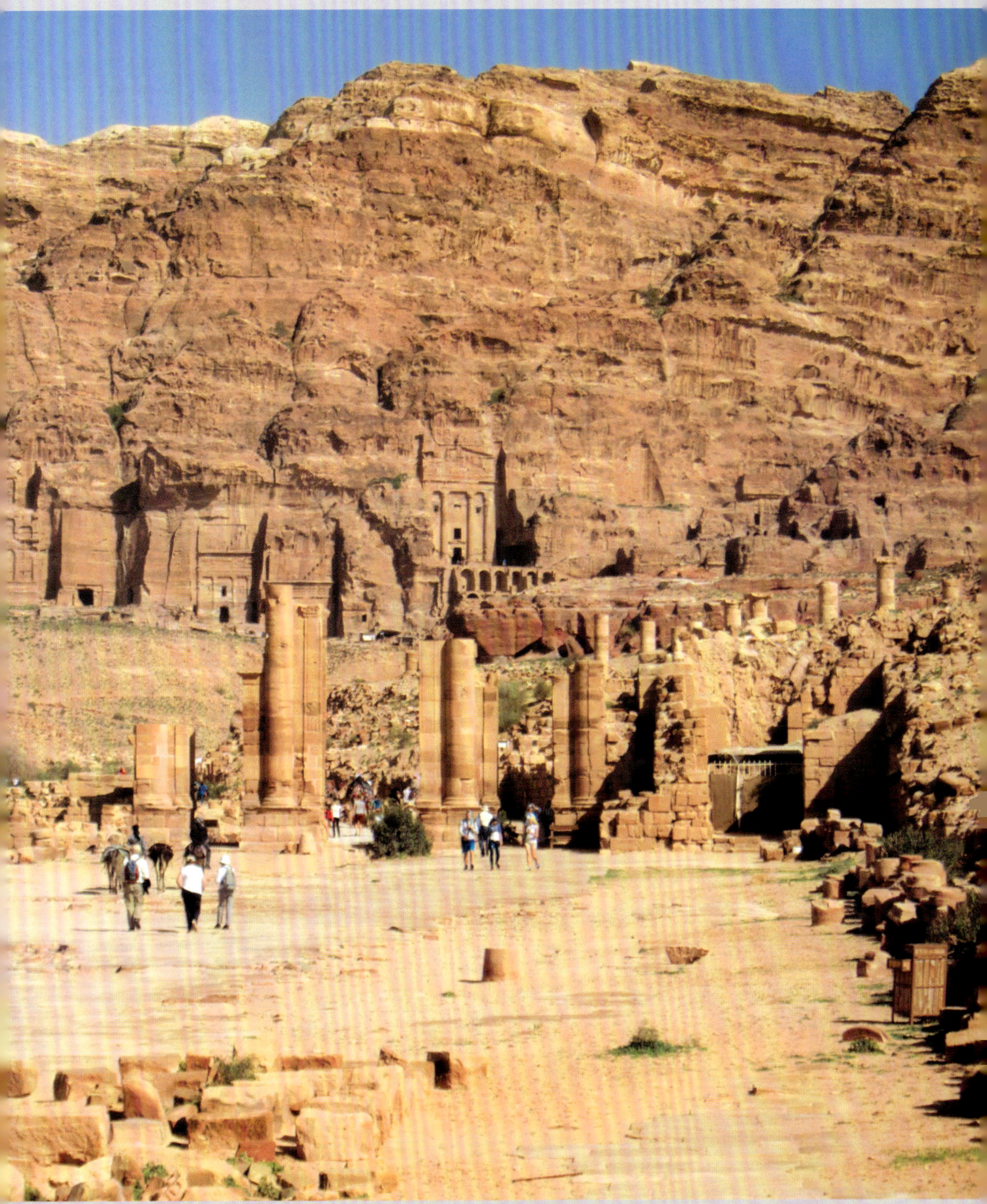

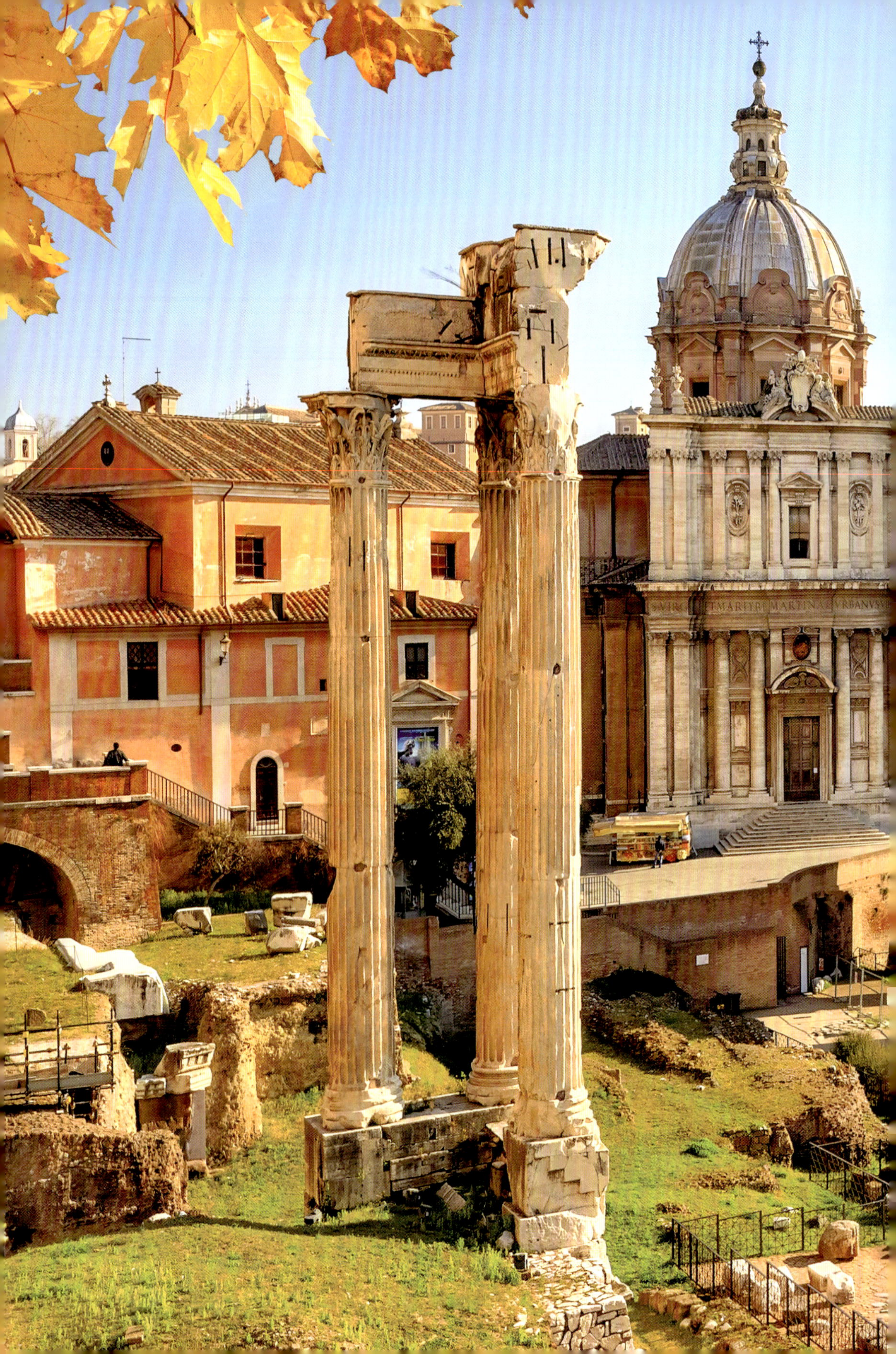

第六章
罗马帝国

据传说，罗马由特洛伊英雄埃涅阿斯（Aeneas）的后代罗慕路斯（Romulus）于公元前753年建成。在随后的几个世纪里罗马持续扩张，继而统治了欧洲大部，成为历史上最强大、最有影响力的帝国之一。然而，当考古工作者对古城地基进行发掘时，他们原本期待能出土公共纪念碑、柱廊庭院、宏伟住宅和华丽艺术品，结果却只发现了几间由泥土、木料和茅草搭建的小屋。

古罗马广场（forum romanum）上有许多重要的政府建筑。它是游行、公众演讲和商业活动的场所，构成了古罗马城的中心。

▲ 约公元前 750 年帕拉蒂尼山上的村庄模型。这里成为后来的罗马城。

考古与神话

  历史作品可能会变成神话作品。从另一方面讲，考古无法撒谎，埋在地下的东西是什么就是什么。公元前 8 世纪，古罗马遗址上没有城池，当时只存在三四个山顶村庄。其中最为知名的位于帕拉蒂尼（Palatine）山顶，其遗迹深深位于共和国后期（Late Republic）的贵族宅邸和帝国前期的皇宫之下，可以追溯到大约 8 个世纪后。

  对铁器时代的农民和牧羊人来讲，帕拉蒂尼山一定一直是块定居宝地。地面从沼泽地陡然上升成一个宽阔的高原，这是人类和野兽的理想避难之所，免受洪水侵扰和外部袭击。当时对耕地和牧场的需求量很大。有争议领土经常引发边界冲突，绿林强盗以偷窃牛羊为生。帕拉蒂尼山顶村庄有悬崖作为屏障，加之栅栏环绕，因此相对安全，一个讲拉丁语的小群体在此定居已久，人们住在长方形或椭圆形小屋里，地板切入基岩，框架由木桩和椽子构成，墙壁系编条和粗泥灰所建，屋顶则用茅草覆盖。

通过帕拉蒂尼山上发掘出来的柱坑和插槽，我们对山顶村庄的居住形式有了认知。从形似活人住宅的陶瓮里我们看到，第一批村民把火化后的死者骨灰放入其中。在山脚附近、沼泽地之外有一处古老墓地，从公元前10世纪村落成形伊始就投入使用。起初，这里实行火葬，但后来，即到了公元前750年，村民们将整尸和装有吃喝的陶瓮一起葬进沟里，以此假借祖先魂灵将土地神圣化并守护通往山顶村庄的道路，从而让后来人永居此地。

附近的其他山顶也被占据，尽管我们对这些村庄了解甚少，因为它们已被现代建筑所覆盖。台伯（Tiber）河畔的这些山峦是避难之所，人们聚集在此以求自身安全。铁器时代早期，这里地处边缘化的自然与农业交界地带。大部分土地仍然是荒野森林，沼泽一片。同时，这里也是民族交融地区，南部是拉丁人，北部是伊特鲁里亚人（Etruscans），东部是萨宾人（Sabines）。与井然有序的社会格格不入的人中弃儿和渣滓往往混迹于此，这些粗犷簇新的定居点有着粗糙务实的开拓文化，甚至在古罗马历史学家李维（Titus Livius）的鸿篇巨著《罗马建城以来史》中也有提及。"在古代，"他写道，"新定居点的创建者为增加人口，当然会接纳许多无家可归和一贫如洗的人，把他们视为当地人。罗慕路斯也如法炮制，帮助他的大型新城扩容……[他命令敞开门户]大量收容逃亡者。周边民族的乌合之众蜂拥而至，纷纷逃难于此，有些是自由民，而有些则是奴隶，他们都想重新开始，从头再来。这些人使这座城市的实力第一次真正得到充实，为其走向未来的伟大初步奠定了基础。"

当然，罗慕路斯只是一个神话人物，正如我们所看到的，罗马只不过是公元前8世纪的一个铁器时代的小村庄。那么这座城市是什么时候建成的呢？对于这个问题，考古学也有答案。

罗马第一城

铁器时代早期帕拉蒂尼山顶村庄的居民讲一种古老的拉丁语。他们是罗马人的祖先。在过渡到城市生活之前，公元前 7 世纪末，他们被来自北方的入侵者伊特鲁里亚人所征服。伊特鲁里亚建立了军事城邦联盟制度。他们采用了一种可能是从意大利南部的希腊人那里因袭而来的新作战方式，以重装步兵方阵为基础，组成密集的披甲长矛阵型。他们并肩作战，纵深排列，阵前有一堵交错盾牌和突出矛尖组成的防御墙体。在伊特鲁里亚大型墓地的墓室里，可以看到描绘这些重装步兵的壁画。这些墓地位于山顶城市围墙之外，常能出土头盔、铠甲、圆盾、长矛和剑等重装步兵的"全套行头"。

罗马城市建设早在伊特鲁里亚人接管之前就已经开始。大约在公元前 650 年，山地之间的沼泽被排干，一大片土地被夯实铺垫出来，在不断扩张的定居点中心开辟出一处供公众聚集的广场。靠近台伯河的另一处洼地也被排干，用作牛市场，即屠牛广场（Forum Boarium）。不久之后，主广场重新用石头进行了铺设。很快，在公元前 7 世纪末之前，周边就建起了最早的石头建筑。几乎可以肯定的是，伊特鲁里亚征服者塔克文·布里斯库（Tarquinius Priscus）正式建立了这座城市，并启动了一项加速推进公共工程的计划。

公元前 6 世纪，沿着新建立的城市边界用仔细切割、精心垒砌的软火山凝灰岩（cappellaccio）修建了一道防御墙。这种火山凝灰岩开采自罗马乡村，当时和后来被广泛用作建筑材料。围墙把帕拉蒂尼山、卡比托利欧（Capitoline）山、埃斯奎力诺（Esquiline）山以及其间的广场圈了起来，占地面积 285 公顷。纪念性建筑的世纪接踵而至。罗马主下水道变成了一个巨大的石头衬砌涵洞，即大下水道（Cloaca Maxima），大到足以让一车干草通过。广场上的新建筑有王宫（Regia）、王室委员会开会的参议院和黑石（Black Stone）地下避难所（里面有一块刻有宗教仪式禁令的大黑石）。帕拉蒂尼山开始成为罗马高档住宅区，标准化设计的大型贵族宅邸出现在较低的山坡上。

▲ 公元前650年奇吉（Chigi）花瓶上描绘的伊特鲁里亚重装步兵。这些士兵帮助伊特鲁里亚在意大利北部大部分地区确立了统治地位。

◀ 罗马卡比托利欧山上朱庇特神庙的侧墙。该建筑由伊特鲁里亚人于公元前6世纪开始建造，后毁于一场大火，公元前83年重建。

卓尔不群的是位于卡比托利欧山顶罗马这座新城的守护神朱庇特（Jupiter）的神庙。今天，在卡比托利欧博物馆内可以看到这座巨大建筑的地基。它的规划非常宏伟，甚至在公元前 509 年伊特鲁里亚最后一位国王塔克文·苏佩布（Tarquinius Superbus）被推翻时，工程仍尚未告竣。"建筑工人和工程师来自伊特鲁里亚各地。"李维说，"该工程不仅要投入巨额公共资金，还要投入大量低级劳动力，本身就很难干，是常规军事任务的额外负担。尽管使命光荣，宗教意义重大，但总的来说他们并不愿担当作为。"

卡比托利欧山顶的朱庇特神庙宽约 55 米，长约 60 米，是世界上最大的神庙之一。它的前面有一段陡峭的台阶，通向一个高高的墩座。深深的门廊有 18 根柱子，列成 3 排，每排 6 根，一排柱子沿着建筑两侧延伸开来，以呼应后墙的横向延伸。神殿本身是一个坚固的墙壁结构，分为 3 个长长的内

▲ 罗马帕拉蒂尼山上建于公元 1 世纪末的图密善（Domitian）宫遗址。该地原始定居点的遗迹很少，我们今天所能看到的都是古罗马统治鼎盛时期的遗存。

殿，每个内殿前有纪念门，后有卡比托利欧山三主神朱庇特、朱诺（Juno）和密涅瓦（Minerva）的像。三角墙瓦屋顶延伸到门廊和神龛上。外部的额枋、飞檐和屋檐都用彩绘花卉和几何图案的陶条装饰。众多排水口上的蛇发女妖和神话怪物怒目而视。真人大小的神祇矗立在屋顶之上。

然而，时至公元前6世纪末，尽管卡比托利欧山上大兴土木，罗马仍然是一个由伊特鲁里亚人统治的小镇，管辖着一块约20千米宽的领地，人口约3.5万。在铁器时代的意大利，类似这样的小镇数以百计。在接下来的500年里，这个微不足道的城邦是如何发展成为古代世界最伟大的帝国的？在以地中海为中心的鼎盛时期，罗马帝国的疆域西起大西洋，东至波斯边境，北到北海，南达撒哈拉沙漠。它对这片广袤领土的大部分的控制时间达5个世纪，对相当一部分领土的控制长达1500年。

罗马帝国的历史遗产影响深远而持久。它是世界上三大宗教犹太教、基督教和伊斯兰教的孵化器，其创造的文化传统塑造西方艺术和建筑长达2000年之久。国王和皇帝偏好罗马服饰，炫耀罗马双头鹰标志，采用恺撒（Caesar）、沙皇（Tsar）这样的罗马称谓。从美国白宫到德国勃兰登堡门，随处可见古罗马风格的、彰显宏伟力量的柱子和拱门。所有这些都是罗马帝国给世界打下的烙印。

那么，该如何解释罗马震古烁今般的成功呢？

罗马扩张

公元前509年，罗马人推翻了伊特鲁里亚国王的统治。在接下来的一个半世纪（共和早期）里，他们与周边拉丁城邦战事不断，直到把它们全部吞并。这一时期，罗马共和国饱受内乱（阶级争斗）困扰，究其本质是贵胄和平民之间的冲突。摩擦以双方妥协而告终——贵胄接纳平民跻身他们的行列，但依旧保持政治主导地位；平民有权参加公民大会，在重大问题决策上享有发言权。

这种独特的宪政安排抑制了内部的阶级争斗，将贵胄和平民的注意力引导到有利可图的对外战争上。公元前367—前133年（共和中期），罗马人策动了一系列战争，先是为控制意大利而对抗萨莫奈人（Samnites）、希腊人和凯尔特人，后是为控制西地中海而攻击迦太基人（Carthaginians）。

　　罗马共和国在其存续的500年间，除两年外，每年都处于战争状态。这是因为战争令身为军团指挥者的贵族政治家们声名鹊起，同时，战利品、奴隶、土地和贡品又能使得国家富裕起来，而且在大多数时候平民组成的军队都愿意参战，因为他们也能从中分得一杯羹。简言之，罗马俨然演变成为一个掠夺性质的暴力抢劫军事帝国体系。在这一自给自足、以战养战的扩张过程中，每一场战事都为下一轮战争提供了资源保障。

帝国的迅猛发展和财富的大量流入，扰乱了现有的罗马社会秩序，催生出新的政治紧张局势。公元前133—前30年（共和晚期），紧张局势一再爆发成内战。为争权夺利，水火不容的罗马政治家将军们率领军队同室操戈。在军事冲突的背后同样暗流涌动：较为保守的贵族派希望维持现状，更加激进的平民派为维护新贵、百姓领袖、普通农民、退役军人和城市平民的利益而寻求改革。平民派意欲结束贵族派大权独揽的局面，使帝国现代化。

▼ 古代迦太基废墟。在第三次布匿战争（公元前149—前146年）中，罗马人将迦太基夷为平地。一个世纪后，作为罗马城市，它在尤利乌斯·恺撒治下得以重建。

▲ 意大利里米尼（Rimini）的恺撒雕像。恺撒在军事上的成功为罗马帝国的发展铺平了道路。

公元前49年（尤利乌斯·恺撒入侵意大利，向元老院宣战）至公元前30年（恺撒指定的继承人屋大维·奥古斯都击败安东尼和克利奥帕特拉，成为罗马世界的主人）间，内战达到高潮。罗马不再是一个共和国（由贵族元老院统治），而摇身一变成为帝国（由专制皇帝统治）。

在共和国晚期和帝国早期，大规模征服战争仍在继续。在庞培（Pompey）大帝统治下的叙利亚、恺撒统治下的高卢（Gaul）以及屋大维·奥古斯都（Octavian-Augustus）统治下的西班牙、巴尔干和德国，到处战火连绵。随后，扩张步伐放缓，在哈德良皇帝（Hadrian，117—138年）治下几乎完全停止，其缩边固边政策标志着罗马持续约600年的军事侵略结束。

大规模征服战争资助了罗马帝国的打造计划。战利品使罗马统治阶级中饱私囊、国库充盈，并为统治者对百姓实行的小恩小惠政策提供了必要资金支持，进而赢得罗马公民等关键群体的忠诚。因此，一些鹰派皇帝对新的征服战争情有独钟。但是，想发不义之财却再也没有以前那么容易。边界已经停在山区、森林和沙漠地区，在荒野上发动战争的结果只能是入不敷出。罗马已经找到了属于自己的"自然边界"，它冒着过度扩张的危险一再进行徒劳无功的反叛乱战争。最终，罗马军队从现役野战军演变成了一支戍边部队。

这部分叙事在很大程度上依赖于历史资料，几乎没有考古证据。现在我们再次回到物证上来。关于公元前5世纪至公元2世纪罗马帝国的扩张，我们还有什么要了解的呢？

恺撒军队

让我们从军队本身开始谈起。由于罗马共和国军队不是一支拥有永久军营的常备军，我们的证据比后来拥有固定边界和石头堡垒的帝国军队要有限得多。我们所掌握的大多数证据都来自共和晚期：多米提乌斯·阿赫诺巴布斯（Domitius Ahenobarbus）祭坛上的雕塑对罗马士兵进行了塑造；在西班牙努曼提亚（Numantia）发现了一系列攻城营地；在法国阿莱西亚（Alesia）出土了封锁线工事，发掘出的头盔、铠甲、武器等罗马军事装备数量相对较多。这些出土文物和实证，辅之以希腊和罗马历史学家的考证，足以使我们为共和晚期的罗马军队画像。

从性质上说，我们知道它与共和早期的军队大不相同。这是一支模仿希腊重装步兵方阵组建的城邦民兵队伍，密集的阵型不适合复杂机动的灵活战术。不过，罗马人从与高卢人、迦太基人和西班牙凯尔特人的战争中吸取了教训。他们采用了适合更松散、更快速、更机动作战的新型武器。罗马人的头盔以高卢人头盔为原型，穿甲标枪和短刺剑是从凯尔特人那里复制而来。罗马盾（一种椭圆形或矩形大盾牌）与高卢人和凯尔特人携带的盾牌极其相似。熟悉马背战术的当地作战辅助人员在战场上与敌方骑兵遭遇，促成了骑兵部队的发展。特别重要的是，他们采用了高卢风格的四角马鞍，使骑手能够稳稳地楔入座位，从而能在马背上充分发挥武器的作用。其他创新包括招募专业弓箭手和投石手对敌人实施远程打击，以及使用扭力弩砲高速发射箭矢和石块。

▼ 公元前 2 世纪多米提乌斯·阿赫诺巴布斯祭坛上的这条雕带，刻画了共和晚期罗马士兵的形象。

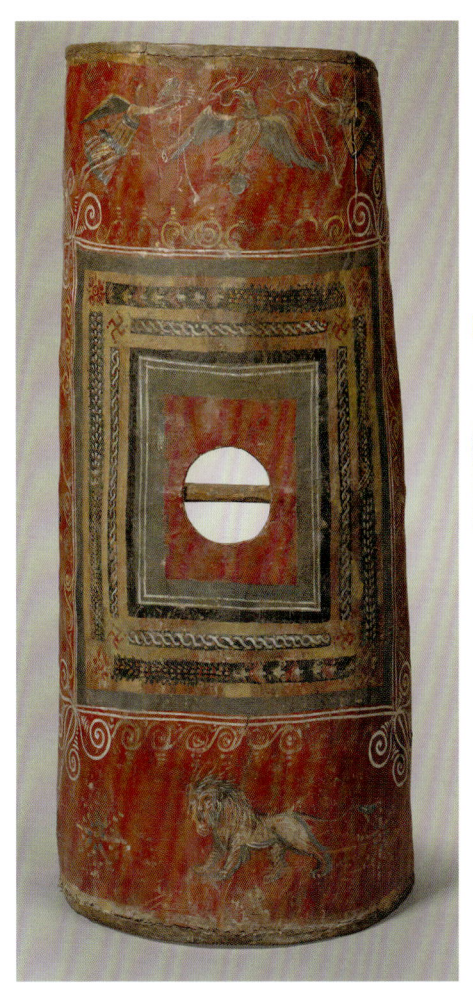

◀▲ 盾和短剑是罗马士兵的标配。

到了尤利乌斯·恺撒时代，罗马军队或多或少已经完全职业化。许多人在他手下征伐了 13 年，先是参加高卢战争，然后卷入内战。在这些过往战争中，他对自己的士兵赞誉有加，尤其看重百夫长的作用。百夫长是从编制 60 人（后为 80 人）的小队中培养出来的英勇善战的老兵。19 世纪法兰西皇帝拿破仑三世资助的阿莱西亚考古发掘为我们呈现了罗马军团最生动的一幕。

阿莱西亚是公元前 52 年高卢大起义首领维钦托利（Vercingetorix）的最后败北之地。恺撒详细描述了他的包围圈和高卢战争战况。挖掘工作基本上证实了其描述的准确性。古代阿莱西亚位于一个长 1500 米、宽 1000 米、高 150 米的菱形高地上。恺撒下令部队围绕整个高卢堡垒修建一道闭环围城工事。

▼ 这幅 19 世纪画作描绘了公元前 52 年阿莱西亚围城战结束后维钦托利向尤利乌斯·恺撒投降时的情景。

工事包括两条 5 米宽壕沟，里面挖出来的土用于堆堤，顶部每隔 25 米设木栅和木塔。主要防御工事的正前方是一排排尖利树枝，形成一道尖刺树篱（相当于古代的铁丝网）。远处是一串圆形凹坑，上覆灌木，底部有尖头木桩。更远处是木桩区。木桩被锤入地面，上有带刺的铁钉（相当于古代雷区）。主围城工事全长 18 千米，紧邻其后至少有 23 座堡垒。后来，探报称敌军增援部队正在途中。恺撒闻听马上命令手下修建第二条防线，即一条向外的防线，长度为 23 米。

19 世纪的发掘只揭示了防线沿线的微小变化，后来的航空摄影进一步证实了恺撒的说法。我们在这里见证了公元前 1 世纪罗马军团的非凡专业精神。他们已经从一支由城市民兵组成的小规模、地方性、业务武装部队发展成征服世界的工具。

▼ 恺撒关于围攻过程的大部分书面描述在阿莱西亚考古发掘中都得到了证实。

罗马殖民地

罗马共和国军队的任务是召之即来，打后解散，而非提供永久的占领军。那么罗马人是如何控制被征服领土的呢？

20世纪50年代，美国考古学家弗兰克·布朗（Frank Brown）在托斯卡纳（Tuscany）西南部的科萨（Cosa）罗马人定居点进行的挖掘提供了部分答案。科萨位于罗马以北约140千米的海岸上，始建于公元前273年。今天，它看起来只不过是一个村庄，只有500米宽。不过，它是为了长期使用而建的。它坐落在山巅之上，周围有大约两千米长、用巨大多边形石块修建的坚

固防御墙，3条门道都防守严密，城墙上至少有18座防御塔楼。因为科萨是一个殖民地、一座旨在保卫被征服领地的新城，其定居者便组织起来，成为城市民兵。为后援他们在那里的生活，给他们划拨了550平方千米的领地，继而又细分为一个个独立农场。

科萨本身呈矩形块对称网格布局。一些主要公共建筑使科萨成为一个微型罗马。境内的两座小山成了神庙所在地。南面是朱庇特神庙。这处圣地也是一个防御堡垒，如果主墙被攻破，市民可以撤进主楼避难，为此，里面还备好了水箱。广场设在两山之间的鞍部，最初是一个90米长、35米宽的长矩形。对面是一个圆形的户外集会场，镇议会在此开会。最早的住宅很小，质朴而统一。毫无疑问，这反映了第一批殖民者之间的大致平等状态。

已知大约有400个城镇具有殖民地地位，其中包括许多像科萨这样的新定居点——台伯河河口的奥斯蒂亚（Ostia）古城是一个闻名遐迩的早期实例，以及罗马公民接管并重新安置的城镇，如最初是希腊城市的庞贝（Pompeii）和帕埃斯图姆（Paestum）。

殖民地的建立与罗马扩张的另一个考古标志百户区（centuriation）有关。低空飞越意大利低地的许多地区和前罗马帝国的许多行省，就可以非常清楚地看到，最初由罗马土地测量师规划的长方形田地连绵不断，一直保存到今天。

测绘网格通常以当地城镇的两条通衢，即南

◀ 科萨的公共集会场所。类似的构筑物在大多数罗马殖民地都能见到。

第六章 罗马帝国 | 169

罗马堡垒

罗马军队在第一任皇帝屋大维·奥古斯都统治期间（公元前30—公元14年）成为一支由全职职业士兵组成的常备军，共计约25万人，其中大约一半是由罗马公民组成的5000个军团，而另一半由从帝国臣民中招募的辅助人员所组成，每500~1000人为一支部队。军团士兵服役20年，辅助人员服役25年。所有人都披挂重装，装备精良，补给充足，训练有素，战斗热情高涨。他们代表了那个时代最强的战争机器，是罗马在走上全球霸主地位的漫长过程中经过数百年实践和实战磨砺而成的战争工具。

由于帝国军团在很大程度上是一支守备部队，其曾经的存在以众多边防工事、辅助堡垒和军团要塞为标志。这些工事最初用泥土和木材构筑，后来用石头重建。在这方面有大量的考古证据做支撑。

最令人印象深刻的边防工事可能是英国北部的哈德良长城，但在帝国过往边界上可以找到许多类似的遗迹。哈德良长城横断大不列颠岛，西起爱尔兰海，东达北海，由一条壕沟和一堵石墙组成，每500米建有一座信号塔，每英里有一座可容纳约30人的小型堡垒，每数千米有一座可容纳约500人的大型堡垒。

每座大型堡垒都有一支辅助部队。据推测，他们负责堡垒两侧的城墙巡逻。辅助堡垒的设计酷似扑克牌形状，街道呈规则网格状，指挥部设在中央，有一座宽敞的指挥官官邸、一所医院（valetudinarium）、粮仓、车间和多座长方形营房。每座营房可容纳一个百人队（80人）。该街区分成10个十人队，每队8人，百夫长住在位于一端的较大的房子里。

尽管普通士兵的营房拥挤不堪，只能满足基本住宿条件，但罗马堡垒设施之便利却令人印象深刻，而且随着高架渠、浴场和厕所的增加，条件逐渐改善。由于在军队里能够过上美好生活，因此通常可以完全依靠自愿当兵来维持部队规模。

许多堡垒经常由同一支部队驻扎，一用就是数百年。这意味着越来越多

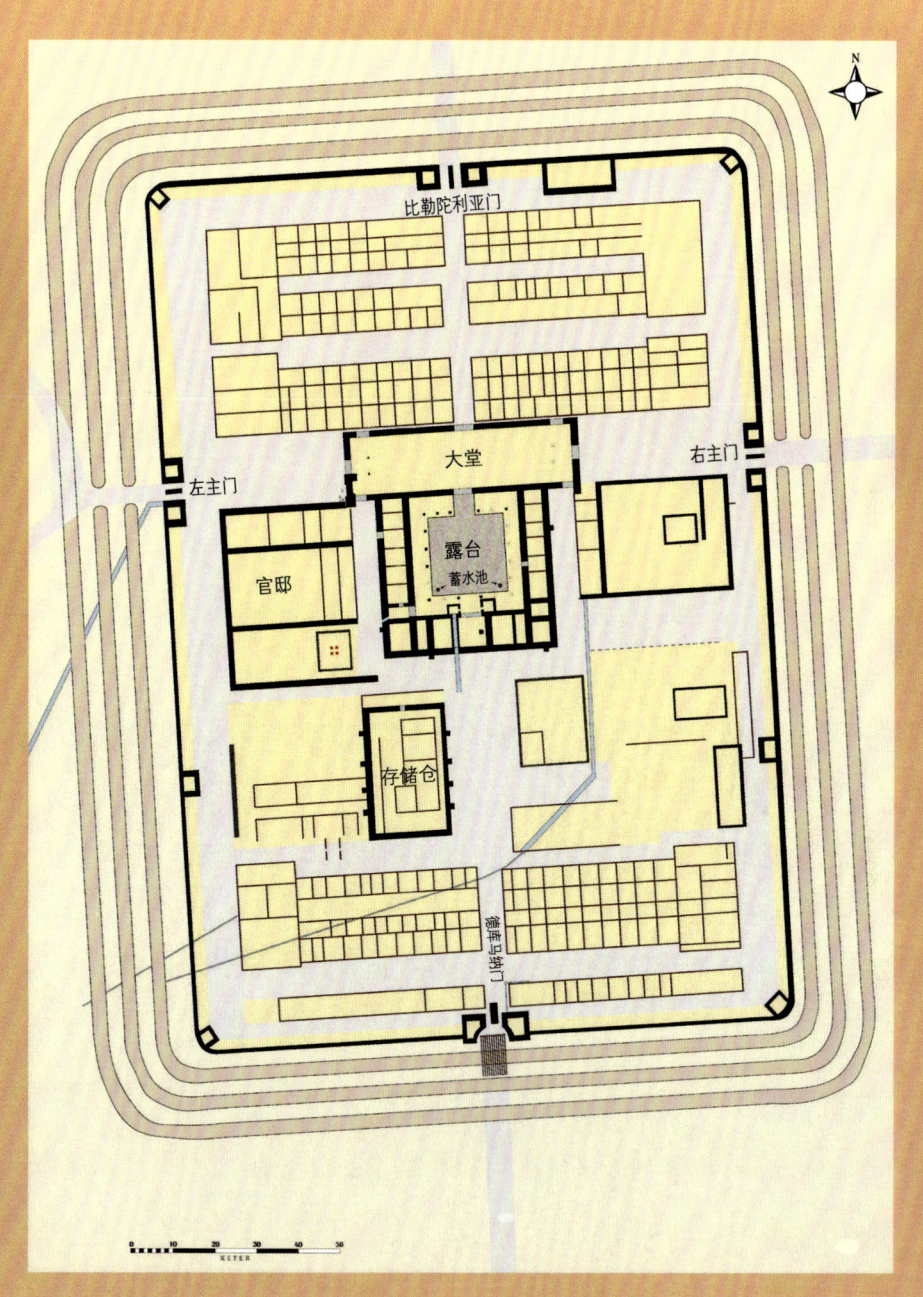

▲ 1820年在德国泰伦霍芬（Theilenhofen）市附近发现的罗马埃西尼亚卡姆（Iciniacum）堡垒平面图。它建于100年左右，约260年被斯瓦比亚人（Swabians）或阿勒曼尼人（Alemanni）摧毁。他们是上莱茵地区的日耳曼部落联盟。

▲ 哈德良长城是罗马帝国的西北边界。沿着城墙有许多堡垒和城镇的废墟。

的普通罗马士兵从当地招募而来，有时他们的整个军旅生涯都是在同一个军事岗位上度过的。如此稳定的驻军很快就能与当地百姓建立起密切的关系。这在罗马堡垒周围分布广泛的附属村（vici）的发展中表现得十分明显。当地人选择在那里建房开店，其中有些可能是士兵家人，有些则是为部队提供服务的工匠和贸易商。

　　对堡垒和村庄遗址的广泛挖掘表明，这些边境杂居区不啻文化熔炉。这一点在宗教方面表现得尤其明显。军方崇拜众神之王朱庇特、战神马尔斯和皇帝；当地人信奉凯尔特神科文蒂娜（Coventina）。在哈德良长城卡洛堡（Carrawburgh）要塞有科文蒂娜井。此外还有外来"神秘"宗教，比如对波斯救世主密特拉神（Mithras，在卡洛堡也有为其修建的神庙）的膜拜。

▲ 英格兰哈德良长城卡洛堡要塞的密特拉神庙。罗马对神秘的密特拉神的崇拜源于古老的波斯传统。

　　这些证据引发了文化身份这一更大的问题。越来越多的人获得了罗马公民身份，及至公元3世纪初，帝国的所有自由民都被赋予了选举权。但是，他们当中去过罗马的人凤毛麟角，大多数人又不会说拉丁语。那么身为罗马人意味着什么呢？"罗马身份"是如何与信奉不同宗教的部落成员、当地城镇居民等其他身份的人相互交融的呢？这些都是当今罗马考古界所要直面的现实问题。

　　对罗马帝国军队的考古研究，不仅透视了征服工具、边境防御和内部安全，而且管窥了这一帝国中心的经济发展、社会互动以及文化变革等复杂过程。

北大道（cardo maximus）和东西大街（decumanus maximus）为规划参照，一直延伸至周围乡村。然后，与主路相平行添加二级道路网，将土地划分为20×20艾克图斯（actus，罗马长度单位，1艾克图斯≈35.5米）的正方形。每个大正方形称为分地（centuriae），然后进一步细分为100个小正方形，称为份地（heredia，罗马度量单位，相当于半公顷）。最后，每块份地一分为二，形成两个尤格（iugera），即可以从飞机上看到的矩形地块。在拉丁语中，iugum的意思是"轭"。尤格是一个71米长、35.5米宽的矩形，即两头牛一天可以耕犁的面积。为什么采用矩形？因为牛拉犁需要缓慢绕大弯，矩形田可以减少转弯次数。罗马土地测量师的考虑堪称百密而无一疏！

在早期，分配给每个殖民者的地块非常小，几乎不足以借此维持生活。后来的做法逐渐变得慷慨起来。我们经常听说每个定居者能分到50或更多的尤格（13公顷）。这无疑有助于建立一个非常繁荣的农民定居地。后期，大量土地纳入分配范围。据一位对此做过深入研究的学者估计，在公元前2世纪初的短短10年内，10万个家庭就分到了100万尤格（25万公顷）。

罗马城镇

罗马共和国类似于一个犯罪团伙，先对受害者实施抢劫，然后诱使他们入伙，一起参与下一次作案。这就是其运作模式。随着罗马人大肆进行帝国扩张，他们的目标就是通过确保高度自治、尊重当地习俗，以及至少从长远来看授予罗马公民身份和充分的政治权和司法权，来赢得当地民众的支持。这意味着地方政府运营成本低廉，还可以稳步增加军团的后备兵源。

在帝国治下（公元前30年—公元476年），大部分军队驻扎在边境或边境附近。公元1—2世纪，在这个防线背后，罗马帝国进入了漫长的罗马和平（Pax Romana）鼎盛时期，文明蓬勃发展。当地土地所有者采用了包括拉丁语在内的罗马文化，并在城镇和别墅建设中沿用了当时流行的罗马风格，大量使用马赛克和壁画作为装饰。这种文化在整个帝国一脉相承，反映出上层社会所普遍认同的罗马身份（Romanitas）。

罗马帝国是一个以城市为基础的文明。它被划分为一个个地方领地单位（西罗马帝国称之为 civitates），每个单位包括一个行政城镇和一个由庄园、农场和村庄组成的农村领地。城镇的主要官方职能是执行法律和维持秩序，维护国家基础设施并征税。城镇是将中央集权与当地村庄联系在一起的纽带。

每个城镇都由当地土地所有者和其他富人组成的寡头集团统治。他们成

▲ 布雷西亚（Brescia）祭祀朱庇特、朱诺和密涅瓦的主神庙。

立市议会，从自身选出少数治安官来负责公民的日常管理。只要事情进展顺利，这些市议员（decuriones）基本上具有很大的自由裁量权，没有中央任命的官员监督他们的工作。直到后来帝国晚期的城市生活开始崩溃之时，中央才开始任命自己的地区官员。

这些城镇的起源多种多样。在许多地方，特别是在讲希腊语的东罗马帝国，城市文明已经十分兴盛，人们只是把现有城镇简单地接管过来，或者更准确地说，当地城市精英让自己接受了罗马统治的现实，基本上还是一如既往地发展下去。在其他地方，特别是在英国、高卢、西班牙和北非，全都是新兴城镇，尽管通常与原有的本土权力中心山堡毗邻而居。

无论起源如何，罗马城镇最终看起来都大同小异。市议员们在城市建筑上投入巨资，各地的目标似乎都是创造一个微缩罗马，打造一整套对罗马身份来讲至关重要的公共建筑。

城镇中心始终是市政广场。这里最初是一个开放的市场，但后来功能逐渐叠加，连民政和宗教仪式都在此举行。附近有长方形大会堂，由两个内部柱廊分为中殿和两个过

▶ 现代克罗地亚港市普拉（Pula）的露天圆形竞技场可容纳 2.3 万名观众。

第六章 罗马帝国 | 177

罗马硬币

罗马帝国铸造过海量硬币。帝国垄断了金属的开采,尤其是黄金和白银,这在一定程度上是因为铸币对"纳税周期"的推行至关重要。帝国以硬币形式征税,用于支付军饷和其他军费开支。当军人和军事承包商消费时,这些硬币便开始大规模流通,为一系列经济交流提供了动力,也使普通人能够适时获得纳税所需的硬币。

罗马经济从未实现完全货币化,但硬币确实在日常生活中广泛使用,甚至在最小、最偏远的罗马帝国遗址里都出土过硬币。此外,硬币堪称高度精确的年代测定工具。它们通常印有在位皇帝的名字和称号。每枚罗马硬币通常可以追溯到特定的年份。

当然,并不能由此确定发现硬币的考古地层也是同一年,因为硬币在铸造后可以长期流通。不过,它所能表明的是,该地层一定晚于硬币铸造时间。用考古学术语讲,这枚硬币提供了年代下限(terminus post quem),即可追溯最早时间。结合遗址出土的其他年代证据,每枚硬币都能在时间拼图方面发挥作用。

▲ 在瑞士的奥古斯塔·劳里卡（Augusta Raurica）遗址出土的银币。

道，用于召开公开会议和审理法庭案件；还有议事室和议会办公室。

在城镇中心还有官方主神庙，以祭祀罗马国家最高神——卡比托利欧山三主神朱庇特、朱诺和密涅瓦。在城镇其他地方还有其他神庙，有些献给古典神明，有些供奉当地神祇，还有一些是外国神祇，比如密特拉神、西布莉神（Cybele）和伊希斯神（Isis）。罗马城镇考古所揭示出的鲜明的信仰多样性证明了罗马对异教的折中和宽容。

当然，如果没有至少一个作为公众休闲中心的公共浴场、一个剧院（用于戏剧表演、宗教仪式和公众会议）和一个露天圆形竞技场（用于角斗士之间搏斗、斗兽和公开处决），任何自命不凡的罗马城镇都不能称之为完美。

这些城市设施大多由市政精英支付。名门望族通过成为城镇的赞助人来争夺担任要职的荣誉并赢得市民们的青睐。许多铭文记录了他们的慷慨义举。他们还建造了用马赛克、壁画和雕像装饰的漂亮城镇住宅，借以进一步显示自己的等级和地位。

庞贝和赫库兰尼姆（Herculaneum）是考察罗马住宅的最佳地点。罗马住宅通常包括一个靠近临街正门的较为公共的中庭庭院和一个位于后面的更为私人的下沉式庭院。下沉式庭院里有一个装饰花园，有时会有喷泉、柱廊步道和一个或多个大型餐厅，主人会定期在此举办罗马式晚宴。

公共建筑和私人住宅都用地板马赛克、壁画和独立雕像进行了华丽的装饰。古典神祇和神话是精致艺术品所要表现的典型主题。其中上乘作品以高超的自然主义风格完成，雕像栩栩如生，马赛克和壁画充分利用了透视和明暗对比技法。

整个帝国在城市规划、公共建筑和私人住宅设计以及艺术形式与内容方面的一致性，代表了一种文化共通，旨在通过这些林林总总的形式来表达共享的文化认同。罗马行省不单是一个行政中心，而且也是罗马身份的范例、美好生活的典范，能够将非常国际化的帝国精英们——从英国北部的凯尔特人到莱茵兰（Rhineland）地区的德语使用者，再到突尼斯说布匿语的人和叙利亚说希腊语的人——联系起来。

罗马别墅

罗马精英将城市生活与公共和私人事务联系在一起。人们坐在城市住宅里辩论问题，会见同行和客户，管理自己的地产和商务。在城市住宅中甚至还专门辟出一个房间用作地产办公室和商务会议室，通常位于中庭远端的临街正门对面。

另一方面，乡村意味着平和放松，与阅读、写作、款待朋友和狩猎等"精致休闲"的乡村活动联系在一起。所有有钱人都拥有一栋城市住宅和一栋乡间别墅。这种差异也体现在语言称谓上，domus 指代城市住宅，villa 意为乡间别墅。

▼ 意大利赫库兰尼姆城市住宅的中庭。中庭是一个露天庭院，中央有一个水池。

最简单的别墅是一栋长矩形建筑，细分为一些独立房间，通过一侧有盖的柱廊进入；较好的别墅在一端或两端有侧楼；最豪华的别墅有四排房间，围成一个中央庭院。一些投资巨大的别墅除了用常见的罗马方式进行繁复装修外，还建有浴室。

一些别墅只是漂亮的乡间宅邸，但大多数别墅都成了当地的生活中心，配套有农场综合体。罗马人用"城市别墅"（villa urbana）和"乡村别墅"（villa rustica）两种称谓来加以区分。前者是供拥有土地的家庭及其客人使用的漂亮乡村住宅；后者属于农场，或许由庄园主经营，里面有奴隶和劳工。

英格兰南唐斯（South Downs）的比格诺（Bignor）别墅就是一个很好的例子。经过细致挖掘，我们知道它在公元4世纪初彻底建成。它是一座完整的庭院别墅，三面有成排的房间相围，另一面有围墙和走廊，围墙和走廊后面是农场和相关农场建筑。共有65个房间，包括夏季和冬季餐厅及一个浴室。冬季餐厅和浴室都用地炕取暖。最好的一些房间里装饰有英国可见的顶级罗马马赛克的镶嵌地板，上面有维纳斯头像、蛇发女妖美杜莎（Gorgon Medusa）头像、

▶ 赫库兰尼姆海王星之家精心铺就的马赛克所展示的狩猎场景。公元79年维苏威火山爆发，火山灰覆盖了整座城市，因此该城得以完好地保存下来。

第六章 罗马帝国 | 183

罗马陶器

尽管也有一些例外，但自农业革命以来，几乎所有社会都在使用陶器。由于黏土烧制的陶瓷是一种非常便宜的材料，加之陶瓷器皿易碎，而且碎片非常坚固，因此无论陶器在哪里出土，都具有重大的考古意义。罗马人是多产的陶器制造者和使用者。

粗陶和细陶区别很大。前者常常是比较粗糙、未加修饰的日常陶器，用作收纳、储存和食品制备；后者往往更加精致，愈发纤薄，格外精美，器型通常更为精巧，经常以饰条、彩绘和通过表面泥釉和细烧技术形成的光面进

▲ 北非泥釉红陶实物。这些形式的陶器可以在整个帝国找到，设计精美，可以供人观赏。

▶ 类似黑色抛光陶罐这样的粗陶器是实用器而非艺术品，几个世纪以来标准样式一直保持不变。

行装饰。像意大利阿雷蒂内（Arretine）陶器、高卢萨摩斯（Samian）陶器和北非泥釉红陶器一样，罗马细陶中最引人注目的是各种泥釉红陶器皿。这些精美的器皿实际上是餐具。它们的设计初衷旨在让人观赏，同时可以衬托出饮食的品质。

粗陶器皿本质上是实用器，制作更加标准化。人们通常无法猜测一块罗马灰陶是公元1世纪还是4世纪的东西。另一方面，细陶不仅材料、形式多样，而且随着时光流逝，它们也会随着文化时尚的变化而变化。这使得罗马细陶器皿，尤其是在有大量碎片可供参鉴的地方，成为一种非常准确的年代测定工具。许多罗马陶器专家会信心满满地把一堆陶片定位在某个四分之一世纪里，从而精准断定发掘现场地层的年代。

陶器在考古学领域还有许多其他用途。除断代外，也许最重要的是它能显示不同地域之间的关联。由于陶器可移动，我们可以找到销售和交换网络的证据，进而可以推测这些网络的性质以及潜在的机制。例如，当我们在哈德良长城上发现大量来自英格兰南部的黑色烧陶时，我们便能够想象出军事补给链的运作方式。

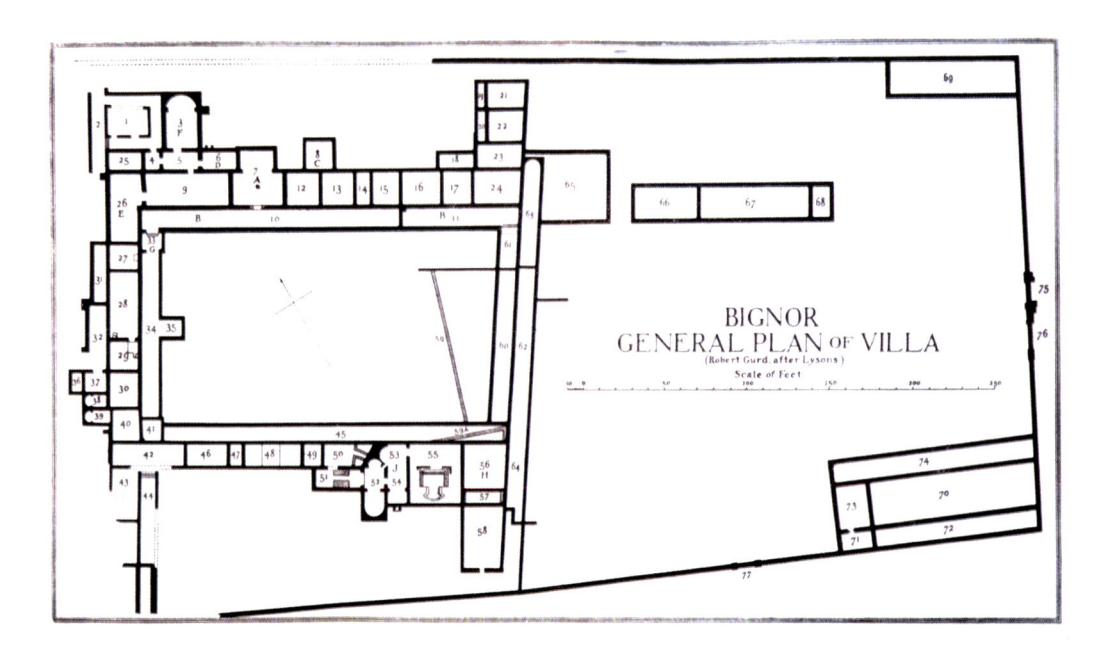

▲ 比格诺别墅平面图。它最初是公元 2 世纪末的简陋农舍，200 年后扩建成为占地广阔的庄园。

四季、朱庇特伪装成鹰绑架加尼米德（Ganymede）以及竞技场上角斗士搏斗的场景。

乡村别墅多实行农业多种经营，耕地、牧场、林地、湿地果园和蔬菜农场为自给自足提供了保障。除家庭农场外，还可能有缴纳租金的佃农农场。

在乡村别墅地界之外，可能会有独立于大领主的农民土地终身保有者耕种的土地，但他们仍然有义务为国家提供劳务和贡品。鉴于此，考古界越来越专注于构建一幅全景式罗马乡村图景，将重点从别墅转移到村庄、路边定居点、小村庄和个人宅地。最新考古成果显示，罗马式英国乡村的人口比以前想象的要稠密得多，每英里左右就有某种形式的定居点，至少在低地地区是这样。由此，估算的人口数量不得不翻上 1~3 倍。如今，人们认为罗马时代的英国至少有 400 万人口，其中绝大多数居住在农村家宅、小村庄或村庄里。

农业是罗马经济的基础。躬耕陇亩的奴隶、劳工、租户和土地终身保有者的部分劳动成果以租金和税收的形式被榨取，以支持与罗马文明息息相关的堡垒、城镇和别墅等基础设施建设。但从长远来看，这能在多大程度上保证可持续发展呢？我们将在下一章尝试回答这个问题。

▼ 比格诺别墅的美杜莎马赛克镶嵌画。在英国所有罗马遗址中，这里的马赛克地板质量最好。

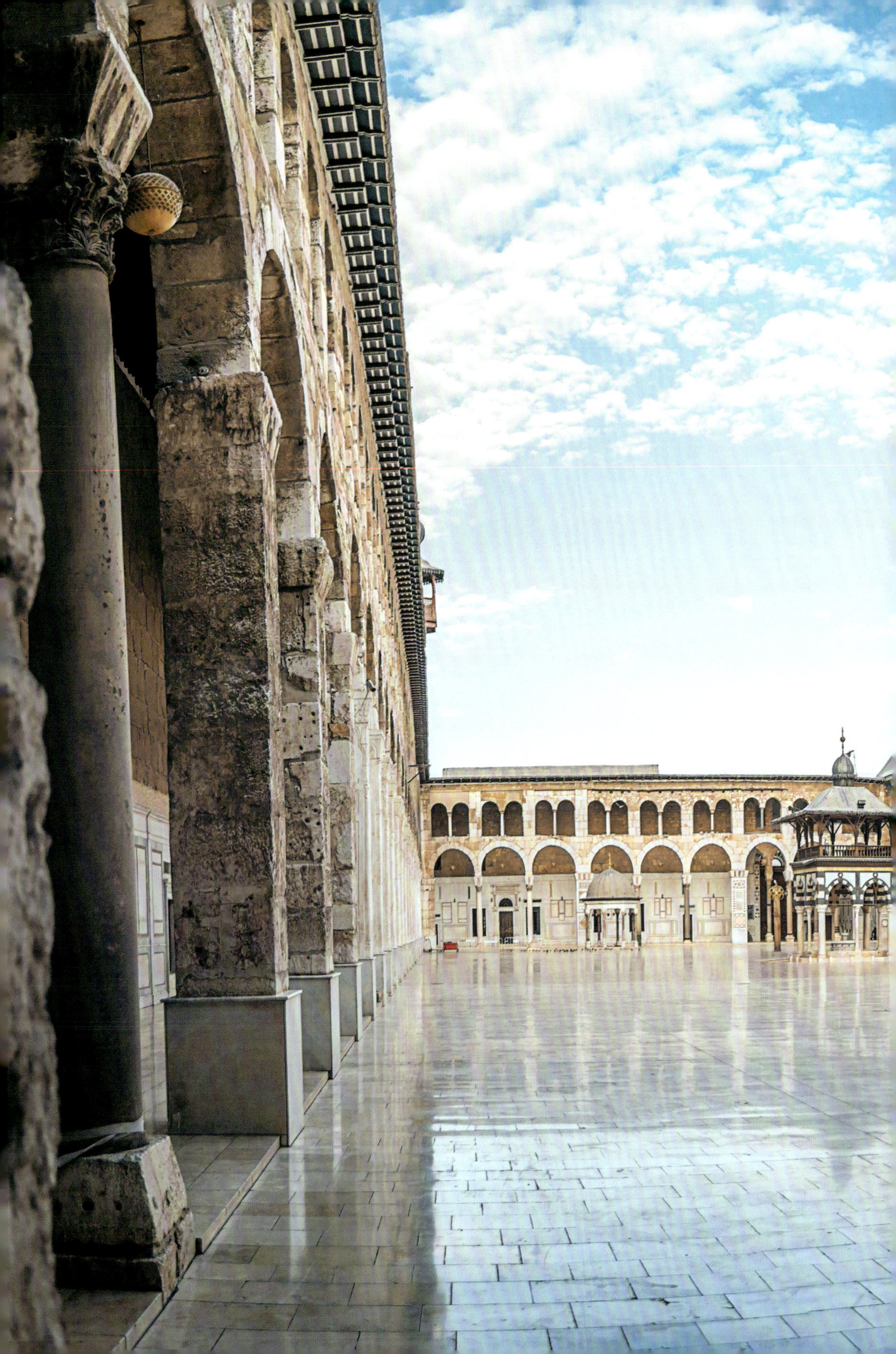

第七章
后罗马世界

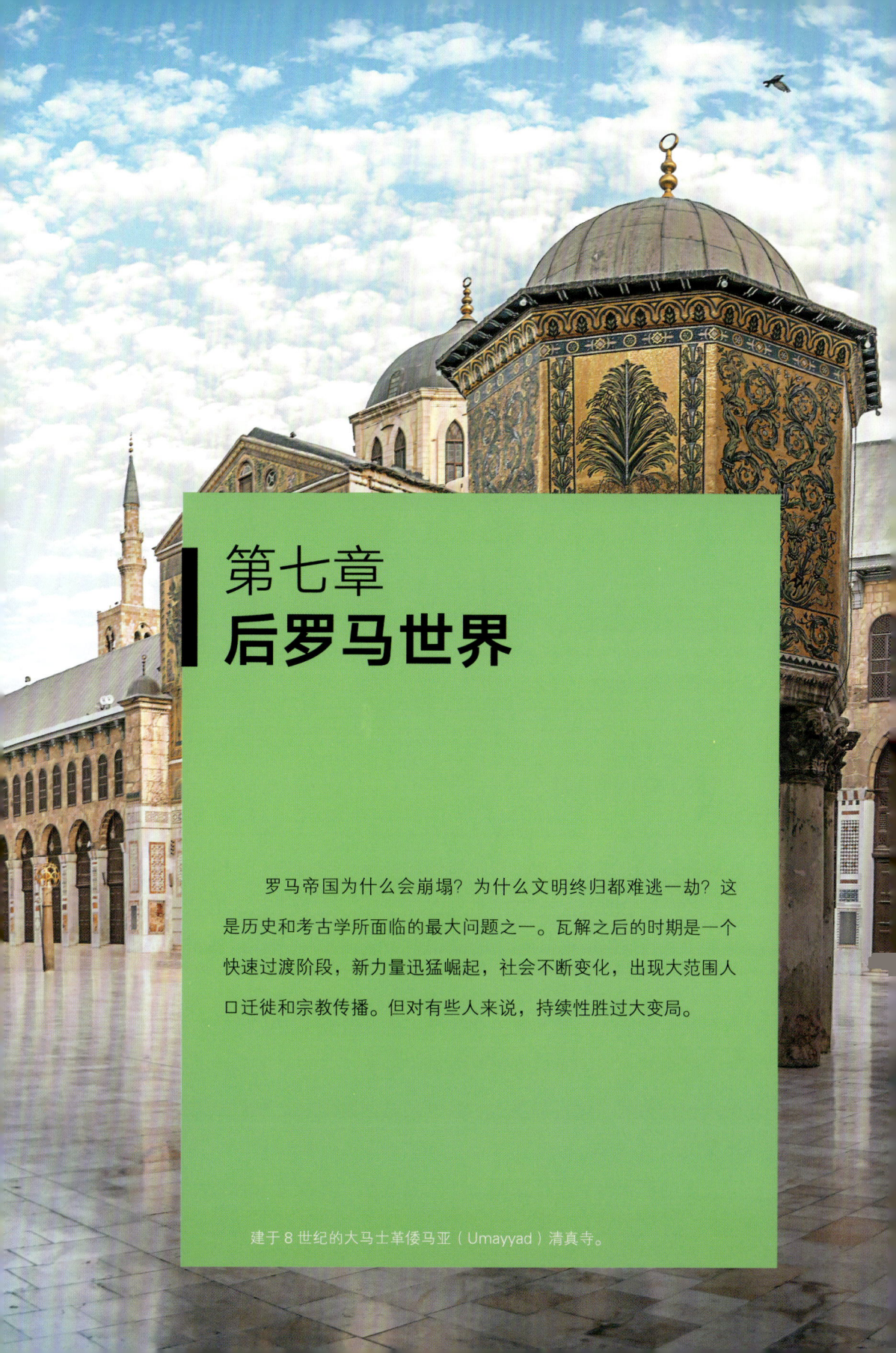

罗马帝国为什么会崩塌？为什么文明终归都难逃一劫？这是历史和考古学所面临的最大问题之一。瓦解之后的时期是一个快速过渡阶段，新力量迅猛崛起，社会不断变化，出现大范围人口迁徙和宗教传播。但对有些人来说，持续性胜过大变局。

建于 8 世纪的大马士革倭马亚（Umayyad）清真寺。

▲ 建于公元 3 世纪的罗马圣保禄（Porto san Paolo）门。随着罗马霸权受到的威胁越来越大，他们在这样的物理防御设施上投入了巨资。

罗马帝国的灭亡

除却精英阶层，在大多数人居住的普通家园、小村庄和村庄里，土著语言、宗教和生活方式仍在继续。在乡下农民中存在着巨大的文化多样性。罗马身份可能是整个帝国城镇居民和别墅业主的共同文化认同，但在古代农村，它不过是一张薄薄的窗户纸，一捅就破。

在这个体系中，乡下农民并非真正的利益攸关方。他们是负重前行的役畜，帝国和文明的重轭全都压在他们的背上。正是他们的劳役、税款和租金才使得精英文化得以维系。在罗马帝国晚期，这种负担越来越令人难以承受。

帝国的扩张得到了征服战争中大量战利品和奴隶的撑持。公元 1 世纪

▲ 公元 2 世纪兴盛时期意大利里米尼（Rimini）的外科医生之家遗址。

初，当扩张基本停止时，这种撑持也就成了强弩末矢，帝国只好开始向自身挖潜。但可以肯定地讲，支出仍然居高不下。我们只需看一下对军队和边防进行持续投入的证据便可见一斑，更不用说 2 世纪城乡掀起的建设热潮，在公共纪念碑、豪宅和别墅上大兴土木。此外，历史文献曾经提及，来自中欧和东欧新的野蛮国家的威胁越来越大，强大的日耳曼和哥特人部落联盟正在向罗马帝国的莱茵河和多瑙河一线边境推进。

3 世纪出现了一种新的"士兵皇帝"，他们不深居宫中，而是与军队一起南征北战。为加强边防，他们招募劳力，增加税收，征用资源，挪用了帝国越来越多的财富。通过对城镇、别墅和村庄的考古可以复盘出一个长期的"败亡"过程——繁于 2 世纪，滞在 3 世纪，衰于 4 世纪中叶。公元 5 世纪，野蛮民族跨过莱茵河和多瑙河，连续发动大规模入侵，西罗马帝国最终解体。

▲ 公元4世纪初西西里岛卡萨莱（Casale）别墅的马赛克狩猎图案尽显别墅主人的奢华和财富。和许多别墅一样，它也经历了由盛及衰的厄运，5世纪末因汪达尔人袭击而遭到毁坏。

另一方面，更加富有、边界也相对稳固的东罗马帝国作为拜占庭帝国又存续了1000年，直到1453年君士坦丁堡落入奥斯曼土耳其人手中。在西罗马帝国，基督教会得以幸存，成为发展中的中世纪世界古老罗马传统的重要遗产。

考古证据表明，公元2世纪以后，资源日渐枯竭，尤其是普通的行省城镇，已无力负担在廊柱会堂、神庙、豪宅和美术上的巨额支出。大多数4世纪罗马城镇看起来与2世纪的迥然不同：许多市政建筑变得破败不堪，大量城市住宅遭到遗弃；有机物和各种垃圾混合而成的"黑土"堆积充斥在城市空间之中；资源全都用来修建防御城墙和教堂；在很多情况下，围墙只围起了极小的地域，先前城镇的大部分地区无法得到有效保护，城市人口大幅减少。我们可以想象，在这个逼仄的空间里，摩肩接踵的是少数行政人员、士兵和神职人员，以及工匠、商人和劳工。

意大利北部海滨小镇里米尼是罗马帝国兴衰的缩影。考古学家探明，公元2世纪是里米尼发展的鼎盛时期，当时该镇拥有像外科医生之家这样的大量设施齐全的豪华别墅，然后由盛转衰，及至4世纪几近凋敝。

类似的问题如影随形。尽管许多极其华美的庭院别墅都是在4世纪才出现的，但事实证明，这只是回光返照，大多数在公元400年前后便已被主人遗弃。据推测，由于周边农村社会秩序混乱，公德法纪沦丧，这些别墅的维护成本飙升，"私占者"（考古学家好用的字眼）随即登堂入室，据为己有。有证据表明他们用东西把屋顶和墙壁支撑起来，在马赛克地板上搭起了炉台，把家畜关进空闲的房间，在房间里随处乱丢垃圾。

在边境，尽管军费开支被列为优先选项，但许多堡垒也遭遗弃。5000千米长的边境防御对晚期帝国来说勉为其难。在军事侵略的重压下，资源基础日趋薄弱，而敌人却变得日益强大和有威胁性。罗马人被迫改变战略，从静态线性戍边转为移动纵深防御，将希望寄托在野战军的快速机动能力上，以期应对内部纷争和外族入侵。

可是，尽管考古证据彰明，但关于其内在含义仍存在很大争议。罗马文明真的已经日薄西山了吗？抑或更像是一种延续和变化？罗马教会当然没有衰落，它的财富、权力和影响力一直在与日俱增，并适时成为新中世纪世界的一块基石。当然，作为罗马文化的保护者和传播者，拜占庭帝国存续了1000年。一个新世界正在从旧世界脱胎而出，但这个新世界带有鲜明而持久的罗马身份印记。

▶ 突尼斯哈德拉的拜占庭城堡遗迹。

拜占庭帝国

古罗马城市阿麦达拉（Ammaedara，今哈德拉 [Haïdra]）靠近现代突尼斯东部边境。它不在常规的旅游路线上，但的确应该在，因为它是这个国家一处颇为壮观的考古遗址，毕竟突尼斯是罗马治下北非最富有的地区，也是帝国最富有的地区之一。哈德拉遗址位于一条干河谷旁，绵延一英里左右，包括一座神庙、一个市场、一座浴场、一座剧院、一座纪念拱门、几座帝国晚期教堂和往昔城界之外令人印象深刻的陵墓纪念碑。但就纯粹的纪念性而言，最让游客过目难忘的是拜占庭堡垒10米高（33英尺）的围墙。石砌堡垒占地20平方千米（200米长、100米宽）。为加强防御，城角和侧面建有瞭望塔楼。

这座堡垒是拜占庭重新征服北非后于公元533—534年建造。皇帝查士丁尼（Justinian，527—565年）计划重新征服没落的西罗马帝国。击败北非的汪达尔（Vandal）王国的统治者是他的第一个重大举措，也是最成功的努力之一，但他发现，这里的罗马城市文明已经萎缩成为教堂和修道院周围的村庄。位于哈德拉的拜占庭堡垒体现了新征服之举的脆弱性，也反映了查士丁尼意欲恢复的文明的空洞性，因为它只是这座古典城市中的一小部分，而且完全是用从废墟中找到的石头建造。

拜占庭帝国遗迹几乎无处不在，北非、意大利、巴尔干半岛、安纳托利亚和黎凡特，概莫能外。尽管东罗马帝国在西罗马帝国衰落后存续了1000年，但它实行的是一种保守的军政合一军区制，来治理农村和受压迫社会。

▲ 意大利拉文纳（Ravenna）遗址出土的拜占庭皇帝查士丁尼的马赛克像。踌躇满志的查士丁尼梦想恢复罗马帝国的昔日辉煌，但功败垂成。

拜占庭帝国为保卫疆土而与哥特人、波斯人、阿拉伯人、土耳其人等进行的长期斗争切断了当地民生的命脉。

从像哈德拉这样的偏远边境堡垒到帝国中心君士坦丁堡，能见证中央集权和财富同地方贫困之间的强烈对比。拜占庭最初是一座希腊化城市。公元330年，君士坦丁大帝将其重建为东罗马帝国的首都。公元395年帝国分裂时，它独立于罗马。公元476年西罗马帝国崩溃后，它成为罗马身份的主要代表。这座城市在古代晚期得到长足发展，到处都是雄伟的纪念碑，巨大的皇宫俯瞰着博斯普鲁斯海峡，战车竞技场可容纳10万观众。此外还有世界上最大的宗座圣殿、由336根大理石柱森林支撑的巨大地下水宫以及墙上镶嵌着马赛克的炫目的教堂。

宗座圣殿圣索菲亚大教堂（Hagia Sophia）是工程、设计与装饰的杰作。遵循东欧基督教传统，圣索菲亚大教堂的形制是集中希腊十字式（与西欧传统的长方形拉丁十字式形成对比），中央穹隆直径32米，穹顶离地56米，通过帆拱支承在4个大柱墩上。尽管历经沧海桑田——1453年土耳其人占领君士坦丁堡后，将基督教堂改建为伊斯兰清真寺——但内部用彩色马赛克装饰的墙壁完好如初。薄层彩石镶嵌的人物画与金箔和玻璃镶嵌背景相映成趣，闪闪发光的效果（应是被阳光和烛光照亮）为神迹无处不在的基督教世界观提供了艺术表达。

拜占庭也是一座要塞。它雄踞半岛，海堤环绕，南部面向马尔马拉海（Marmara），东部面向博斯普鲁斯海峡，北部面向金角湾（Golden Horn）。不过，更为壮观的是陆地上的狄奥多西（Theodosius）城墙。它建于公元5世纪上半叶，是世界上最令人望而生畏的防御城墙。城墙南北长6.5千米，护城河宽20米、深7米，可以往里灌水。护城河内侧有一堵矮墙，以防止轻易逃脱。外墙上有城垛通道和箭塔。此外还有一道主要屏障，即5米厚、12米高的内墙，上有96座高耸箭塔。护城河与内墙之间相距60米，加上30米的高度差，使得攻城者很难对主要防御工事发动有效攻击，而多层作战平台和棱堡则能使防御者随时使用复合弓、弩和弩炮向敌人发起进攻。

▲ 伊斯坦布尔圣索菲亚大教堂堪称拜占庭帝国建筑的最高成就,其穹顶至今仍屹立不倒。

▲ 狄奥多西城墙几乎固若金汤。在1453年君士坦丁堡最终落入奥斯曼土耳其人手中之前，它使君士坦丁堡近千年不受外来侵扰。

距离拜占庭3200多千米，位于中世纪早期文明最遥远的边缘，在狂野的康沃尔（Cornwall）北海岸，坐落着传说中的廷塔杰尔（Tintagel）遗址。2017年，英国康沃尔考古所（CAU）的挖掘为拜占庭的长期存在提供了新的证据。早期的康沃尔国王似乎非常享受牡蛎、烤猪肉和美酒。他们用从拜占庭进口的碗吃饭，用从西班牙进口的玻璃高脚杯喝酒。出土的物品中包括来自安纳托利亚的一只精美泥釉红陶碗的碎片和来自安纳托利亚或塞浦路斯的用于运酒的双耳细颈瓶。

这些发现并不罕见。英国西部的一些中世纪早期遗址出土了大量拜占庭器物碎片，它们证明，某种形式的礼物交换或长途贸易将英国统治者与拜占庭帝国的财富和声望联系在一起。正如我们将在下文中看到的那样，这种影响注定会持续下去，在面对野蛮异教徒的不断攻击时，它对跋前疐后的西方基督教起到了护持的作用。

第七章 后罗马世界 | 199

日耳曼世界

建于公元前 1 世纪的费德森·维尔德（Feddersen Wierde）村位于德国下萨克森（Lower Saxony）州威瑟（Weser）河口湾的沿海湿地。公元 3 世纪达到极盛时期。这里有二十多栋长屋，为免受洪水侵袭，建在一个 4 米高的小丘上，围绕中央空地呈轮辐状布局。长屋系木框架，以木藤夹泥做墙，芦苇覆顶，最大的长 25 米、宽 5 米。水浸使木材结构和墙板下部得以保存下来，我们借此得知每栋长屋内部都进行了功能细分。通过发掘出的屋内文物，我们了解到长屋一端用作牛棚，中间部分用作工作区，另一端用作生活空间，配有中央壁炉。此外，每个长屋附近都有方形小粮仓，地面抬高，以免谷物受潮和害虫侵害。据估计，费德森·维尔德村的人口约为 300 人，每个长屋里居住着十几口人的大家庭。他们以养牛为主，但在挖掘过程中也发现了绵羊、山羊、猪、马和狗的骨头。在植物遗存中还发现了大麦、燕麦、豆类和亚麻。居民们还从事手工艺活动，工作区出土了木材、皮革、铁和青铜等物证。值得注意的是，人们还发掘出了未完工的木碗和车轮配件。给人的印象是，这个自给自足的群落几乎能够满足自身的所有需求。

一栋著名的长屋没有常见的内部隔断，但由木制立柱分为 3 个过道，或

▶ 萨顿胡（Sutton Hoo）遗址出土的头盔。

▼ 通过这一模型可以看出，费德森·维尔德村的这种以木藤夹泥做墙的长屋是那个时代的建筑特色。

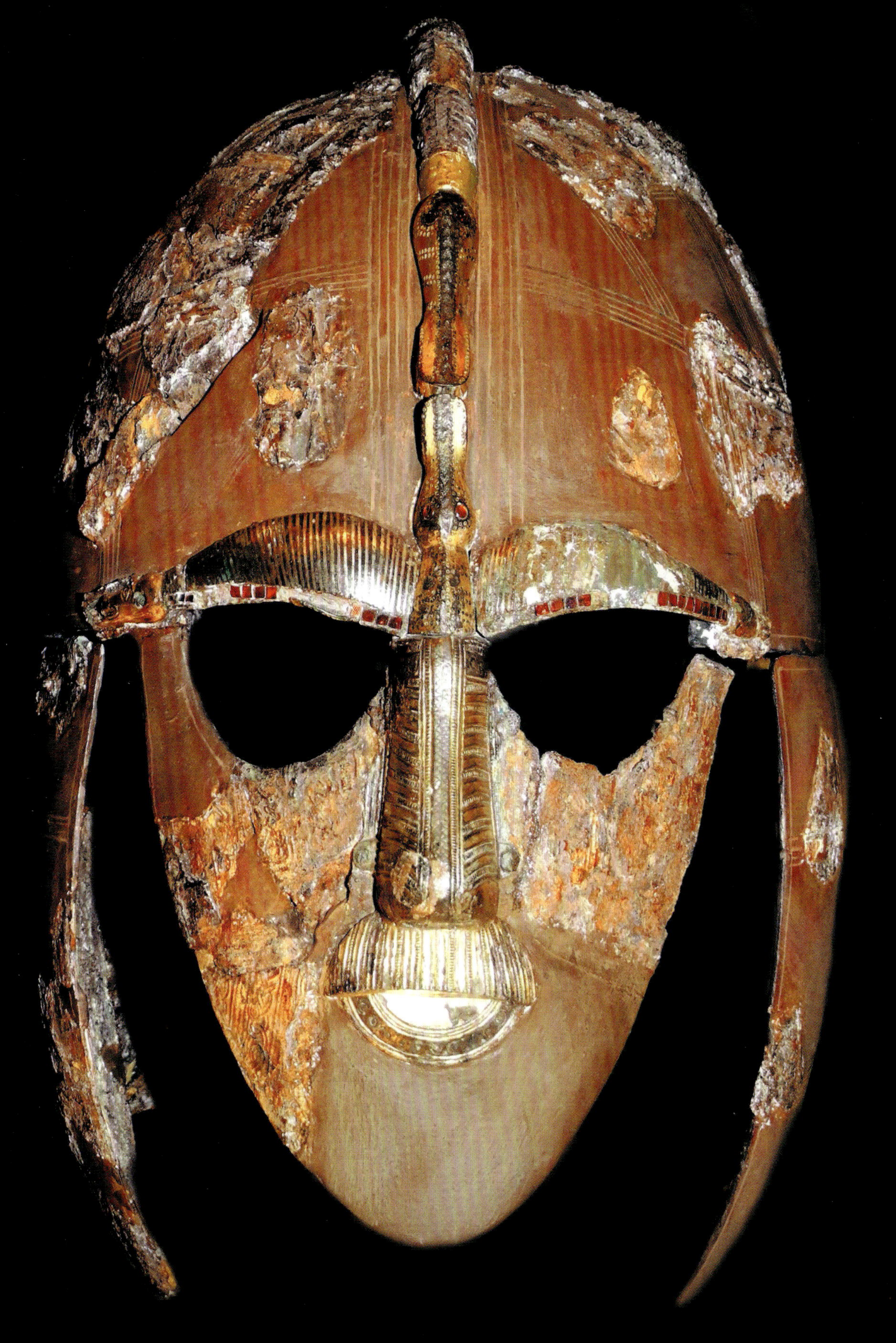

许是当地领主主持会议、举办宴会的场所。正是在这一区域发现了硬币、青铜器、陶器等罗马进口器物，这些东西很可能是用来炫耀的身份标志。

周围多达300公顷的土地可能被用于耕种和放牧。但在公元5世纪中叶，沿海洪涝使这块土地变得过于湿咸，经济上难以为继的费德森·维尔德村终遭遗弃。那么，村民们都去了哪里？

公元5世纪，民族大迁徙时期的蛮族组成了强大的部落联盟，蜂拥而来，跨过莱茵河和多瑙河，一波接一波突破了西罗马帝国的防线。据帝国晚期史料记载，他们中有阿拉曼尼人（Alamanni）、勃艮第人（Burgundians）、法兰克人（Franks）、东哥特人（Ostrogoths）、撒克逊人（Saxons）、苏维汇人（Suevi）、汪达尔人、西哥特人（Visigoths）等。这些人说德语变体，有文化亲缘关系，如信奉共同的神祇和神话，亲属结构、定居模式和战争方式大同小异。在东欧和中欧尤其是匈奴的军事压力下，他们被迫闯入西罗马帝国，随即在腹地散开，最终在北非、西班牙、法国和意大利定居下来，形成罗马人和日耳曼人混杂的新城邦。后来它们大多演变成中世纪的欧洲城邦。

英国萨福克郡（Suffolk）著名的萨顿胡船葬可以追溯到公元7世纪初。这也许是罗马—日耳曼文化交融过程中最可观的例证。公元5—6世纪，盎格鲁—撒克逊定居者在英格兰东部站稳脚跟。到7世纪初，他们的大片领地连缀起来，形成王

▲ 萨顿胡遗址宝藏中的肩扣、钱箱盖和带扣。

国。拥有 18 座坟冢的萨顿胡遗址是早期英国皇室的墓地。其中最大的一座（1号丘）出土有一艘完整的盎格鲁—撒克逊船，长 27 米，宽 4.4 米，龙骨中央是一个墓室，里面装满了丰富的陪葬品。诸如搭扣、钱箱盖、肩扣、角杯等用黄金、石榴石和千花玻璃制成的器物都装饰有日耳曼式几何交错设计图案和非写实动物头像。其他文物则属于罗马帝国晚期或拜占庭时期：著名的头盔与罗马帝国晚期军队佩戴的头盔极为相似；科普特（Coptic）碗系从东地中海进口；欧洲大陆法兰克铸币厂的 37 枚金币是以罗马硬币为模型铸造而成。

西方世界的新统治者承认自己的日耳曼血统，但当他们要自立为王时，却甘愿选择罗马人装束。这是证明他们权力主张的最有效方式，因此才基业长青，悠悠千年。

加洛林（Carolingian）欧洲

如果你到访今日的德国亚琛（Aachen）大教堂，仍然能够看到查理曼（Charlemagne）大帝宏伟的巴拉丁（Palatine）礼拜堂全貌，因为它后来整

▼ 亚琛的巴拉丁礼拜堂可以追溯到查理曼大帝统治时期。它体现了罗马而非日耳曼的建筑美学追求。

体并入了这座哥特式大教堂。大教堂包括一个宽 30 米的 16 角形巨大穹隆，由 8 个支撑圆拱的墩柱分为一个外回廊和一个内室。上面有边座，其高柱圆拱与下面的圆拱对齐。每个圆拱支撑着一个天窗和中央穹隆。多色大理石贴面使教堂内部奢华尽显。穹隆最初用壁画装饰。阶梯式高台上查理曼大帝的宝座依旧放在楼上边座的地板上。

通过考古挖掘，礼拜堂所在中殿平面布局的大部都已昭然若揭。其中包括一个罗马长方形会堂形式的后堂式大会堂，配有门廊、金库和档案室；一条中间有法庭的长长走廊；礼拜堂四周有中庭、议事厅和秘书处；还有一个独立的大浴场。

礼拜堂建于公元 792—805 年，相关殿堂的建设持续了 10 年或更长时间。整个建筑群的设计旨在见证查理曼大帝对帝国权力的主张。建筑风格完全是罗马式的，见不到丝毫法兰克人日耳曼传统的痕迹。这不是一种文化融合，而是对古罗马晚期基督教建筑和艺术传统的全盘吸纳。这是我们称之为"罗马式建筑"风格的早期表现。

这与查理曼大帝的政治野心高度契合。他有意识地将自己视为现代皇帝，自称"神圣罗马皇帝"，于公元 800 年圣诞节在罗马圣彼得大教堂让教皇为自己加冕。这不是惺惺作态。到公元 814 年他驾崩之时，其帝国疆域已经扩张到了整个现代法国、低地国家、德国西部、奥地利、克罗地亚和意大利北部。此外，他还征服了东部边境的斯拉夫部落，将他们变成了附庸国。简言之，法兰克王国国王查理曼大帝使自己成了半个欧洲的主人，难怪他会穿上罗马皇帝的服饰。

加洛林帝国成为罗马文化的强大继承者和传播者。这不仅包括建筑和艺术，还包括语言、知识、技术和宗教。主要机制是西方基督教会，拉丁语成为通用语。修道院誊写古代手稿，用希腊文和罗马文典籍填满了图书馆，罗马的测量、工程和工业技术得以激活。当然，以罗马为中心的天主教会成为中世纪基督教世界中举足轻重的机构。

然而，罗马式的政治集权不堪一击。查理曼大帝死后，加洛林帝国没能存续多久。9世纪末，内战将其分裂为3个独立王国。这时，匈牙利的马扎尔人（Magyars）、地中海的阿拉伯人（或萨拉森人[Saracens]）和北海的维京人等新敌已呈大兵压境之势。这种模式在欧洲历史上曾反复出现，查理曼大帝、查理五世、腓力二世、路易十六、拿破仑、德皇、阿道夫·希特勒等历任霸主都曾被推翻，欧洲大陆继而重又回到敌对小国群雄争霸的局面。

伊斯兰文明

公元7世纪阿拉伯人通过征服所建立的伊斯兰帝国也遭遇了类似的分裂。同样，在吸纳、消化他们迅速占领的广袤领土上残余的罗马传统方面，阿拉伯人也经历了类似的历程。这是人类历史上速度最快、范围最广的征服之一。公元636年占领叙利亚，公元637年攻克伊拉克，公元642年降伏埃及，公元664年打到阿富汗喀布尔，公元711年挺进法兰克帝国边界比利牛斯山。此时，定都大马士革的伊斯兰哈里发（Caliphate）帝国疆域从大西洋到印度河流域绵延850千米，比古代任何一个伟大的帝国都要大得多。

公元7世纪30年代在阿拉伯沙漠崛起时，阿拉伯人还是驼背上的游牧民族、绿洲农民、小镇商人和工匠的混合体。除独特高效的战争方式外，他们所携带的文化行囊里是古老的闪族语和新创立的宗教。他们从所征服的文明中吸收科学、医学、灌溉、耕种、艺术、建筑、古代知识，并会将这些文化成就提升到一个新高度，远远超过相对野蛮的中世纪欧洲。

统一的哈里发帝国只维系了一个多世纪，从公元8世纪中期开始便趋于四分五裂。地域遥远和通讯原始使巴格达（继大马士革之后成为阿拉伯—伊斯兰首都）的哈里发们无法保持对其领土的控制。当地的埃米尔相继建立了独立王朝，如西班牙的倭马亚、摩洛哥的伊德里斯（Idrisids）、突尼斯的艾格莱卜（Aghlabids）、埃及的法蒂玛（Fatimids）、波斯的萨法尔（Saffarids）等。这些阿拉伯—伊斯兰王朝是文明的建设者。

让我们以大马士革为例。公元636年，这座古城落入阿拉伯人手中。在倭马亚王朝统治的一个世纪（公元661—750年）里，它仍然是阿拉伯首都。大马士革古城可以追溯到公元前2000年。在阿拉伯人到来之前，它先后是阿拉姆人（Aramaic）、亚述人、巴比伦人、波斯人、希腊人、罗马人和拜占庭人的城市。阿拉伯人根据自己的需要改造了现有的建筑和城市布局。早期的阿拉伯—伊斯兰城市通常有一座士兵驻守的城堡、一座当地埃米尔的宫殿、一座带附属宗教学校和其他相关建筑的大清真寺，以及一个大市场或聚居区。这正是大马士革的城市模式。它的城堡建在城西北角前罗马拜占庭堡垒的原址上。拜占庭大教堂建在罗马朱庇特神庙的原址上，后来被改建成为一座宏伟的清真寺。宽阔的带柱廊罗马式东西大街被改造成了一条长长的、带顶棚的传统东方风格的直街。然而，大部分常见的罗马街道都消失殆尽，湮没在一片东方风格的房屋、庭院和九曲回肠的小巷之下。倭马亚王朝的新建筑挪用了被毁掉或拆除的罗马或拜占庭建筑上的大量石件和建筑部件元素。这种做法不单是为便利，也是对罗马身份的一种移用，更是一种主张，即凭借征服和信仰的权力，阿拉伯—伊斯兰新统治者要成为过去的异教徒统治者

伊斯兰王朝

| 600年 | 700年 | 800年 | 900年 | 1000年 | 1200年 | 1300年 |

661—750年 倭马亚王朝

675—676年 在巴士拉铸造的

科尔多瓦哈里发哈卡姆二世委托制作的珠宝盒 约976年

750—1258年 阿拔斯王朝

阿拔斯王朝货币，巴格达，1244年

756—1031年 萨珊风格的倭马亚币

788—974年 伊德里斯王朝

公元840年在摩洛哥阿利亚铸造的伊德里斯硬币

易卜拉欣·本·艾格莱卜金币（回历184—196年）

800—909年 艾格莱卜王朝

861—1003年 萨法尔王朝

波斯设拉子的阿迪清真寺 建于894年

909—1171年 法蒂玛王朝

埃及爱资哈尔清真寺庭院

以及古代城市文明的继承者。

然而，当人们置身突尼斯凯鲁万（Kairouan）时，眼前的画风会截然不同。在漫长的西进过程中，当所向披靡的阿拉伯军队驻扎在这沙尘飞扬、沙漠边缘的千里赤地时，三军统帅得到神秘的建城神谕。于是，处女地上的伊斯兰新城凯鲁万拔地而起，继而独立于巴格达，变成艾格莱卜王朝（公元

◀ 公元780年阿拔斯王朝马赫迪统治时期的金币。

▼ 大马士革倭马亚清真寺的马赛克拼图。这座清真寺是由同一地点的拜占庭大教堂改建而成。

第七章 后罗马世界 | 207

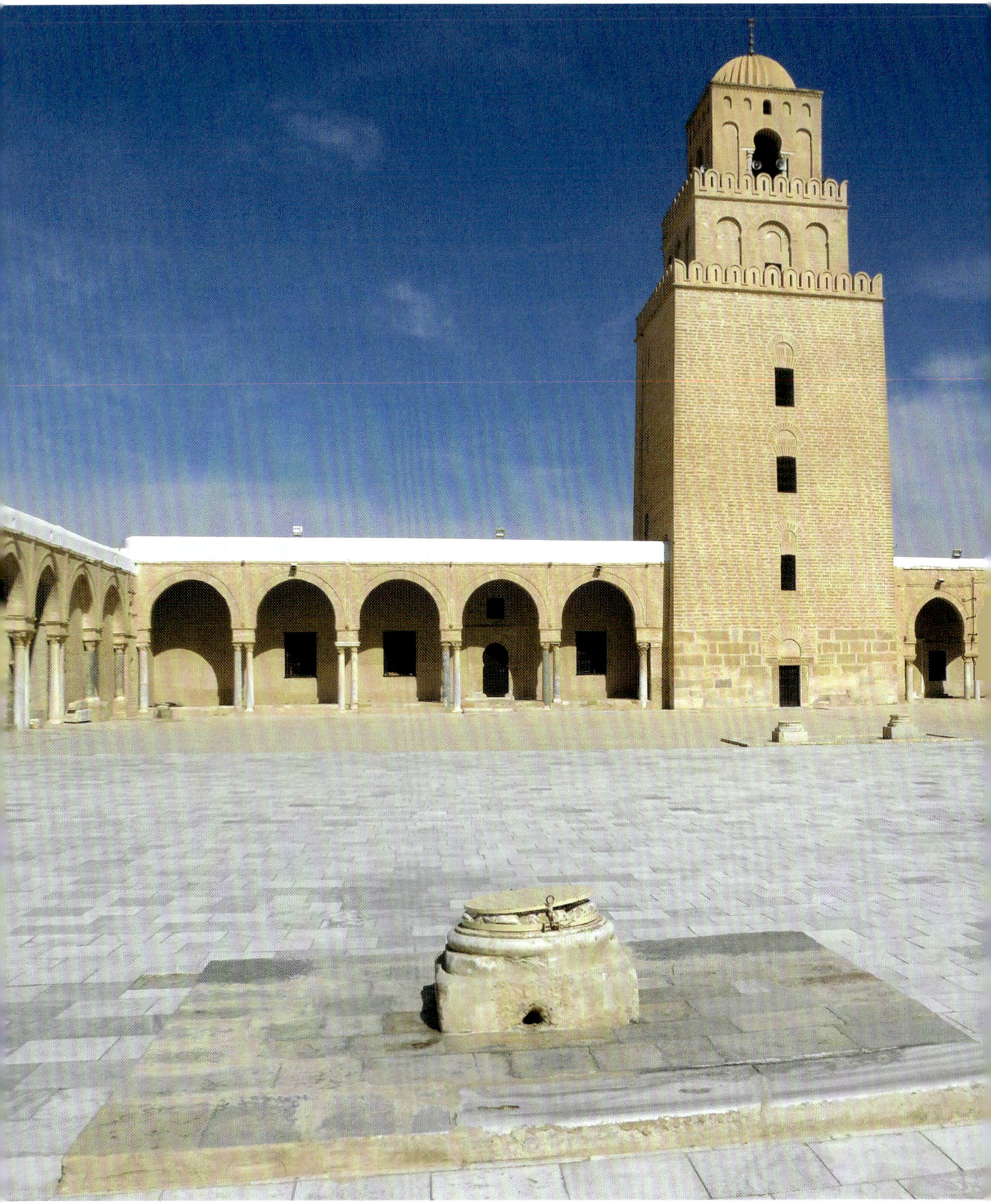

800—909年）的首都，成为早期伊斯兰的伟大城市之一。无论过去还是现在，大清真寺都是这座古城中最伟大的标志。略呈梯形的庭院长67米、宽52米，四面环绕着细长古典立柱支撑的马蹄形拱门形成的拱廊。庭院中倾，中央排水系统将宝贵的雨水排入地下蓄水池。宣礼塔由3座锥形方塔组成，顶部骑一小穹窿，基座边长各11米、高约32米，是世界上现存最古老的宣礼塔。庭院对面的祷告厅内部空间巨大，宽约71米、深约38米，屋顶由414根林立的古典柱子支撑。指示麦加方向的壁龛（mihrab）用从巴格达进口的瓷砖装饰。木制宣教台（掌教在此传教）也饰满雕刻。此外，大理石贴面和木板的装潢都是几何图形、非写实植物和库法体（Kufic）《古兰经》铭文等早期伊斯兰图案。

庭院周围和祷告大厅的柱子由大理石、斑岩和花岗岩制成，高度不均，故而底座大小不一。爱奥尼亚式、科林斯式和混合式柱头琳琅满目，但通常都有方枘圆凿之嫌。人们对建造清真寺所挪

◀ 凯鲁万大清真寺的庭院和宣礼塔。这座清真寺初建于公元670年，但现在的形制要归功于艾格莱卜王朝埃米尔们的努力。

第七章 后罗马世界 | 209

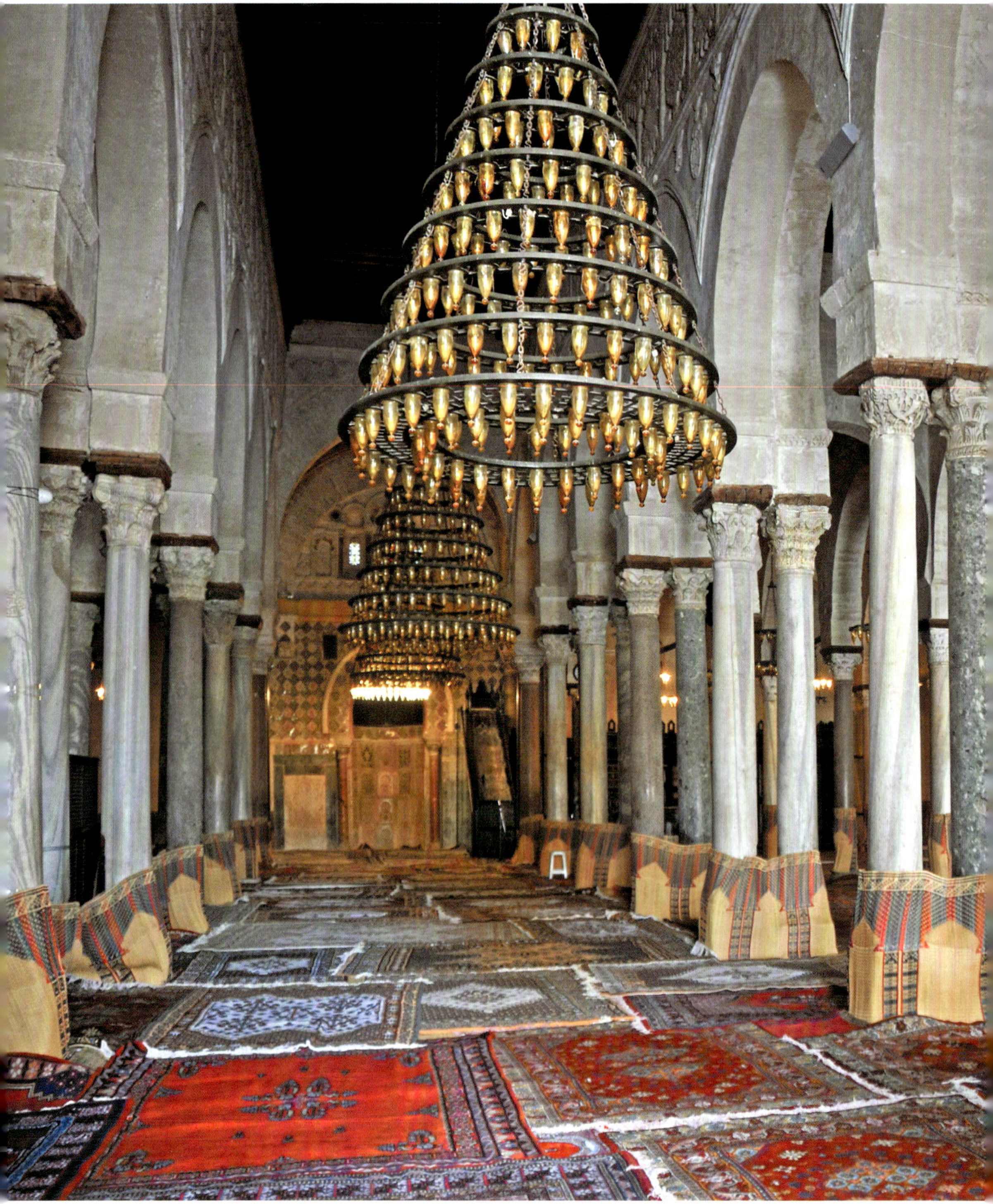

用的老建筑部件进行了仔细研究，得出的结论是，新建筑所用石材取自突尼斯几处遥远的古代废墟。这里再次出现了阿拉伯—伊斯兰统治者出于功能和象征目的而挪用古典文化的现象。正如罗马帝国皇帝建设基础设施为帝国城市供水一样，9世纪突尼斯艾格莱卜统治者也在城镇边缘建设了一条36千米长的引水渠和一系列蓄水池来为凯鲁万供水，其中最大的一条宽128米。这个城市供水工程包括二级蓄水池和旨在清除沉积物的过滤系统，十足的罗马风格。

然而，尽管热情地接纳和继承了往昔文明的伟大成就，但阿拉伯人也是残酷无情的斗士。他们最终在整个地中海南部立足，甚至占领了克里特岛、西西里岛、撒丁岛和巴利阿里（Balearic）群岛，并将它们变成海盗基地，从那里对北部基督教国家海岸发动大规模袭击，从教堂、修道院里掳走一切可携带的战利品，把战俘当作奴隶出售。

◀ 大清真寺祷告大厅里林立的古典圆柱。

▼ 凯鲁万的阿格拉巴德蓄水池可储水6.88万立方米。

第七章　后罗马世界 | 211

维京人

如果说萨拉森人是南方海盗，那么维京人就是北方海上掠夺者。让我们动身前往英国林肯郡的托克西（Torksey）。那里进行的长达30余年的详尽田野调查，让我们对维京人造成的威胁有了深入的了解。

据《盎格鲁—撒克逊编年史》记载，"这一年（872年），维京雄师进入诺森布里亚（Northumbria），在林赛（Lindsey）的托克西安营过冬，麦西亚人（Mercians）随后与维京军队讲和"。人们曾经推测，过冬地点一定位于如今的托克西村下面或附近。当戴夫（Dave）和皮特·斯坦利（Pete Stanley）开车碰巧经过村庄以北1英里左右的农田时，事情发生了转机。他们遇到了当地

▲ 在托克西遗址中出土的铁犁头。

◀ 在托克西遗址中出土的维京人金戒指。这里发现的数千件珍贵维京文物表明它曾是维京大军的营地之一。

一位正在开拖拉机的农民，于是便停下来攀谈，还获准在刚刚犁过的田间用金属探测器进行探测。几个小时过去了，他们一无所获。薄暮时分，他们准备收拾东西回家。这时，皮特循着信号找到了一枚盎格鲁—撒克逊时期的铜币。在接下来的25年里，戴夫和皮特一次又一次地回到这里，陆续发现了一系列令人惊叹的盎格鲁—撒克逊人和维京人文物。

随着出土文物量逐渐增多，戴夫和皮特向当地博物馆做了报告。馆长听取了包括硬币专家马克·布莱克本（Mark Blackburn）和维京研究专家道恩·哈德利（Dawn Hadley）、朱利安·理查兹（Julian Richards）等专业人员的学术建议。他们认为，这两名金属探测者无疑已经找到了当年维京大军的冬季营地。

通过对5~10米的峭壁进行系统取芯，表明公元872年时托克西实际上是一个岛屿，特伦特河（Trent）流经西部，四周都是潮湿的沼泽地。顾名思义，"托克西"的意思是图尔克岛（Turc）或图洛克岛（Turoc）。显而易见，这里是舰载军队安全理想的冬季基地。值得注意的是，它位于一条横跨河流的干道以南不到1英里的地方，占地面积很大，达55公顷，与已知最大的罗马军团堡垒不相上下。据此进行合理估计，维京大军的规模在1500~5000人不等。

托克西业已成为考古学家所称的"类型遗址"。它提供了最全面的历

第七章 后罗马世界 | 213

史图景，可以借此评估其他定义不太明确的遗址。虽然地球物理调查和样本挖掘一无所获——未见建筑物、沟渠或坑洞，但这种缺乏证据本身就是一种证据，它明确无误地间接证实这里是一个临时的帐篷城。另一方面，该遗址发掘出大量维京人手工艺品，目前已登记在册1500余件，其中包括400枚硬币（具有重要意义，因为它们通常可以追溯到特定的年份）和服饰配件、秤砣、游戏棋、金属件（切成小块的金银制品）。这是独特的考古"标志"，所有器物都指向了大军营地，而不是同时代的盎格鲁—撒克逊村庄或后来的维京人永久定居点。

维京人对英格兰最早的袭击可以追溯到公元8世纪晚期。公元865年登陆东盎格利亚（East Anglia）的军队的规模前所未有。他们乘坐100艘海盗长船抵达，一定有数千之众，其中大多是久经海战的老水手。在漫长的数十年时间里，他们对低地国家、法兰西北部、英格兰东部和爱尔兰的攻击逐渐减少，而对沿海地区的侵袭却不断升级，而且还经常沿着河口和通航河流

▼ 约克河谷宝藏可以追溯到10世纪。2007年，金属探测者们在此发现了数百枚银币和几件维京人手工艺品。

深入内陆。他们来这里是为了掠夺白银和奴隶。修道院是他们洗劫的主要目标，因为修道院金玉满堂尽人皆知。

今天挪威、瑞典和丹麦所在的斯堪的纳维亚半岛曾经是维京人的家园。但是，就像古往今来的海盗一样，他们会从其他地方招募冒险家，所以斯堪的纳维亚海盗船上坐着的可能是爱尔兰人、苏格兰人、弗里斯兰人（Frisians）、撒克逊人等的混合体。他们的社会是一个"英雄"社会，战士随从聚拢在大领主麾下，而每个大领主都是头人、赞助人和拥趸的"王者"。典型的扈从规模必须在30人左右，相当于一艘海盗长船的载客量。这些人既是桨手又是战士。社会权力的均衡受通过贸易或抢劫得来的贵重物品流动的影响，战利品越多，随从就越多，领主的势力就越大。因此，战利品是掠夺性社会秩序的催化剂。在这种秩序中，维京人之间会在招兵造船方面相互倾轧。

到9世纪中叶，维京大军有时会在他们侵袭的地方驻扎过冬。这时他们兵多将广，装备精良，不再那么依赖打了就跑的战略战术，已经强大到即使不用突袭也能与当地武装力量一较高下的程度。然而，公元865年冬天发生的却完全是另外一回事情。这支当地军队不仅规模空前，而且这一次，尽管起初连维京人自己都搞不清楚，但他们却注定永远留在了那里。

公元9—11世纪，维京人定居在沿海地区，并沿着可通航的河流深入到遥远的北方大片地区。从格陵兰岛、冰岛一直到俄国欧洲部分的心脏地带，我们都能找到它们独特的考古印记。他们生活在波罗的海、北海和大西洋沿岸。当然，当他们定居下来之时，也就成了农民和商人，所以才有维京村庄和维京城镇一说。英格兰北部的约克（York）就是一个显著的例子。多年来，在这座古城进行的大规模挖掘，出土了因水浸而保存下来的木材、皮革和纺织品，从而使当地考古学家能够确定10—11世纪定义较为明晰的"盎格鲁—斯堪的纳维亚"文化。在第二波入侵之后，维京人甚至在英国建立了一个短命的王朝。在英吉利海峡对岸的诺曼底，一个由维京人统治的公国成为1066年发动诺曼征服的基地。这次对英格兰的入侵标志着不列颠群岛历史上的一次转折。

玛雅人与莫切人

随着罗马帝国的灭亡，欧洲大陆在挣扎着重构，而同期美洲的文明却在蓬勃发展。在此期间，墨西哥尤卡坦半岛和邻近的危地马拉、洪都拉斯和伯利兹（Belize）的玛雅文明都相继发展起来。公元 200—900 年鼎盛时期，蒂卡尔（Tikal）已有大约 5 万人口。这座城市围绕着一个巨大的仪式建筑群而建，其中主要有 5 座高达 70 米的神庙金字塔。它们建在玛雅统治者的墓地上面，彼此由宽阔的砌道相连。调查显示，该城占地约 16 平方千米，已经确定的独立建筑不少于 3000 幢。

中美洲研究专家把极其悠久的玛雅文明划分为前古典（约公元前 750 年—公元 250 年）、古典（约公元 250—950 年）和后古典（约公元 950—1550 年）三个时期。除城市建设和纪念性建筑，玛雅人在艺术、写作和测量方面取得的成就也在古典时期达到巅峰。艺术包括石木浮雕、灰泥造型、墙壁绘画和陶瓷装饰，突出人物形象和头部以及动物图腾、植物图案等，既夸张又写实，神态生动。神、国王和礼仪是当仁不让的主题。玛雅象形文字系统中大约有 1000 个文字。许多玛雅艺术品都是它们的载体。除出现在雕塑、绘画和陶器上，玛雅象形文字还用于创作插图书籍。因为这些文字本身就是艺术品，所以人们还将它们写在树皮或皮革上，然后缝缀在一起。定居点的对称布局和神庙的设计清楚无误地证明了玛雅测量员和建筑师的技术水准。有明确的证据表明，玛雅人使用二十进制记数系统（包括零的概念），还有天文观测和历法计算。

与此同时，新的莫切（Moche）文明（公元 100—750 年）在秘鲁沿海地区生发出来。他们诉诸武力征服，最终占领了大部分高地。莫切人的部分财富来自海洋，但他们也修建了运河来灌溉秘鲁北部令人生畏的沙漠，并将其变成肥沃的农田。每个山谷的仪式中心都有一座巨大的泥坯神庙。傲视群雄的太阳金字塔底部规格为 340 米 ×160 米，高 50 米，由大约 1.3 亿块土坯砖建造而成，虽然历经风雨侵蚀，现在仍然高达 40 米。

1987年，在秘鲁西潘（Sipán）的一个小金字塔遗址发现了一系列随葬品极其丰富的坟墓，为我们深入研究莫切人增加了一个新的维度。其中随葬品最为丰富的非西潘领主墓莫属，在美洲考古史上堪称无与伦比。墓室首先被盗墓者发现，眼见里面黄金制品俯拾皆是，盗墓贼们因分赃不均而起内讧，其中一人便向警方告发。该墓址随即被封，由武装警卫看守起来。考古学家随后发现，盗墓者破坏的只是一个次要墓室。金字塔内还有一座完好无损的莫切人

▼《德累斯顿抄本》中的玛雅象形文字。

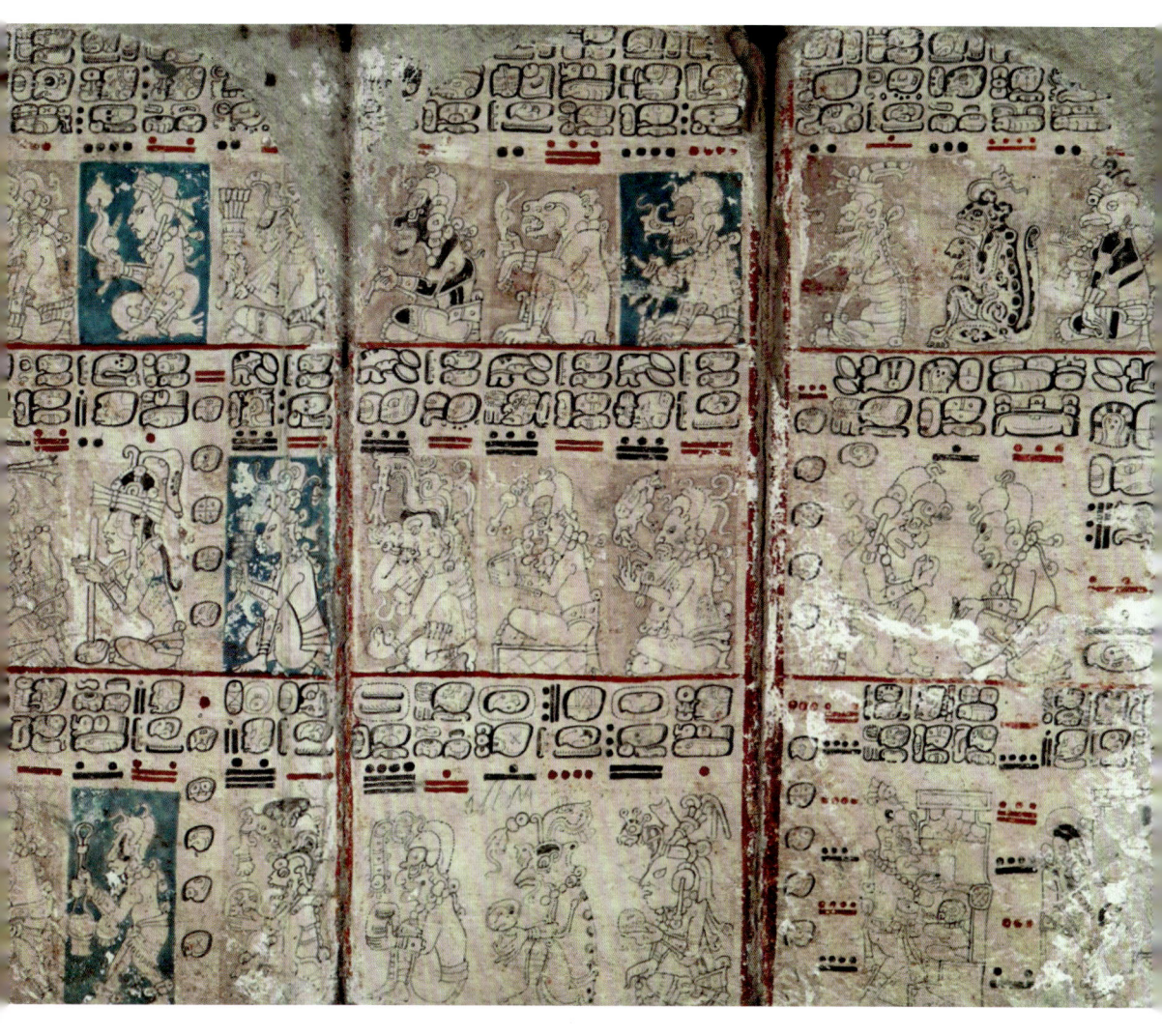

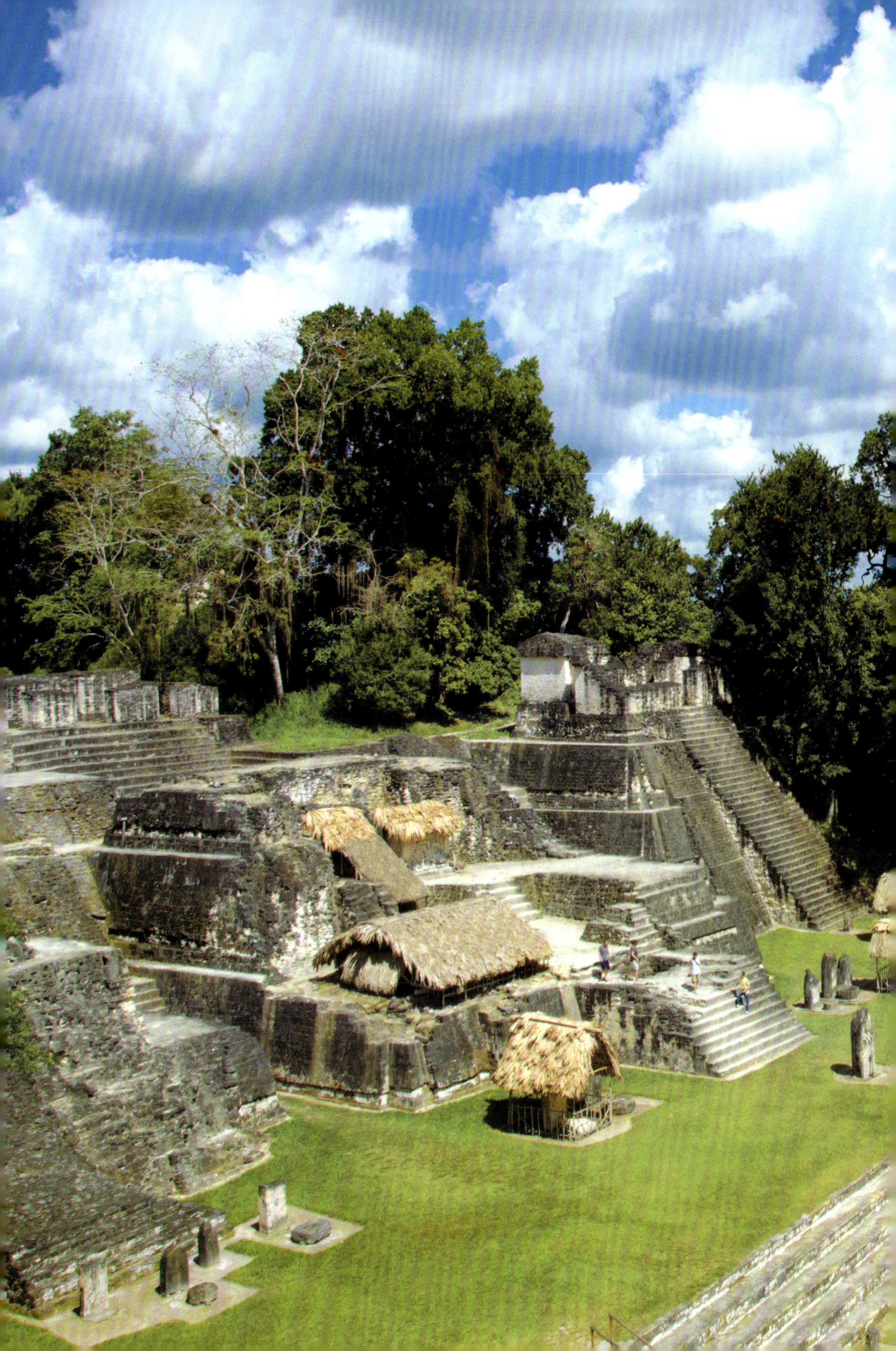

▲ 在玛雅蒂卡尔城中心，神庙金字塔形成了一个巨大的仪式综合体。

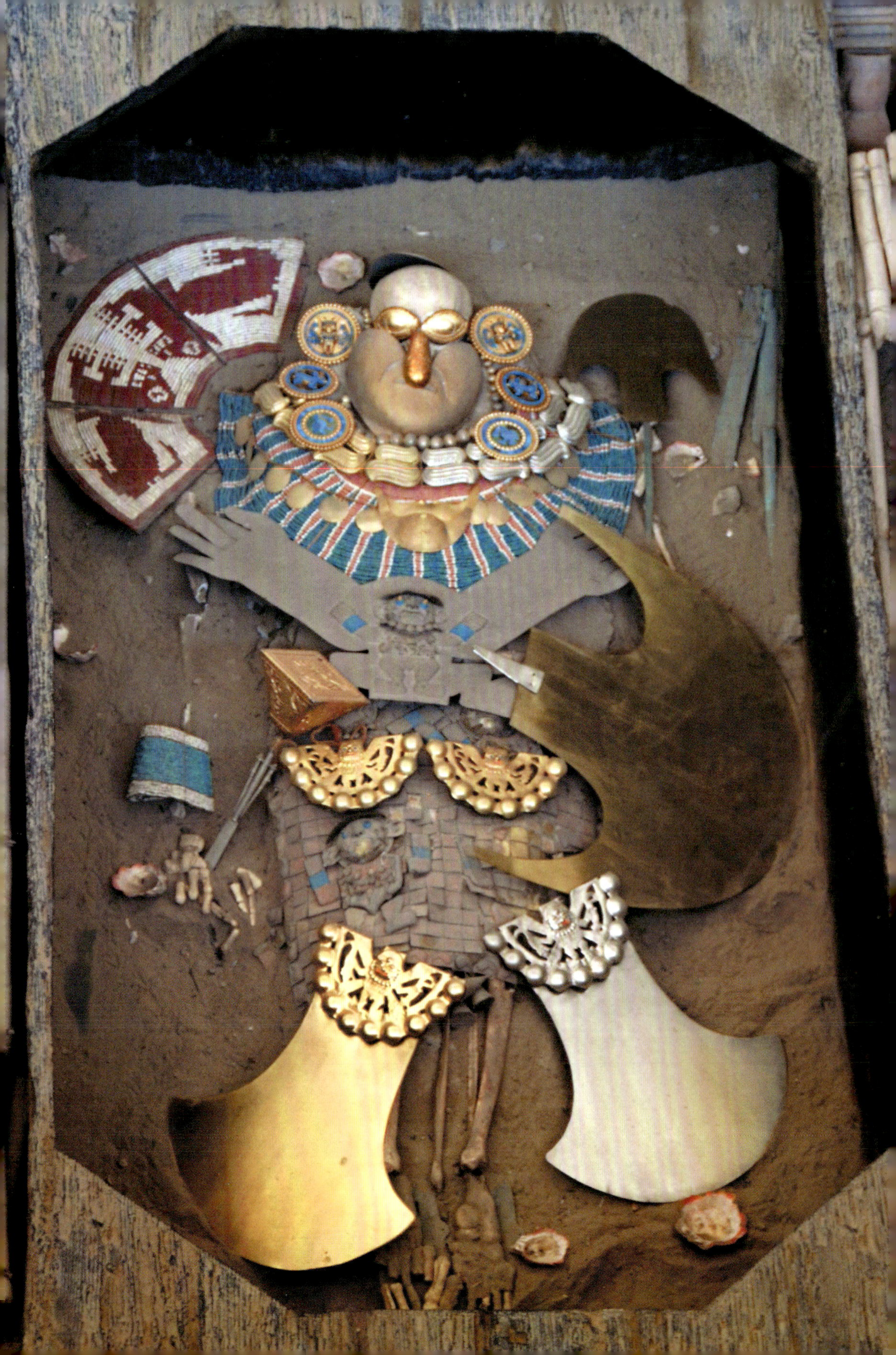

◀▼ 西潘领主大墓出土的精美随葬品。

墓，在巨大的木棺之中有一具40岁男子的尸骸，盛装满身，头饰、胸饰和随葬珠宝大多用金、银、铜和次宝石制作或点缀，这些服饰标志象征着太阳男神和月亮女神。另有6人陪葬，其中3名年轻女性（妻或妾？）、2名男性（武士？），还有一个大约10岁的孩子。2名男性的脚都被砍掉，或许是为防止他们不尽职履责守护坟墓。其中一人身旁还葬着一条狗，难道他是负责照顾主人宠物的吗？

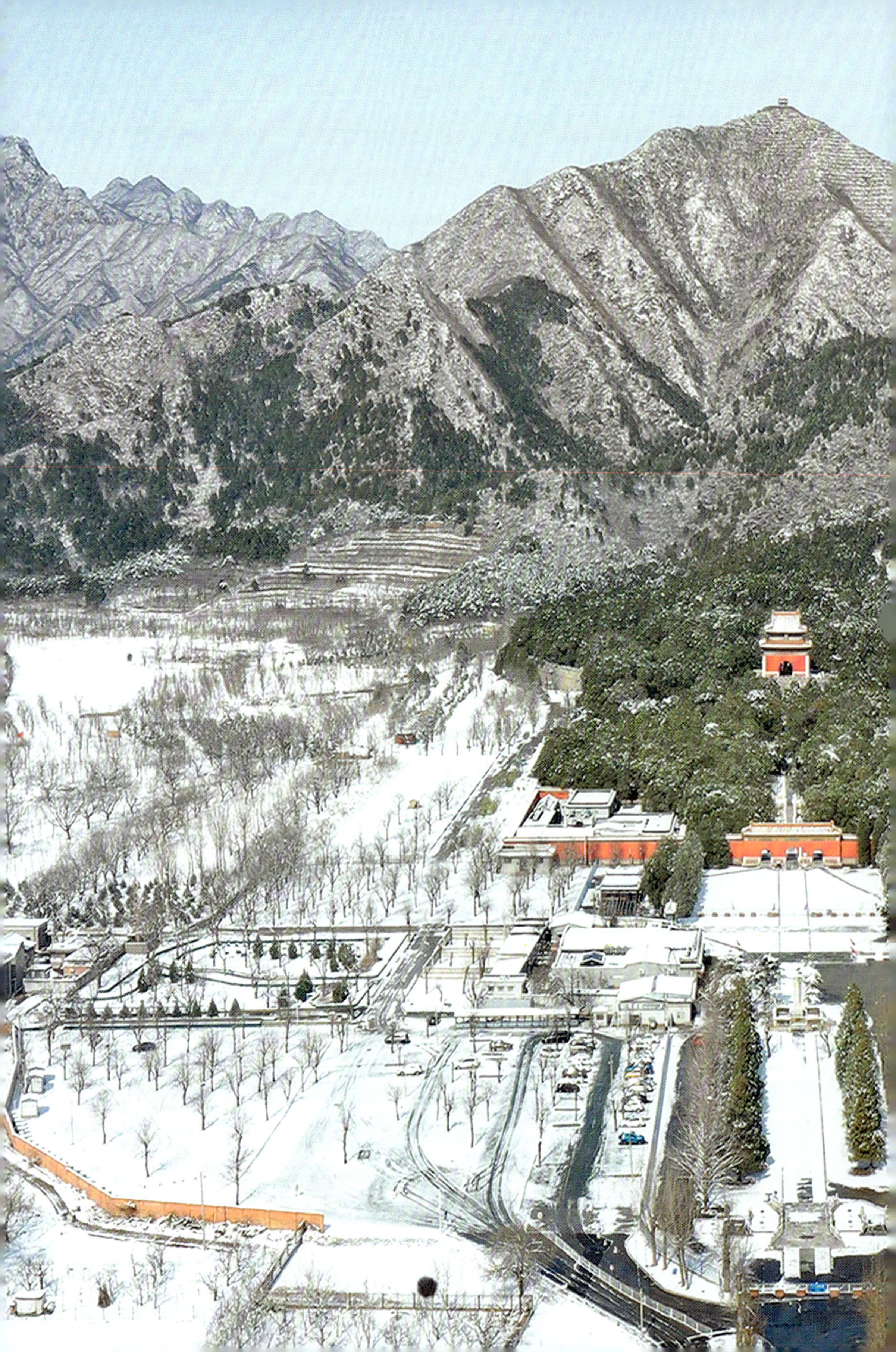

第八章
中世纪世界

从传统上讲，考古学家们关注的历来是精英阶层，要么完全忽略中世纪遗迹，要么只发掘高等级遗址。当你本可以探究百年战争或挖掘西多会（Cistercian）修道院时，为什么非要去考证一个村庄呢？然而，中世纪遗迹能向我们提供世界各地普通人的生活信息，而幸存下来的从城堡、神庙到宫殿的坚固建筑则昭示了建造它们的民众伟力。

明朝万历皇帝的陵寝定陵。

欧洲封建社会：村庄

1948年，历史学家莫里斯·贝雷斯福德（Maurice Beresford）将废弃的约克郡瓦拉姆·珀西（Wharram Percy）中世纪村庄确定为研究重点，把目光投向了普通人的生活，从而为中世纪研究指明了一个新方向。不过，鉴于缺乏考古发掘经验，1950年他开始与考古学家约翰·赫斯特（John Hurst）合作。在接下来的40年里，二人每年夏季都在这里展开挖掘工作，慢慢地呈现出一个有人生活了数百年之久的完整村庄布局，出土了蔚为大观的11万件文物，最终就考古发现成果出版了至少13本学术巨著。

毫不夸张地说，瓦拉姆·珀西考古发掘开启了一个全新的分支学科——中世纪乡村考古调查。与此同时，历史研究也发生了重大蜕变，开始从精英转向平民，关注"来自下层的历史"。事实上，这种考古田野调查与档案考证相结合的跨学科探索方法，仍然是中世纪村庄和景观研究的一大特征。

▲中世纪瓦拉姆·珀西村图解。通过系统的调查和发掘，考古学家已经能够重现那个时代普通农民的生活。

▲ 瓦拉姆·珀西村教堂遗迹。

　　瓦拉姆·珀西中世纪村庄遗址从一开始就明显呈现出"垄沟—垄台"地貌，经过系统探测和针对性挖掘，复原出诸多细节。这个中世纪村庄坐落在一条中央南北通衢的两侧。沿着大道两侧有大约 40 块长方形独立地块，大部分都是临街建的"农舍"（带院子的家宅），后面是一个"农场"（辟有果园、花园等）。这些地块的长度从约 50 米到近 200 米不等，通常宽约 10 米。在村庄东南边缘有一座石头教堂（废墟仍在）、一栋牧师住宅、一座磨坊和一个磨坊水池。在相对的西北边缘是采邑建筑群。远处是条状大田，村民们在那里集体劳作，统一配备犁杖和耕田队（每套犁杖最多配 8 头牛）。

　　按照传统，大田采用轮作制，休耕期与耕种期交替进行，以便土壤肥力有改善时间，此间以动物吃草后排泄的粪便和后院生活垃圾进行施肥。大田

▼ 在瓦拉姆·珀西村出土的一把中世纪骨质鹿角梳。

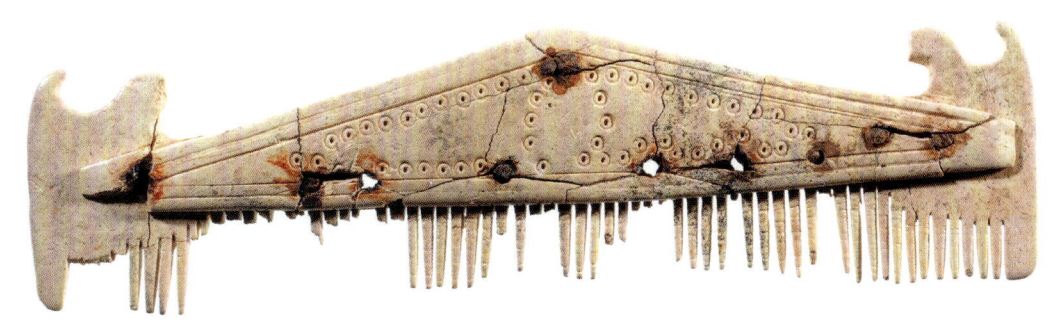

第八章　中世纪世界　｜　225

修道院

中世纪早期保存下来的最非同寻常的文献之一是一份公元 820 年到 830 年瑞士圣加尔（Gall）修道院的完整建筑平面图。它呈现了一座本笃会修道院的理想布局。该修道院能容纳约 270 人（其中 110 人是修道士）在这里工作、修行和生活。从建筑种类可以看出这里完全能够实现自给自足。除一座大修道院教堂及其回廊外，图书馆、缮写室（在此缮写手稿）、修道士公寓、暖房、食堂、洗衣房、澡堂、厨房、面包房、酿造厂、储藏室、地窖、粮仓、磨坊一应俱全。此外，还有大作坊和木匠、轮匠以及牛羊猪鸡鹅的放牧员和饲养员的住宅，为母马和小马驹建有马厩，为穷人和朝圣者提供收容所，访客住宿按社会等级划分，另有带专用厨房和浴室的医院以及果园、菜圃和草药园。

该平面图最不寻常的一点是，它呈现的是一个从未真正建造过的综合体，只是一种愿景和理想。对我们来说，它俨然一种"虚拟"考古，相当于一个发掘计划，无需付出便唾手可得！

通过艰辛考古，我们发现了大量中世纪修道院遗址。许多遗存并不完整，往往只是部分保存下来，但幸运的是，有大量修道院及其

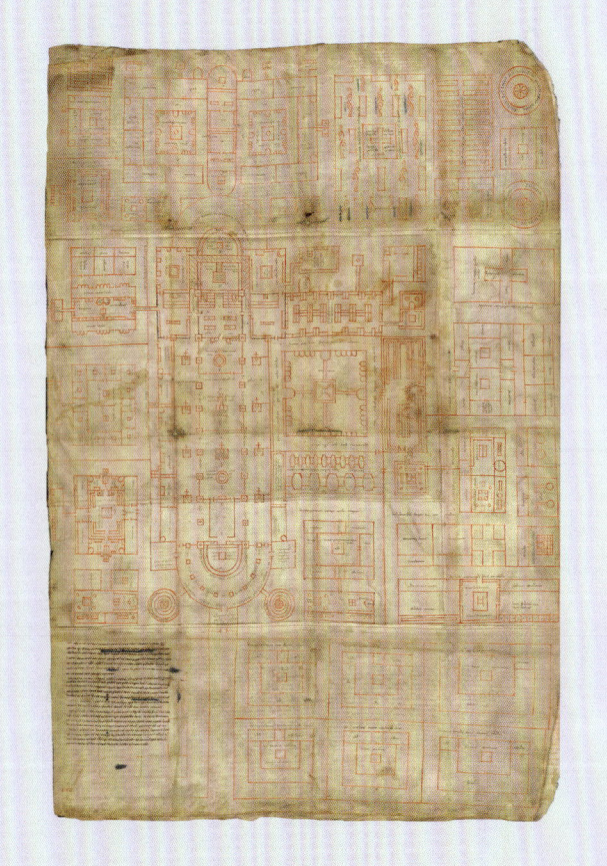

▶ 圣加尔修道院平面图，出自约公元 820 年的《圣加尔抄本》。

回廊得以存世至今。由于档案研究、田野调查和样本发掘三管齐下，经常能发现不朽矗立的废墟，有时还能揭示出修道院建筑群的整体布局。这些可能是现代景观中最令人回味的考古遗迹，尤其受偏爱农村旷野的西多会的青睐。

法国科多尔（Côte d'or）的丰特奈（Fontenay）修道院就是一个特别好的例子。它由克莱尔沃的圣伯纳德（St Bernard of Clairvaux）于12世纪初在一个偏远但靠近水源的地方建立，风格为罗马式，但又充分注意了人们对宗教机构应追求朴素建筑和艺术的要求。这是对本笃会修士修女们长期放纵与奢侈的无声反抗。教堂、回廊、宿舍和食堂的质朴无华和实用功能，都与圣伯纳德对工作以及虔敬和自给自足生活的严格要求高度吻合。尽管如此，其朴素的壮美却熠熠生辉。中殿长66米，宽8米，耳堂宽19米，回廊36米宽、38米长。另一方面，修道院没有任何形式的装饰，因为他们弃绝了这种轻浮之举，坚持认为神职人员的祷告、读经和与主沟通都不应受到任何干扰。因此，根据修道院院规来解读考古遗迹成为可能。

12世纪的西西里岛蒙雷阿莱（Monreale）大教堂与

▲ 法国丰特奈修道院回廊是欧洲最古老的西多会修道院遗存之一。

丰特奈修道院形成了鲜明对比。这是一座由诺曼国王威廉二世建立的主座教堂。最初的教堂和回廊仍然矗立，两者都是所能想象到的最精致的罗马式、拜占庭式和伊斯兰风格艺术杰作，综合反映了当时西西里岛非凡的世界性文化。外立面装饰有伊斯兰风格、用不同颜色石头制作的联拱和玫瑰花结。内部金碧辉煌，宛若置身龙宫，墙壁上拜占庭风格的马赛克镶嵌画依次描绘了《旧约全书》和《新约全书》中的故事，最后是一幅巨大的基督普世君王像，占据了东端后殿的半个圆顶，下方是重重叠叠的天堂层级。另一方面，回廊对罗马式雕塑做了最好的展示，因为在观赏植物园周围支撑着精致马蹄形拱门的成对柱头上都装饰着《圣经》、战斗骑士和神话怪物的场景，一个著名的柱头表现了威廉国王向圣母玛利亚和圣子敬赠大教堂模型时的景象。因此，这座大教堂展示了中世纪修道院生活的另一个侧面。它是一座耗资巨大的令人景仰的纪念碑，成为诺曼统治的西西里岛世俗与神权之间关系的象征。

▼蒙雷阿莱大教堂里著名的《满腹狐疑的托马斯》马赛克镶嵌画。

▲ 蒙雷阿莱大教堂及其精致的内部反映了统治者的富有和奢靡。

为集体耕种。耕田队行动不便，还得绕大圈。沟渠、堤岸和树篱分割开来的土地耕种起来非常不便。因此，最为理想的是大田土地划成条状分配给每个农户。在那些轮廓没有被现代耕作抹去的地方，通常可以识别出中世纪田地的独特"垄沟"。这是由于犁只朝一边翻土，往返犁地时，两垄之间便形成了垄台。

有时，还可以进一步区分为"内田"和"外田"。前者离村庄更近，田间管理更加密集。两者之间的考古学差异通常通过土壤中陶瓷碎片、动物骨头和贝壳的密度呈现出来。这些遗存再现了当时生活垃圾的施放情况。对"文物"（如陶瓷碎片）和"生态材料"（如动物骨骼）的发现和搜集，需要在现代耕地上进行系统的田野调查。这是调查中世纪景观的一种重要考古方法。

其他考古元素也很重要。许多村庄靠近河流和湿地，大多数村庄都有自己的牧场和林地资源，可能超出了耕地的范围。

尽管瓦拉姆·珀西只是起点，但考古学界现在正根据1948年以来进行的大量调查进行归纳和概括。但事实上，这种归纳和概括往往受到挑战，因为包括历史学家和考古学家在内的中世纪研究者更加强调地区差异以及多样生态和社会环境对村庄和田野系统的塑造，"一刀切"的论断似乎站不住脚。

我们从历史文献中了解到，瓦拉姆·珀西村的大约200名村民以劳务和封建会费的形式养活领主和牧师（尽管我们也知道村民既有权利，也有义务，这些权利和义务都受到法律保护，而且领主与农民之间的纠纷是中世纪农村生活的一个特征）。我们还清楚，这个村庄归珀西家族所有。这个家族是诺曼征服后在英格兰北部落脚的一个贵族大家族。据推测，他们有一处庄园，主要供受雇管家使用，尽管他们可能偶尔也会到访。这个村庄及其大田可能构成了一块封地——授予骑士以换取其兵役的土地。骑士及其封地在上至国王的封建等级制度中地位最低。从考古学上讲，较高等级有城堡和修道院。

欧洲封建社会：城堡

英格兰最早的中世纪城堡都是"土丘—堡场"式。1066 年，当新的诺曼领主在他们征服的土地上站稳脚跟时，很快就将它们弃用并建起自己的城堡。这些城堡旨在恫吓英国农民，防止他们揭竿而起。在贝叶挂毯上可以看到对这些城堡的生动描绘。一个著名的考古例子是威尔士波厄斯郡（Powys）的汉都门（Hen Domen）城堡，因其在 20 世纪 60—90 年代被纳入一个重大研究项目，故而是不列颠群岛迄今发掘最彻底的木城堡。

土丘—堡场式城堡由土丘构成，上面建有木制主楼或内堡，还有一个附属围场，里面有附属建筑，四周围有防御土墙、壕沟和木栅。汉都门的土丘高 8 米，侧面陡立，顶部平台宽 7 米。下面的堡场大体呈长 50 米、宽 40 米的椭圆形。城堡周围有双层防御土墙和一条 2.7 米深的壕沟。

在挖掘过程中，有两点出乎意料：一是内部建筑杂乱无章，二是旧建筑推倒、新建筑建造堪称神速。在占堡场面积近一半的调查区域里，考古工作

▼ 壮观的约旦卡拉克（Kerak）城堡反映出十字军国家的不安全感。

▲ 卡拉克要塞居高临下，俯瞰四周，以期弥补十字军人数之不足。

者发掘出大约50座主要和20座次要的木材建筑证据。这些建于两个世纪里不同时期的建筑给人的印象是充满活力，其中许多只以排列的柱坑、铺垫的卵石和木梁的印痕形式呈现出来。恢复这些转瞬即逝的证据取决于小心翼翼的镘抹和认真细致的记录。这种工作速度只有在研究发掘中才可行，而在大开发驱动的商业或"抢救式"挖掘中则根本无法做到。

许多土丘－堡场式城堡从未用石头重建过，其中一些被改造成巨大的防御纪念碑。当然，中世纪后期建造了许多新的石头城堡。让我们把目光从11世纪的盎格鲁－威尔士边界投向12世纪的黎凡特十字军国家。在这里，我们将见证一座在规模和复杂程度上截然不同的城堡。以现代约旦的卡拉克城堡为例。

城堡坐落在一个怪石嶙峋的山嘴之上，三面都是陡峭悬崖，一些地方由巨大的斜坡加固——倾斜的墙壁令敌军的攻城车望而却步，表面光滑如镜，攻击者根本无法立足。高耸在悬崖和斜坡之上的是主幕墙。它们围绕上层堡场在悬崖顶部的高地上形成了一个大致的A形，幕墙全长500米。在面向城镇的高耸的北墙前面,是一条 30 米深的壕沟(干护城河),它是通往城堡的唯一便捷路径。箭楼、炮台和雉堞为弓箭手和火炮的部署提供了诸多阵地。尽管后来的主人对卡拉克城堡进行了大规模改造,但 12 世纪十字军的基本设计依然清晰可辨。

这座巨大的防御工事是多用途的:它是一个防御要塞和向周围乡村投放武装力量的军事基地,也是领主、家仆和士兵的综合住所和营房。从粗糙开凿的石块来看,匆忙之间废弃的这座城堡消耗了巨大人力,而这些人力毫无疑问都是附近村民被迫付出的劳动。

作为黎凡特数十座十字军城堡之一,卡拉克城堡是侵略者长期没有安全感的表征。他们随第一次十字军东征(1096—1099 年)抵达,但他们的许多战友在耶路撒冷沦陷后回国,留下相对较少的西方基督教骑士来保卫 4 个新成立的十字军国家,从北到南分别是埃德萨伯国(County of Edessa)、安条克公国(Principality of Antioch)、的黎波里伯国(County of Tripoli)和耶路撒冷王国。十字军漂泊在阿拉伯人、库尔德人和土耳其人的汪洋大海之中,其中绝大多数人是穆斯林。他们统治着潜在的反叛臣民,况且还有异常漫长的陆地边界需要守卫,十字军不得不待在巨大的防御墙后来弥补人数上的不足。正因如此,我们在遥远的黎凡特看到了一些令人印象极其深刻的欧洲封建城堡。

诺夫哥罗德(Novgorod)

自 20 世纪 50 年代以来,在中世纪的俄国城市诺夫哥罗德进行的大规模考古挖掘工作一直在时断时续地进行着。该遗址位于圣彼得堡以南约 160 千米处,但诺夫哥罗德早于彼得大帝在 18 世纪初建立的这座城市,12—15 世纪为公国都城,疆域从西部的芬兰湾横跨乌拉尔山脉西部,达 1500 千米。不过,这座城市在历史上的重要性并不是如此兴师动众对其进行考古调查的唯一原因,其完好的保存状态也是原因之一。

诺夫哥罗德坐落在沃尔科夫（Volkov）河畔广袤、平坦、开阔的黏土平原上。中世纪的考古沉积物一直被水淹没，阻断了有机物与空气接触而发生的正常腐烂过程，这意味着木材、皮革、食物残渣和其他有机材料得以保存下来。这对诺夫哥罗德来讲非常重要，因为它是一座由木材建造的城市，把木梁固定在地上，然后铺上木板建造房屋。类似这样的房屋遗存出土了许多。有些房屋甚至可能有2~3层楼高。街道也用木材修建。顺着街道长度铺设3~4根细杆，将劈开的原木横向放置。这样铺设的原木街道也陆续出土。此外，由于木材在受潮和接触空气后腐烂得相对较快，诺夫哥罗德中世纪的房屋和街道不得不定期翻新。考古工作者发现了层层叠叠的重建堆积。例如，在圣科斯马斯（St. Cosmas）和圣达米安（St. Damian）大街，就发现有至少28个铺层，最早的铺设于公元953年，最晚的铺设于1462年。

　　诺夫哥罗德遗址考古的年代测定通常都非常精确，这要归功于树木年轮或树木年代测定。这也是这座城市在中世纪城市遗址中格外重要的另一个原因。树干的年轮反映了气候条件的变化，有利时年轮较宽，不利时年轮较

▼ 诺夫哥罗德的考古挖掘揭示出一个强大公国的遗存。虽然彼得大帝建立的圣彼得堡知名度更高，但诺夫哥罗德的历史要更加悠久。

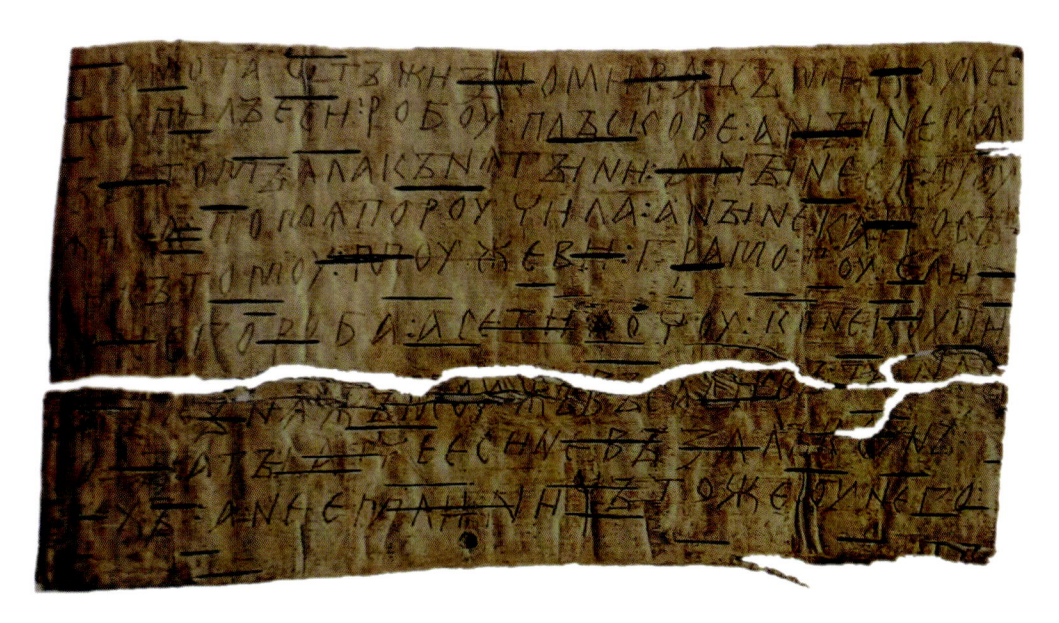

▲ 诺夫哥罗德出土的 12 世纪桦树皮手稿。

窄。通过观察许多不同地点保存的木材，专门研究树木年代学的考古学家成功建立了长序列树木年轮年表，进而为我们提供了"相对年代"，告诉我们之前发生过什么，之后又发生了什么。树木年代还可以与已知的日历日期联系起来研究，例如，历史文献记录了现存木屋顶建筑的建造日期，这便为树轮定年学家提供了"绝对日期"，使他们能够为其长序列中的所有年轮匹配实际的日历年。就北半球而言，我们现在已经掌握了可以追溯到 1.4 万年前的树木年表！

随着建筑和街道被陆续可靠地断代，就有可能确定约 15 万件文物的年代，经过仔细的地层逐层挖掘，可以将它们全部定位到城市发展的特定阶段。许多手工艺品本身就是有机的。这里出土了在其他遗址很难找到的日常生活物品，比如鞋、梳子、碗、餐具、乐器，甚至还有儿童玩具。由于对发现它们的地层进行了树轮定年，这些地层的断代通常可以精确到 15、20 或 25 年（这是土中木材的粗略寿命）。

到目前为止，木制品中最重要的是已经挖掘出土的 700 多张桦树皮手稿（beresty）。它们的年代可以追溯到 11—15 世纪，是记在桦树皮上的文献。首先，人们通过水煮去除桦树皮的粗糙外层，将柔软的内层弄平晒干。然后，不需要墨水，只需用骨头或金属触笔在上面简单地压印，就能像在蜡板上一样进行记录，而且是永久的记录。这些桦树皮手稿所使用的语言是古诺夫哥罗德语或古东斯拉夫语，后来演变成古俄语。上面记载了大量关于日常生活、商业交易、政府事务和中世纪公国法律方面的信息，专家们可以轻松进行解读。

除出土的大量进口手工艺品和文物外，桦树皮手稿还帮助我们将诺夫哥罗德置于地区乃至洲际大背景下进行审视。显而易见的是，诺夫哥罗德首先是一座贸易城市，通过沃尔科夫河、芬兰湾和波罗的海与北欧大部分地区相连，并通过顿河和伏尔加河融入黑海、里海和丝绸之路。例如，在诺夫哥罗德曾发现有中国青瓷器皿（一种细腻的灰绿色釉面陶器），来自波罗的海的琥珀、毛皮和石蜡从这座城市销往伊斯兰世界。诺夫哥罗德是9世纪中期维京人所建，后来发展成为中世纪世界最大的商业中心之一。因此，不足为怪的是，尽管挖掘工作已经进行了将近75年，但也只发掘了大约2%的遗址。

筑丘人和普韦布洛农民

农业也是美国中西部和东南部筑丘人（mound-builder）文化的基础。尽管部分土丘可以追溯到公元前3500年，但已知的数千个土丘中的大多数都要晚得多。早期的阿登纳（Adena）文化（公元前1000—前300年）实行在墓穴上堆起圆锥形小土丘，后来演变成用更大的土丘堆在精致的木制墓室上面，其中最大的一个位于西弗吉尼亚州俄亥俄河畔的格雷夫溪（Grave

Creek）土丘，高逾 18 米。后来的霍普韦尔（Hopewell）文化（公元前 100 年—公元 500 年）因袭了这一传统。俄亥俄州的大蛇丘长逾 400 米，宽 6 米，但高不到 1 米，象征一条大蛇，墓穴在蛇口的位置。在密西西比文化（700—1700 年）中，土丘规模进一步做大，主要用作神庙和住宅的台地。伊利诺伊州的卡霍基亚（Cahokia）遗址占地 800 公顷，有 100 个土丘，在 200 公顷的圣地周围建有一堵原木墙。卡霍基亚土丘中最大的一个叫蒙克（Monk）丘。它是一个平顶平台，坐落在 4 块高度超过 33 米的台地上。考古学家估计，附近地区可能有多达 3 万人居住。

自 19 世纪首次开展正式调查以来，这些土丘一直笼罩着神秘的面纱。随着权力和财富越来越集中到最高酋长手中，土丘越建越大的传统似乎在各个文化中长期一脉相承。随葬品和纪念性雕像进一步证明了埋葬在土丘之下的死者的显赫地位。尽管霍普韦尔陶器上的蛇、鸭及其他动物图腾为我们提供了有关生育崇拜的线索，但仍有许多问题悬而未决。

公元第一个千年早期，西南部的普韦布洛（Pueblo）农民以另一种方式引起了考古学界的注意。面对异常严酷的环境，他们从只利用自然降雨的旱作农业转向利用蓄水坝和运河系统灌溉玉米、豆类、南瓜、烟草和棉花田的湿地农业。成功的农业制度让这里成为到处都是土坯房的大村庄。亚利桑那州的蛇镇（Snaketown）占地 1 平方千米，有数十幢房子、成堆的垃圾和一个中美洲风

▼卡霍基亚遗址的蒙克丘是定居点的中心。12 世纪鼎盛时期，该定居点周边居民多达 3 万人。

格的球场。查科（Chaco）峡谷至少有 13 座由石头、土坯和木材建造的村庄，其中最大的是普韦布洛·博尼托（Pueblo Bonito），建有大约 700 个独立房间，有些是多层结构，还有 34 个用于仪式和社交聚会的大地穴。

由于降水稀少和阿帕奇人（Apache）、纳瓦霍人（Navajo）的掠夺，公元 1300 年后，普韦布洛农民时乖运舛，危机四伏，大部分定居点遭到遗弃。鉴于他们的生存朝不保夕，一直高度边缘化，他们所取得的惊人文化成就也就成了衡量他们在如此恶劣的干旱环境中挣扎求生的标尺。

▶ 卡霍基亚遗址出土的鸟人石板。在密西西比文化中，手工艺品上往往带有拟人动物形象。

▼ 查科峡谷的普韦布洛·博尼托建于公元 850—1150 年。当时这里绿树成荫，但定居点建设导致森林被毁，环境危机接踵而至。

托尔特克人（Toltecs）、阿兹特克人（Aztecs）、奇穆人（Chimú）和印加人

古典时期末，因玛雅衰落而出现的地缘政治空间诱使来自北方的入侵者乘虚而入。约950—1170年，托尔特克人在墨西哥中部站稳脚跟。1345年，经过一段时间的分裂和战争，阿兹特克人在特斯科科（Texcoco）湖北岸的特诺奇提特兰（Tenochtitlán）建都。1428—1519年间，阿兹特克人以武士和大祭司组成的统治阶级和大规模正规军队撑持的中央集权独裁政权为基础，建立了一个庞大的帝国。他们似乎没有同化臣民或发展生产技术的意愿。黄金、棉花、绿松石、羽毛、

▲ 15世纪阿兹特克神庙模型。在这样的地方，用人献祭司空见惯。

▶ 这幅托尔特克浮雕表现的是一只鹰在吃仙人掌果。鹰在托尔特克和阿兹特克神话中都扮演着重要的角色。

第八章 中世纪世界 | 239

熏香和大量食物等贡品被送往前哥伦布时代美洲最大的城市特诺奇提特兰，其中大部分用于光怪陆离的仪式。大神庙（Templo Mayor）里实行活人祭祀，人心会被挖出向神献祭，任由尸体横七竖八地躺倒在台阶上。

直到最近，我们对令人望而却步的阿兹特克的了解大多来自文献证据，因为大神庙和城市大部都已被西班牙侵略者捣毁。然而，过去40年的考古发掘使古城故事变得有血有肉起来。我们现在知道，作为45座纪念性建筑之一，大神庙建在特诺奇提特兰市中心边长500米的带围墙仪式区内。在所有建筑中，大神庙是阿兹特克宗教生活的核心，折射出阿兹特克人的宇宙观。它形似金字塔，现存的是第七次也是最后一次扩建的样子。4个锥形层代表了天堂的4个层级，顶部为最高级，有两座供奉阿兹特克战神和雨水与农业之神的神殿。大神庙是宇宙中心的象征，也是世俗最高统治者向众神尤其是战神和食神讲情之地。但是，真正让人丰衣足食的当然不是神，也不是统治

▼ 墨西哥城大神庙遗址。它扩建过7次，之前的结构每次都嵌套在新建筑中。大神庙初建于1325年，最后一次扩建在1519年西班牙征服者到来之前不久才完成。

者，而是普通百姓。

巨大农业财富是中美洲文明之基，而通过台田、灌溉系统和"三姐妹"（玉米、豆类和南瓜）种植所赢得的滚滚财源，则是利用石器时代的技术才开辟出来的。在与欧洲殖民者遭遇的过程中，金属匮乏和以金属为基础的战争是他们的一个突出劣势。这一劣势因该地区财富被百般剥削、暴殄天物的外国统治者所侵占而更加凸显，结果造成16世纪初的普通民众要么巴望主人遭遇厄

▲ 昌昌古城鹈鹕浮雕的细部。

▼ 奇穆王国都城昌昌的土坯墙。它是前哥伦布时代南美洲最大的城市，居民约4万人。

第八章　中世纪世界　| 241

▲ 位于印加帝国都城库斯科市郊的萨克塞瓦曼（Sacsayhuamán）堡垒。砌墙所用巨石不用砂浆，但经过精确切割以便贴合紧密。

▲ 印加帝国末代萨帕·印卡（皇帝）阿塔瓦尔帕（Atahualpa）。她以至高无上的权力统治着拥有复杂行政机构的整个帝国。

运，要么积极投身于推翻主人的斗争之中。

公元 750 年左右，南美洲莫切人屈服于奇穆（Chimú）人。身为殖民者的奇穆人建立了一个通信网络，使他们能够控制一个沿着秘鲁海岸延伸约 1600 千米的帝国。都城昌昌（Chan Chan）占地 15 平方千米，以 10 个皇家围场为中心，历时 250 年建成，每个围场都有一座带门道的金字塔，下封陵墓。此外还有宽阔庭院和住宅、储藏建筑群。

这些连绵不断的秘鲁文明提供了一个平台，其上建立了伟大的印加文明。印加文明起源于 12 世纪安第斯山脉的库斯科（Cuzco）地区，最终发展成为一个强大的军事独裁政权。萨帕·印卡（Sapa Inca）的权力至高至尊，他集军阀和大祭司的角色于一身，有权决定所有政治、军事和宗教事务。在他下面是一个贵族阶层，大部分人都和他沾亲带故。在他们之下，是由国家官员、地方行政人员和军事指挥官组成的阶层。1438—1533 年间，印加人将南美洲西部的大部分地区并入他们的帝国，最终独占 3500 千米长的海岸线，疆域向内陆推进约 300 千米。为将这片广袤的领土衔接起来，印加人修建了一个 4 万千米长的道路—驿站网供官方使用。驿使队能以日行 250 千米的速度传递讯息。这些

▼ 马丘比丘使用时段约在 1420—1532 年，可能用作仪式中心和皇家庄园。

道路均通过强迫劳动来修建，工程项目还包括挖掘岩石隧道、铺垫沼泽堤道以及用石头、木头和绳子造桥。主要堤道宽达 16 米，专为部队行军而设计。

强迫劳动也用于建造灌溉系统、农业梯田，当然还有印加城市和纪念碑。大约三分之二的农产品被征税。在帝国的中心，有一系列重要的印加建筑，均由巨大的不规则石块砌筑而成。石块之间的贴合精度惊人，尤其是行政首都库斯科、其正北方的萨克塞瓦曼堡垒和坐落在 600 米高石脊上、侧翼排列着层层狭窄农业梯田的马丘比丘（Machu Pichu）仪式中心，石墙垒砌水准令人叹为观止。

第八章 中世纪世界 | 243

风力

1975 年，韩国渔民用渔网打捞出古代中国瓷器，此举引起了考古学家的高度关注。他们把目光投向新安海域海床上的这艘"新安沉船"。这是一艘 14 世纪的 200 吨龙骨帆船。经过 9 轮水下探险，共发现半截木船体、2 万余件瓷器、28 吨硬币、1000 多块紫檀木、1300 多件日常用品等。事实上，这艘船的残骸及装载货物足够新建一个专门博物馆进行展陈。

该船长 32 米，船幅 10 米，船舯高 3.5 米，内部舷墙将船体分成 7~8 个舱室。只有幸存下来的底舱被打捞上来，上层甲板或许因为较轻已随海水漂走。尽管如此，新安沉船还是见证了中国青瓷等瓷器的繁荣贸易。这些瓷器在黄海沿岸需求量很大。沉船进一步证实了元朝时欣欣向荣的海上贸易将中国、韩国和日本紧密地联系在一起。

远洋帆船可以追溯到公元前 3000 年的远东地区。在公元前 1000 年末之前，装备纵帆的中国船只的贸易航线就一路向西，可能远达印度、阿拉伯国家

▲ "奥塞贝格号"以桨和帆为动力，很可能同时用于运输和军事目的。

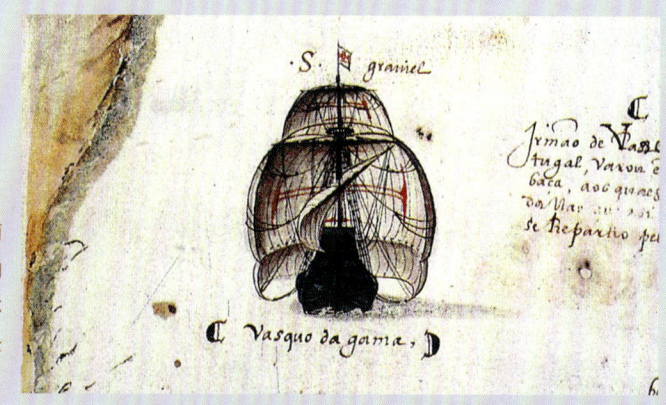

▶ "圣加布里埃尔号"是葡萄牙航海家瓦斯科·达·伽马的旗舰。它是一艘宽体帆船，专为长途贸易和长期探险而设计。

和东非。而时至唐朝（618—907年），这样的航线确定无疑，因为在非洲肯尼亚的村庄里已经发现了这一时期的瓷器。与纵轴龙骨方向一致的纵帆使船只能够逆风航行。尽管与船体成十字形交叉的横帆也可以设计成这样，但有证据表明，数千年来，这一关键技术一直没有实现突破。

贯穿整个青铜时代以及在此很久以前，帆船一直都在东地中海水域航行，但这些船只通常只有孤帆单桅，完全要驶顺风船。希腊和罗马的船只基本相同，都是货船和战舰，几个世纪后盎格鲁—撒克逊人和维京人的长船也大同小异。20世纪初从大型墓穴中发掘出来的著名的"奥塞贝格号"（Oseberg）就证实了这一点。现陈列于挪威奥斯陆维京船博物馆的这艘船可以追溯到公元9世纪初，长22米，宽5米，用橡木板重叠搭造。中央桅杆高约10米，船帆面积约90平方米，顺风最大航速10节。这就是为什么该船有15对桨门，可供30个人划桨。正如贝叶挂毯上所描绘的那样，"奥塞贝格号"与两个多世纪后征服者威廉入侵英国时使用的船只非常相似。

克纳尔（knarr）是长船的变体，专为运载货物而设计。船幅相对较宽，能够承载约25吨的重量。中世纪时，它被欧洲水域上的寇克船（cog）所取代。寇克船通常要大得多，能承载200吨甚至1000吨重量。其中最为著名的是不来梅寇克船。这是一艘14世纪的船只，20世纪60年代初在威瑟

▲ 德国不来梅（Bremen）的寇克船。类似这样的船只在欧洲西北部极为常见。由于运力强大，它取代了克纳尔船成为贸易商的首选。

（Weser）河疏浚时打捞出水，现陈列在德国海事博物馆。船长约24米，船幅8米，船舯高4米，运载能力约在90~130吨。不过，这是一艘只有单桅孤帆的横帆船，无法逆风航行。这个长期悬而未决的技术问题导致逆风时大量船只和货物被迫滞期在港。

寇克船最终被14—15世纪葡萄牙人发展起来的宽体帆船所取代，毕竟他们是中世纪晚期海洋探险和远洋贸易的先驱。宽体帆船是横帆船，但有3~4根桅杆和多面船帆，旨在便于顶风转弯。例如，葡萄牙三桅帆船"圣加布里埃尔号"（São Gabriel）有6面帆：船首斜帆、前帆、主帆、后帆和两个上桅帆。1497年，瓦斯科·达·伽马从欧洲起航绕道好望角靠泊印度时，"圣加布里埃尔号"正是他的旗舰。16世纪驶往印度或中国的宽体帆船通常有1000吨载重量。

人们把探险之旅和长途海上贸易大爆发称为"第一次全球化"，而这一进程离不开一项关键技术的突破，即对海上风力的掌控。

和中美洲文明一样，秘鲁文明也以复杂的农业技术为基础，但受到石质、木质和骨质等工具的限制。金、银、铜虽然被大量使用，但主要用于装饰、仪式和艺术表现，与绿松石和其他次宝石一起受到人们的青睐，因为它们的熠熠光芒象征着太阳的光辉。鉴于技术原始，只能通过残酷剥削来榨取劳动剩余价值和建造石头城市、土坯金字塔及壮观坟墓所需的生产产品。印加统治阶级和阿兹特克人一样，在其帝国世纪霸权中没有交到什么朋友。

吴哥窟（Angkor Wat）

人们曾把吴哥窟所取得的建筑成就誉为"前无古人，后无来者"。法国博物学家亨利·穆奥（Henri Mouhot）在其遗著《暹罗柬埔寨老挝诸王国旅行记》（1863年）中就曾提及这个中世纪高棉帝国的都城。废墟位于柬埔寨西北部的洞里萨湖旁，东西宽25千米，南北长10千米。占地163公顷的吴哥窟是世界上陆地面积最大的寺庙群。主庙有五座宝塔，其中4座宝塔较小，排四隅，高65米的大宝塔巍然矗立正中。宝塔之间由长方形地面游廊连接，反过来又被两个同心回廊所围。外廊边长3.6千米，周围是一条至少5千米长的长方形护城河。通往废墟的大道长逾1千米。吴哥窟的设计融合了宝塔和回廊两个建筑概念，无疑为东南亚中世纪文明树立了最高的丰碑。

12世纪初，高棉国王苏耶跋摩（Suryavarman）二世（1113—1150年）降旨建造"寺庙之城"吴哥窟，最初只是为了祭祀印度教毗湿奴（Vishnu）神，后来用于佛事。事实上，源自印度的印度教和佛教的融合是中世纪东南亚大部分地区宗教实践的一个特点。这反映在共计1200平方米的按故事顺序排列的寺庙浅浮雕石刻（有人称其为"已知最伟大的线性石雕陈列"）上。它们描绘了大量印度教神话、印度教天堂和地狱概念、印度教—佛教的神灵（飞天仙女）和神祇（天子），当然还有佛陀形象以及国王苏耶跋摩参加的游行场景。

工程成本堪称天文数字。铭文记载说，吴哥窟建设耗时35年，500万吨砂岩从 50 千米外的一座圣山上运来，需要劳动力 30 万人和大象 6000 头。如此巨大的投入从何而来呢？

　　吴哥窟位于广阔的冲积平原边缘。旱季，洞里萨湖流入湄公河；但在雨季，由于水位回升，水流发生逆转，抬高湖面，进而淹没了北部大部分平原。每一次洪水过后都会留下丰富的沉积物，使土壤肥力得以改善，而由高棉国王精心建造和维护的沟渠、运河和水库系统浇灌出一片辽阔潮湿的大草原，成为水稻种植的理想之地。由于岁稔年丰，该地区成了百万人口的家园，为如此规模的纪念性建设开支提供了保障。

　　总的来说，高棉帝国在 9—13 世纪鼎盛时期建造了大约 900 座寺庙，而泰国、越南、马来亚、苏门答腊和爪哇等其他东南亚国家也在纪念性宗教建筑和艺术上投入了巨资。这是一个战乱频仍、边界变迁、风雨飘摇的"王

▼ 吴哥窟主庙。建于 12 世纪初的吴哥窟是高棉帝国的国庙。

▲ 吴哥窟浅浮雕，表现的是天人（Devas）与阿修罗（Asuras）之战。

朝时代"。寺庙建设不仅仅是对宗教的一秉虔诚，而且也是这个时代竞争性强权行为的一部分。正是水稻种植的普及使吴哥窟建筑群所代表的人口增长和资源扩张成为可能，但海上贸易也十分重要，在马来亚、苏门答腊和爪哇尤其如此。这一时期，连接中国南海和印度洋马六甲海峡的海上贸易方兴未艾，东南亚岛屿和半岛上的许多大城市都成了贸易集散地。

东南亚文明的古典时代于15世纪结束。与以往一样，人们围绕个中原因争论不休。不过可以肯定的是，没有什么能与9—14世纪这一文明遗留下来的伟大纪念碑相提并论。此后，相对衰落和落后使该地区沦为荷兰、法国和英国等欧洲殖民者渗透、占领的目标。

中国明朝

位于北京以北45千米山谷中的十三陵对于中国明朝皇帝来说,就像帝王谷对于埃及新王国法老一样。到目前为止,唯一发掘的是明朝第十三位统治者万历皇帝(1572—1620年在位)的陵墓定陵。考古学家从松散的砖块探起,逐渐找到一条填土的隧道。隧道尽头是一块刻有铭文的小石碑,上面写明通往地宫墓室的方向。巨大的大理石墓门最后封闭时"自来石"自动从里面顶住,结果只能用柔性金属"拐钉"伸进门缝把大理石柱移开。进入地宫之后,发掘者发现了一个规模宏大的建筑群,包括大殿、两个配殿、中殿和后殿陵寝。除皇帝棺椁外,陵寝里还有两口皇后的棺椁和一大批令人惊叹、完好无损的陪葬品。出土文物约3000件,包括金银制品、皇室服饰、织锦织物以及

▲▼定陵珍宝:心形珠宝和皇后王冠。

皇帝、皇后的私人物品。最令人叹为观止的是孝端皇后的龙凤冠，上面饰有九龙九凤，嵌着大量珍贵宝石，其价值在世界同类文物中首屈一指。其他12座皇帝陵墓中还有哪些宝藏有待发现呢？

其他地方也发掘出了明代早期的陵墓。明太祖朱元璋之十子朱檀墓中出土了服装、漆器家具、丝绸卷轴画、印刷典籍以及400个木雕随从组成的彩绘俑群。另一个同等级墓葬是明太祖朱元璋之孙朱悦爉墓，里面有一驾陶瓷铜辇，周围簇拥着500个釉面陶俑仆人。

明朝首都北京自有灿烂夺目的辉煌。15—16世纪，她是世界上人口最多的城市。而同期的伦敦人口只有2万，巴黎人口20万，君士坦丁堡人口40万。明朝皇帝投入大量资源创建了一个享有盛誉的帝都。他们雇用10万名熟练工匠和100万名奴隶及应征入伍者，建造了中央宫殿建筑群紫禁城，其中包括觐见室和寝宫。以此为中心，有负责内务、民事、军事的衙门、监、司、局等部门，以及金库、仓库、粮仓、军火库、公园和花园等设施。整个建筑群除了由城墙围成的内城，南面有一座新建的外城，巨大的围墙内还有天坛建筑群。

▲ 朱悦爉墓中的陶俑。从中可以窥见明朝官员的时尚和礼俗。

第八章 中世纪世界 | 251

同样令人印象深刻的是，为连接明朝首都和浙东沿海港口而开凿的大运河，长约 350 千米。据估计，该工程雇用了 16.5 万名劳工，建成后，每年可运输 20 万吨粮食，足以养活北京这座幅员辽阔的城市。除了规模日渐庞大的朝廷和官僚机构之外，数十万商人、工匠和劳工也居住在帝都。他们不仅通过向国家供应商品和提供服务来谋生，而且也依赖于朝廷对食品和原材料流动的宏观调控。

由于内部叛乱和中央政权分崩离析，元朝（1271—1368 年）统治在混乱中逐渐衰落。明朝（1368—1644 年）趁势崛起，建立起一个行之有效的专制国家，由以北京为中心的官僚军事综合体严格控制，行政机构向下延伸到行省、府、属州和县，每个省、府、县都有地方官员和驻军。农村由寄生的地主阶层所统治，苛捐杂税令农民难堪重负，民不聊生。城镇虽然迅猛发展，贸易兴隆，作坊林立，但缺乏欧洲中世纪城镇的独立和自由。帝制中国是一个完全自上而下的社会。尽管明朝支持经济发展（因为这是皇权的基础），大规模修建运河，鼓励丝绸、棉花和陶瓷工业的发展，但民间社会仍然处于国家和官僚机构的严格管控之下。尽管人口从 14 世纪 50 年代前后的不到 6000 万增加到 16 世纪 50 年代前后的近 2 亿，但中国社会的基本结构仍然未见松动。在接下来的清朝（1644—1911 年），情况依旧如此。虽然中国拥有庞大的人力资本和巨额财富，但这种持久的保守主义使其在 19 世纪和 20 世纪初显得过于羸弱，无法抵御近代帝国列强的掠夺。

▼ 紫禁城建于 1406—1420 年，是北京的皇家中心，也是明清两代皇帝的家。

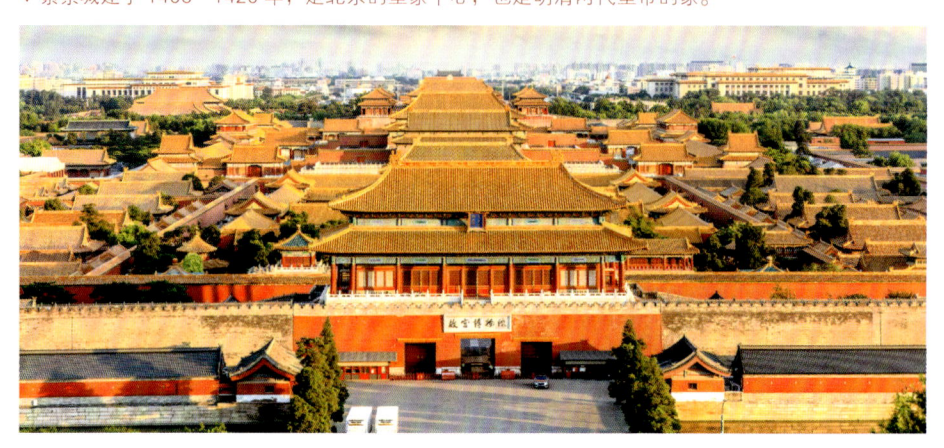

日本武士

与中央集权占主导地位的古代中国形成对照,中世纪的日本可以与中世纪的欧洲相提并论。后者的中央集权国家与拥有地方领地的封建武士阶层关系薄弱。事实上,就日本而言,中央集权政治制度于1185年瓦解,直到德川幕府(Tokugawa Shogunate)时期(1603—1868年)才得到妥善恢复。在1467—1603年的一个半世纪里,内战连绵不断,势不两立的大名[①]在军队和防御工事上投入巨大。

日本封建社会的兴起在考古学上表现为从12世纪开始出现的屋形(yakata)式庄园。它们与同时期的欧洲庄园有着显著的相似之处。有些采用土丘—堡场式城堡形式,土丘上面建有木堡,下面有一个或多个封闭庭院,有些则是简单的长方形围

▲ 16世纪或17世纪的日本武士盔甲。片状胸甲由重叠甲片编缀而成。

[①] daimyo,日本封建时代的大领主。——译者注

▲ 武士短剑。

场，周围可能有护城河和木栅。矢岛馆（Yajima Yakata）庄园就是这样的形制。它东西长 150 米，南北长 200 多米，场院内有各种建筑，最大的一栋长 8 米，分成住宅、仓库和服务区。相当于欧洲骑士的日本武士拥有庄园，靠佃农耕种其垦田为生。

由于有大量当代艺术品和许多精美的博物馆藏品，我们对武士的盔甲、武器和作战技术非常了解。日本武士很早就发展出了一种"层式"盔甲。这种盔甲把小片金属或皮革缝缀起来，外涂油漆用以防水，然后用带子水平地绑在一起，形成片甲保护胸部、背部、颈部、肩部、手臂、大腿和腿部。盔甲配有一顶金属头盔，通常带有狰狞的面罩和精致的装饰。武士背上可能还挂有识别标志。一套完整的武士盔甲可能重约 30 千克，与第一次世界大战中英国士兵携带的装备重量相近。

武士的主要武器是剑、各种长杆武器和长弓。剑的工艺尤其精湛，堪称艺术珍品，经过数周锻造后变得异常坚硬和锋利，是武士地位的最高象征。农民士兵与武士并肩作战，及至中世纪晚期，人数似乎越来越多，主要充作火枪手或长矛兵。武士的战斗通常仪式化很强。首先是在 50 米的射程内交火，然后是大批长矛手推进，最后是由武士精兵根据情况发动徒步或马背进攻。军事操典里制定了一系列精心演练的战术动作，并分别以飞鸟、箭头、锁孔、鹤翼、牛轭、鱼鳞、半月、虎头、长蛇、卧龙等命名。这些将战术简化为公式的做法究竟能在实战中起多大作用，值得怀疑。

结束武士内战的德川幕府就像文艺复兴时期欧洲的绝对君主：他们镇压地方军阀，恢复和平，使农业和贸易得以重现生机；农民、工匠和商人各得其所；经济日益货币化；城镇规模不断扩大，呈现出一派欣欣向荣的景象。然而，幕府将军们惧怕创新，担心这会动摇他们的权力，还试图让日本与外界隔绝。这个国家在故步自封、抵制变革的政治独裁统治下变成了一个封闭的社会，因此当现代化冲击来临之时，矛盾自然变得异常尖锐。

太平洋社会

建在惠灵顿（Wellington）山火山口上的毛利人（Maori）山顶堡垒（pa）为新西兰岛上演变出来的先进社会制度提供了证据。它宽 500 米，四周的壕沟、城墙、栅栏和凸起的战斗防御平台将房屋、花园和许多红薯窖包围起来，兼具居住、仪式和防御功能。

新西兰气候温和，粮食资源丰富，积累下大量社会盈余，于是在毛利古典时期（1350—1800 年）酋长制应运而生。随着部落战争的加剧，坚固的山顶堡垒似乎变得越来越多。19 世纪，毛利人借此对欧洲殖民者进行了强大的军事抵抗。

西南太平洋岛屿上的波利尼西亚人也拥有丰富的文化。他们的饮食以鱼类、贝类、猪、家禽、狗以及香蕉、芋头、山药、面包果、红薯等为主。根据这里发掘出土的圣地、仪式物品和具象艺术品，再结合人类学最新研究成果，人们对波利尼西亚文化的复杂性和多样性坚信不疑。其中，有一处遗址独树一帜，出类拔萃，是世界考古史上最伟大、最神秘的奇观之一。它就是复活节岛。

我们该如何解读这处非同寻常的遗迹呢？远离尘嚣的复活节岛由火山凝灰岩形成，面积仅 170 平方千米，却以数百块巨大摩艾（moai）石像而闻名遐迩。这些巨石都是就地取材，在岛上开采、雕凿、运输、竖立起来的。它们的高度从 2 米到 10 米不等，有些重达 80 吨，最多时 15 尊站成一排。它们

◀ 惠灵顿山上工程浩大的毛利人山顶堡垒。上面可能曾有多达 2000 人居住。

▼ 复活节岛摩艾石像的背面。

的形象大同小异：大头，斜额，鼻子棱角分明，下巴直挺突出，腹部以下被切掉，手臂紧紧靠在身体两侧，在胸前交叉。采石场中仍然矗立着大约400尊尚未完工的石像。人们把其中一尊重达270吨的石像称为"巨人"，如果竖立起来的话，其高度将超过20米。

摩艾石像背面装饰的复杂雕刻及其与岛上鸟人崇拜的关联是最近一个时期的研究重点。这是一场精心策划的生殖崇拜仪式，包括主岛拉帕努伊（Rapa Nui）和近海小岛莫图努伊（Motu Nui）之间狭窄海峡的横渡比赛，参赛者需带着当季第一只乌燕鸥蛋返回。这场比赛危机四伏，许多参赛者会溺水、被鲨鱼吃掉或从悬崖上摔下来。摩艾石像和鸟人崇拜之间的关系只是复活节岛考古的众多未解谜团之一。令人生疑的转折，或许是摩艾教在这个小岛上投入巨大，耗尽了所有可用资源，致使整个社会难以为继。这个海岛的命运可能就隐含在到处都是未完工雕像的采石场中。

▼ 复活节岛居民共雕凿出900多尊摩艾石像，重达数百吨。

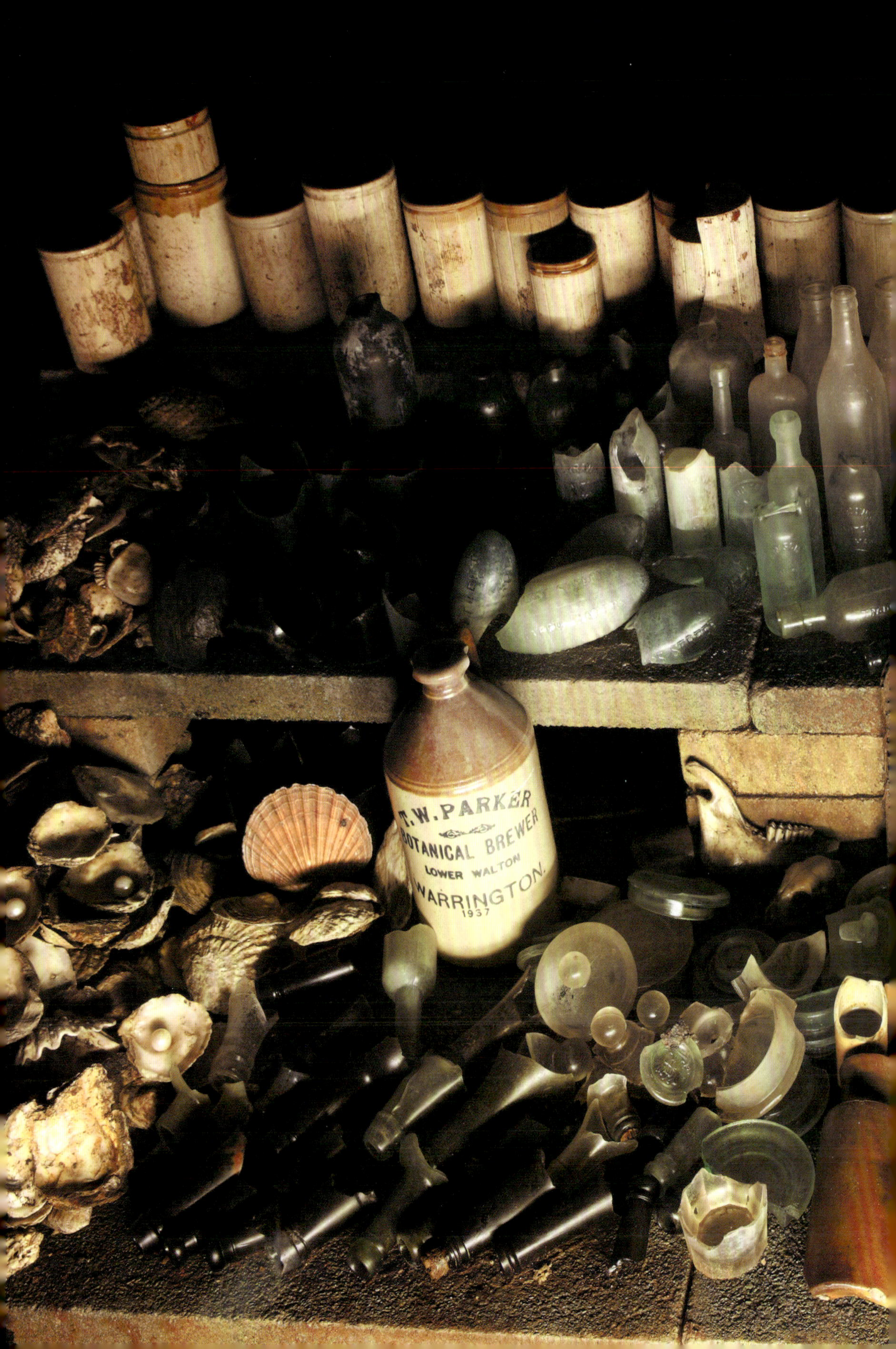
T.W.PARKER
BOTANICAL BREWER
LOWER WALTON
WARRINGTON.
1937

第九章
现代考古

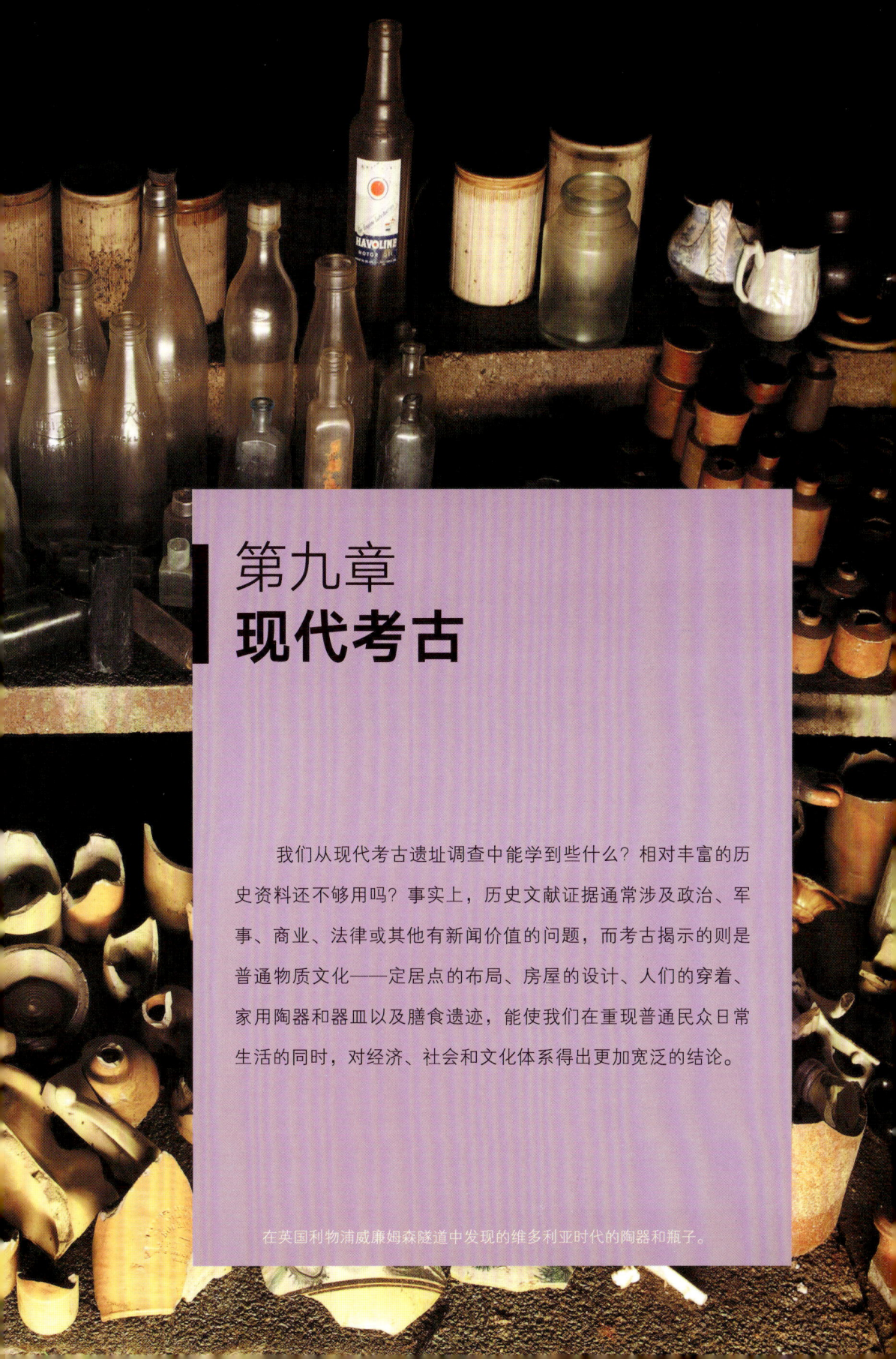

　　我们从现代考古遗址调查中能学到些什么？相对丰富的历史资料还不够用吗？事实上，历史文献证据通常涉及政治、军事、商业、法律或其他有新闻价值的问题，而考古揭示的则是普通物质文化——定居点的布局、房屋的设计、人们的穿着、家用陶器和器皿以及膳食遗迹，能使我们在重现普通民众日常生活的同时，对经济、社会和文化体系得出更加宽泛的结论。

在英国利物浦威廉姆森隧道中发现的维多利亚时代的陶器和瓶子。

▲ 在詹姆斯敦遗址工作的考古学家。定居点的发掘使第一批英国定居者在美洲的故事浮出水面。

定居者、奴隶和船只

1994 年，考古学家比尔·凯尔索（Bill Kelso）应邀主持美国弗吉尼亚州詹姆斯敦（Jamestown）遗址考古项目。这里是英国人在美洲的第一个永久定居点。1607 年 5 月，由 104 名男子和男孩组成的定居者在此登陆。皇家特许状授权他们"建造住所、种植园地……创建我们自己的殖民地"。该项目最初计划只进行 10 年，然而由于硕果累累，一直延续下来。时至今日，游客仍能看到考古发掘还在进行之中。

1607 年构筑的堡垒遗存，1608 年修建的教堂、仓库、普通房屋、临时避难所和水井已经发掘出土。此外还出土了部分人类遗骸，其中有些故事骇人听闻，比如一名年轻男子小腿骨折，死于枪击，还有一名少女似乎被人类所食。

考古学对历史记录总能给予确凿的佐证。据历史记载，在 1609—1610 年严冬的"饥饿时期"，的确出现过人吃人现象。

该遗址出土了令人惊叹不已的 200 万件文物，其中许多保存得非常好，从陶片、烟斗、念珠、刀具和廉价小装饰品等日常器物到木制玩偶、角贴书、童鞋和盔甲，应有尽有。很多文物是当时为与美洲原住民部落交换食物而进口的，而有些则是在当地制作。有证据表明定居者中有砖匠、铜匠、渔民、玻璃制造商、金匠、泥瓦匠、调香师、烟斗制作人和裁缝。

詹姆斯敦项目为欧洲在美洲的整个殖民史提供了考古基石，对了解最早拓荒者的生活提供了独特而深入的视角。还有一些田野调查工作者正在就新世界奴隶制的黑暗历史展开研究。最近在马里兰州纽敦内克（Newtowne Neck）州立公园的耶稣会种植园里发现一处保存非常完好的奴隶住所。考古人员在距离18世纪耶稣会会士生活过的砖砌庄园不远的地方发现了奴隶小屋的遗迹，还出土了陶瓷杯和破烟斗等器物。同詹姆斯敦和其他殖民地一样，这处遗迹也有历史文献做支撑，记录在案的有1838年该地区售出272名奴隶，其中有些奴隶来自纽敦内克种植园。他们分乘3艘船被运往路易斯安那州，其中包括数十名儿童，有些只有两个月大。天主教会参与贩奴的事实昭然若揭。

▲ 詹姆斯敦遗址的陶器碎片来自包括英国、法国和德国在内的不同地方。

▲ 在纽敦内克出土的文物。

▼ 在英国滨海圣伦纳德（St Leonard's on Sea），退潮时可见"阿姆斯特丹号"沉船残骸。

沉船残骸也从另一个角度让我们透视欧洲对美洲殖民化的过程。1969 年，荷兰东印度公司商船"阿姆斯特丹号"在英国南部海岸黑斯廷斯（Hastings）海滩退潮时露出水面。1749 年 1 月 26 日，满载布料、葡萄酒和白银的"阿姆斯特丹号"自荷兰首航爪哇巴达维亚（Batavia）途中失踪。据说，300 名船员饱受疾病折磨，船舵在强风中丢失，水手反叛，迫使船长将船搁浅。货物尚未被打捞上岸，"阿姆斯特丹号"便沉入 8 米深的软沙和淤泥之中。20 世纪 80 年代的考古调查发现了大量 18 世纪的文物，但沉船残骸仍在原地，退潮时依旧可以在海滩上看到（在那里受到法律保护）。"阿姆斯特丹号"全尺寸复制品目前正在荷兰海牙展出。

都铎王朝时期的伦敦

这处遗址看起来并不起眼：大约 3 米的破旧砖墙、一块粉笔和一块石板，还有一条空空如也的基坑。在城市考古发掘中，这种破旧的碎片俯拾皆是。不断地拆除重建、地基的挖掘、地下坑井的下沉、管道的铺设，往往都会呈现出许多不同历史时期的遗迹，像极其复杂的立体拼图一样等着考古学家去诠释和解读。要讲好遗迹中蕴藏着的"地层故事"，就必须精心挖掘，详实记录。事实上，几乎所有的城市考古都由发展驱动，仅限于发掘那些计划拆毁的遗迹，即所谓的"记录保存"，因此就更具挑战性。这意味着考古学家无法选择挖掘地点，只能根据施工计划为即将消失的遗迹立照存证。

2008 年在肖尔迪奇（Shoreditch）的一处重建工地上发现的砌砖有一些特别之处：墙不是直的，而是弯了一个角，似乎是八角形建筑的一部分。此外，这段残墙与 1999 年进行的地球物理调查结果吻合。尽管没有得到现场发掘的佐证，但调查似乎发现了 2008 年发掘的围墙内约 3 米处的拐角"异常"。这两个结构残存——地球物理调查所推定的内壁和挖掘沟底部显露出来的假定外墙——与古文物研究者布雷恩（W. W. Braine）的推测高度契合。1917 年，他曾结合老地图和房契找到了莎士比亚早期戏剧首演"剧院"的确

▲ 2009年伦敦肖尔迪奇"剧院"的发掘现场。莎士比亚戏剧曾在这里首演。

▲ 1989年玫瑰剧院发掘现场。该地区的重新开发威胁到剧院原始遗迹，促使人们展开一场保护该遗址的抢救式考古发掘活动。

切位置。

后来的玫瑰剧院和环球剧院等莎士比亚时代剧院的位置已经为人所知。事实上，1989年对玫瑰剧院遗址的抢救式发掘曾经令公众哗然，考古学家、演员和民众甚至组织起一场"拯救玫瑰剧院"运动，以防止遗址遭到破坏。最终在其上面的新建筑项目被叫停，下面的遗址才得以保留下来。同样引人注目的是，演员兼导演萨姆·沃纳梅克（Sam Wanamaker）决定在环球剧院原址附近按1∶1比例重建，并将其作为现代莎士比亚剧院运营。从2008年发现的遗址形制、年代和位置来看，几乎可以断定它是莎士比亚时代最早的剧院。此后，对南岸（South Bank）的进一步考古探究还发现了帷幕剧院和希望剧院的遗迹。这使我们能够根据考古证据，辅之以当代地图和文献，重现莎士比亚所熟悉的伦敦。

莎士比亚时代的剧院通常直径约30米，多边形设计，有3层叠加楼廊，位于高外墙和内壁之间，每层楼廊高约3米，供有钱人坐在这里观赏。楼廊围出的开阔场院供观众进场站着观看。一侧是舞台，后台化妆间有更衣室、道具室和乐师休息室。也许那个时代的人最津津乐道的戏剧首推莎士比亚的作品。正如《亨利五世》开场白讲的那样："在座的诸君，请原谅吧！像咱们这样低微的小人物，居然在这几块破板搭成的戏台上，也搬演什么轰轰烈烈的事迹。难道说，这么一个'斗鸡场'容得下法兰西的万里江山？还是我们这个圆木框子里塞得进那么多将士？——只消他们把头盔晃一晃，管叫阿金库尔（Agincourt）的空气都跟着震荡！看吧，仅凭区区几个演员，就在这围墙圈起的方寸之地上演了一场国与国之间的大战。"

在此，人们可能又会提出这样的问题：在已知历史的基础上，考古如何让我们的认知又进了一步？但这并没有问到点子上。重要的问题是所说的"地点的力量"。我们寻求与过去物质遗存的接触，不仅是为了探求知识，也是为了寻觅不太容易定义的情感和美学体验。这就是即使在彻底完成遗址调查、穷尽全部信息后我们仍要保护它们的原因。我们依旧渴望与这个地方、结构和物体进行直接的身体接触，仍然想"触摸过去"。1592年，莎士比亚创作的第一部戏剧《亨利六世》（上篇）在玫瑰剧院首演，而现代开发商对玫瑰剧院遗址的摧残无疑是一种文化破坏，侵犯了物质遗存中所蕴含的共同遗产。

维多利亚时代的约克

1901年，乐善好施的英国巧克力制造商西伯姆·朗特里（Seebohm Rowntree）撰写出早期社会学的经典著作之一。他的著述助推了以消除贫困、建设福利国家为宗旨的持续数十年之久的社会变革。曾几何时，为探查地下中世纪和古代遗存，考古学家用推土机推走了朗特里调查过的19世纪工业郊区的遗迹。不过今非昔比，至少就最负责任的城市当局而言，再也不会干这样的蠢事。本世纪初，历史悠久的约克（York）亨盖特（Hungate）地区有一片4个足球场大小的区域需要重新开发。为验证和完善朗特里的调

▼ 在亨盖特部分区域大兴土木之前，考古先行。考古工作者对整个区域进行了调查，发现了一系列反映维多利亚时代市井生活的文物。

查结果，田野调查人员计划对整座城市发展脉络做彻底梳理。

在最初研究中，调查人员对该市的每一个工人阶级家庭进行了家访，对11560个家庭和46754个人进行了详尽的调查访谈。朗特里曾经对不同等级的住房、便利设施和福利进行区分。例如，他把房屋分成建造相对较好的工匠住房和偷工减料、裸地铺砖、隔墙单薄、通风不畅、潮湿易涝等房屋种类。考古调查证实了这一点：帕尔默巷（Palmer Lane）里一栋19世纪晚期的大房子铺着精细的方砖地板。相比之下，下邓达斯街（Lower Dundas Street）前面的5栋房子在某个时候被一分为二，成为10户一楼一顶背靠背的肮脏不堪的房子；现有5扇前门的后院变成了邓达斯法院所在地；一个位于污水坑上方的五隔间厕所重建为公共厕所，可供大约50人如厕，其中一半人必须绕过街区走过来才能使用，这个设施一直使用到20世纪30年代。哈弗（Haver）街上的"两上两下"式民居小得只有两臂展开那么宽，两边间壁墙都是单砖隔断，脚下是一层脏兮兮的砖，直接铺在裸露的地上，规模最大的一次装修是某个时候在上面铺了一层水泥。

大量出土文物为深入了解19世纪工人阶级在"世界车间"的生活增添了佐证。考古学家发现了很多玻璃瓶、石制酒瓶、啤酒瓶以及用来储存和供应各种酒精饮料的长颈瓶和大酒壶，出土地点主要集中在帕尔默巷拐角处的前瓦匠酒吧（Bricklayers' Arms，1838—1937年）。就历史考古学（研究范围应是有文献记载的历史）而言，实物价值通过与当代参考文献交叉研究而大幅提高。例如，我们从1902年警察局长的一份报告中了解到，瓦匠酒吧是一所"相当不错的房子"，有娱乐室、吸烟室、酒吧、厨房和酒窖，1871—1915年间，它因组织红雀鸣叫比赛而远近闻名！

19世纪约克的贫民窟似乎和中世纪的世界一样陌生。对于参与遗址发掘的考古学家来说，这是发自内心的真实感受。要揭开公共厕所的肮脏环境、埋在后院的成堆动物骨头和吉尔斯·罗伯特（Giles Robert）医生罐装药膏（号称包治"痔疮、刀伤、烧伤、腿部溃疡和痛风"）这样的代表性物品的神秘面纱，就必须与工业革命时期的普通民众进行密切接触。这是"地下考古"与"地下历史"的有机融合，把关注目光从权倾朝野的权贵、宏伟的纪念碑和锦衣玉食的生活上移开，投向构建往昔文明所依赖的普通劳动民众。

冲突景观

第一次世界大战一直是现代冲突考古学（conflict archaeology）这一新分支学科的主要研究方向。它与战地考古、战场打扫或简单粗暴的战场抢夺不同。战地考古学家重点关注书面记载的验证与完善，通常通过大范围金属探测来定位和标出金属文物的分布。声称由此改写了历史记录的说法或许有些言过其实，但的确也有一些值得注意的成功案例，尤其是道格·斯科特（Doug Scott）对美国小巨角（Little Bighorn）战场①的开创性调查。其团队证明印第安苏族人（Sioux）的武器装备比之前人们认为的要好得多，而且他们还进行了持续的远距离狙击。这项战场调查具有法医学意义，其中包括追踪战场上个体战斗人员的位置和行动。

另一方面，现代冲突考古学还对工业化战争所导致的暴力不断升级表示关切。数以百万计的军队动员，全面战时经济对他们的补给供应，堑壕、混凝土炮台、地下隧道、枪炮等对景观造成的改变，以及仓库、营房、医院、铁路、港口等后方基础设施的建设，均带来了大量有待考证的战争遗存。面临的挑战是如何制定恰如其分的研究框架、田野调查方法和采样策略，以全面掌握如此丰富的物质遗迹，而考古学、人类学和历史学的多学科交叉研究是必须坚持的一个原则。

阿拉伯大起义项目提供了一个很好的研究案例。2006—2014 年，该项目在约旦南部的沙漠中进行了 9 个年度，旨在为第一次世界大战期间"阿拉伯的劳伦斯"（Lawrence of Arabia）指挥的战役寻找佐证，考古工作涉及多处

---

① 1876 年 6 月 25 日，印第安人在蒙大拿州小巨角河附近迎击前来清剿的美军，最终印第安人大获全胜。美军骑兵团团长卡斯特（Custer）阵亡。——译者注

▲ 位于泰尔沙姆（Tel Shahm）南堡的奥斯曼战壕的挖掘现场。

地点。这是一场阿拉伯骆驼骑兵游击队和英军特种部队并肩作战，与拼命守护铁路线的奥斯曼驻军之间的冲突。这意味着战场覆盖了广袤的沙漠，没有清晰明确的前线可言。因此，考古队对以前的汉志（Hijaz）铁路 120 千米沿线进行了系统调查，定位并记录了所有可见的战场遗迹。然后，他们选定部分地区进行更为详细的调查，深入研究了特定地区内战场遗迹之间的关系。此外，他们还挑出一些地点进行系统清理、文物回收和记录。通过这种从宏观到微观的调查方式，他们旨在构建一幅战争的全景画面。设防的车站、山顶堡垒、坚固的营地和碉堡从总体上揭示了奥斯曼帝国反起义的战略之举，而对具体战壕和帐篷营地的发掘，以及相应出土的餐具、陶器、玻璃器皿、纽扣、梳子、火柴盒、烟纸、扑克牌等实物，则从微观层面讲述了奥斯曼单兵经历的战场故事。

该项目不同寻常之处在于有机会"挖掘一个传奇"，并验证劳伦斯（T.E.Lawrence）所著《智慧的七大支柱》这本世界著名战争回忆录的可信

▲ 在瓦迪拉姆（Wadi Rum）的土耳其军营遗址发掘出土的文物：奥斯曼勺子、星月形奥斯曼军装纽扣、挂锁和令人好奇的史前石器。

度。自1935年正式出版以来，该书的可信度一直受到人们的质疑，极端的批评者甚至攻击劳伦斯是满嘴谎言、自吹自擂的江湖骗子。然而，考古证据证明情况并非如此，《智慧的七大支柱》中记录的地点和事件与地面军事哨所遗迹高度契合。一个值得注意的例子是牙山（Tooth Hill）营地，书中数次提及这处宿营地。考古队结合空中侦察影像和未公开的档案照片，锁定了该营地并进行了彻底的考古调查，发掘出两处篝火，找到食品罐头、杜松子酒瓶、朗姆酒罐、车辆零件、废弹壳等许多实物，甚至还有山炮扳机。这是对历史证词可靠性的惊人考古佐证。

当代历史考古

现代冲突考古学是"当代历史考古学"的最高形式,甚至出版有专门研究这一新的分支学科的学术期刊。尽管研究成果仍然有限,但其初衷十分明确:通过物质遗存提供的视角来对人类历史进行考古研究。有鉴于此,与苏美尔人坟墓、罗马浴场或西多会修道院相比,21世纪垃圾填埋场的考古价值毫不逊色。关键在于,我们还不清楚自己应该去研究什么。这反倒成了一个问题。正如爱因斯坦打趣说的那样:"如果我们知道自己在做什么,那就不叫研究了。"对现代物质遗存的调查可能会回答我们从未想过要问的问题。

那么,电影考古学是什么状况?我们有丰富的物质遗存可供研究,电影院、摄影棚、电影布景、外景地、纪念品等,不一而足。到目前为止,工作开展得不多,但终究已经起步。以塞西尔·戴米尔(Cecil B.DeMille)1923 年拍摄的经典影片《十诫》为例。为搭建拉美西斯外景地,戴米尔雇用了1500名建筑工人,为期1个月,动用了总长度150千米的木材、30吨石膏、11000千克钉子和总长120千米的强化电缆。高耸的城墙有10层楼高;

▲1923年电影《十诫》的海报。

雄伟的入口两侧是4尊巨大的法老雕像，每尊重达39吨；大道两旁矗立着21尊混凝土狮身人面像，每尊重达4吨。这个建在加利福尼亚州瓜达卢佩（Guadalupe）附近沙丘里的好莱坞版古埃及后来发生了什么？

电影杀青后，戴米尔担心与自己形成竞争的其他电影人会重复使用这个外景地来进行低成本拍摄，于是下令将整个外景地拆除掩埋。城墙被推土机推进一条100米长的沟中填埋。1985年，这些遗迹成为加州大学圣巴巴拉（Santa Barbara）分校的重点研究项目。借助磁力测定和探地雷达所进行的地球物理调查绘制出被掩埋的遗迹。然后，利用抹刀、刷子和鼓风机进行了一系列挖掘，以清除散沙，最终找到了实物样本，从巨大的石膏浮雕、建筑碎片到仿制罗马钱币、玻璃瓶都有，还有违反禁酒时代法律的酒精度高达12%的止咳液！

这些遗迹代表了一种"虚拟的"古埃及。它们揭示了20世纪20年代电

▲ 电影《十诫》所展现给观众的气势恢宏的拉美西斯之门。为防止低成本竞争，导演戴米尔在电影拍摄完成后拆除并掩埋了整个片场。

影制作人及其所迎合的观众是如何想象古埃及的。但外景地只是临时建筑，由劣质材料拼凑而成，本身并非艺术品，只是供拍摄之用，重要的是电影呈现给观众的形象，拍摄完毕便可一弃了之。

还有考古学家一直在探索得以保留下来的电影外景地实景。例如，对大卫·里恩（David Lean）执导的影片《阿拉伯的劳伦斯》（1962年）和《瑞安的女儿》（1970年）外景地的调查，揭示了电影制作过程中电影人所发挥出的艺术想象力。在西班牙阿尔梅里亚（Almeria）的一个峡谷中建造的沙漠"绿洲"与任何真正的绿洲都没有关联。一泓清水，点缀着松垂的椰枣树，构成了一个漫画般的去处。建在爱尔兰大西洋海岸丁格尔（Dingle）半岛上的校舍似乎体现了影片《瑞安的女儿》的丰富象征意义、悲剧三角恋以及传统道德和狂野激情之间的相悖与冲突。

与现代冲突考古学一样，交叉学科研究也是电影考古学的重中之重，即

◀ 考古学家约翰·帕克（John Parker）在戴米尔执导的电影外景地展示熟石膏法老雕像局部。

第九章　现代考古 | 273

考古田野调查与电影本身的证据、电影史以及更广泛的文化研究和艺术欣赏相结合的跨学科研究。在丰富知识和认知我们身边的世界方面，当代历史考古学所蕴含的潜力不言而喻。

▼ 电影《瑞安的女儿》外景地之一：爱尔兰邓莫尔角（Dunmore Head）。

结　语

考古的意义

当我们通盘审视从最早的古人类到现代战争的考古活动时,可以由此得出什么重要结论吗?

首先,与许多当代政治意识形态针锋相对的是,人类并非通过竞争和对抗而赢得繁荣。相反,所有证据都表明,人类之所以被定义为一个物种,是因为他们组成了合作的社会团体,并从事创造性集体劳动。他们分享思想,勠力同心,从而提高了解决问题和满足需求的能力。我们在考古记录中一次又一次地见证了这一点。从手斧到计算机,好的想法很快就会传播开来,人人都能从中受益。没有证据表明,秘而不宣、囤积居奇和财产权利曾经是人类社会发展的障碍。

其次,并非总是在短期内,从长远来看,人类也一直在进步。无论经验还是实验、独创抑或发明,找寻新的做事方式意味着知识和技能的增长,而这基本上离不开经年的累积。即使在文明和帝国崩溃之际,真正重要的进步——轮子、犁、水车、蒸汽机——仍然会幸存传世,为后来的进步提供更高的平台。简而言之,我们越来越善于养活自己。

再次,变革的脚步和人类的进步会随着时间的推移而加快。纵然期间会有艰难险阻、长期停滞甚至无为而退,但从长远来看,不断扩容的科技知识宝库缩短了每一次跳跃式发展的间隔周期。以交流为例,最早的书面文字可以追溯到公元前 3200 年左右,但在此之后的近 5000 年时间里,所有的书写都必须手工完成,这使得各种书面交流变得缓慢而昂贵。印刷机

▲ 卢布尔雅那沼泽轮。世界上已发现的最早木轮。

是 15 世纪初的一项发明。下一个重大进展——连续旋转印刷，而不是重复平板印刷——于 19 世纪中期横空出世。自 20 世纪 60 年代以来，一系列新的打印形式——点阵、激光、喷墨、3D——如雨后春笋般迅速涌现。

最后，我们必须承认，人类进步之路也绝非尽是一望无际的坦途。对此，我们在书中已多次提及。我们看到，大权在握、腰缠万贯的精英们有时会将各种资源用于眼花缭乱的奢靡消费；在充满文化活力的时期和地方，人类的创造潜力固然能得到淋漓释放，但也确有过长期停滞。总的来说，劳动人口享有的资源和无拘无束的自由越多，社会进步就越有可能恢复和加速。

未来考古

人们有时会就未来考古学家可能的研究方向进行辩论。也许 1973 年美

▲ 15世纪木制印刷机的复制品与19世纪铸铁印刷机并排放在一起。自20世纪中期以来，通信技术的变革步伐持续加快，进展尤其迅速。

国考古学家威廉·拉什杰（William Rathje）在亚利桑那州建立的著名的图森（Tucson）垃圾项目给出了部分答案。拉什杰决定对现代城市居民产生的垃圾进行考古研究。有趣的发现随之而来：人们往往言行不一，自称做了什么和实际做过什么（依据垃圾桶证据）并不总能吻合；经济衰退期间，人们倾向于购买比实际需要更多的东西（因此浪费也更多）；人们以为容易降解的东西结果可能适得其反（比如新闻纸，在垃圾场里填埋半个世纪后仍然可读）。

但是，一个世纪或千年之后人们将对物质遗存进行考古的假设可能过于乐观。因为在经历了700万年人类进化、30万年文化流变、5000年复杂社会发展和250年工业革命之后，我们已经面临着一场会威胁到人类文明生存的复合危机。

这场危机从生态、军事、社会和意识形态四个维度展开。全球变暖正在助推气候的灾难性变化和地球生态系统的加速崩溃。核武库、逐渐飙升的军费开支和日益紧张的地缘政治变局，有可能引爆破坏性极强的战争，让人类死无葬身之地。猖獗的企业势力正在将财富向上层集中，使数以亿计的生灵承星履草却环堵萧然，造成全球社会极其不平等，连罗马皇帝和文艺复兴时期的王孙贵族们统治下的世界也没这么贫富悬殊。面对这场潜在的严重危机，理性和有计划的应对之举似乎已被民族主义、种族主义、法西斯主义和顾影自怜的个人主义全球流行病所熬煎。

通过考古，人类可以有许多经验来分享，有万千教训去汲取。我们有无穷的创造力，能在历史低谷中东山再起，让生活变得更加美好、健康和富庶，但同时还有剥削、压迫和暴力社会秩序在噬食、破坏我们的生存。这些经验教训从未像今天这样深刻。

推荐阅读

"死去的考古扬起的是最无趣的尘土。"这是 20 世纪最伟大的考古学家之一、英国人莫蒂默·惠勒（Mortimer Wheeler，1890—1976 年）于 1954 年写下的一句话。遗憾的是，在此后的几十年里，少有同行听进去他的告诫。

鉴于普遍存在的对学术"大众化"的偏见，这种状态每况愈下。人们往往认为，如果考古成为插科打诨的"下里巴人"，那它就不可能严谨、可靠。人们甚至会觉得，在某种程度上讲，文本越难理解，就越有价值。根据我个人的经验，当行文显得高深莫测时，常常是因为没有什么实际的东西可以表达。倘若思路清晰连贯，那就完全可以用通俗易懂的文字表达出来。我们应当避免让文本过载大量原始数据。普通读者真的不需要条分缕析地弄清楚在苏格兰发现的每一处青铜时代宝藏的翔实内容，一两个典型实例就足以说明问题。我们不想让读者必须蹚过考古浑水才能到达学术彼岸。

上述个人的一点见解能说明我提出"推荐阅读"的初衷。我没有事无巨细地罗列所有最新的学术专著，而只列出了我认为既好用又"好读"的书，包括相当多的旧著，其中某些信息可能已被后来的发现所取代。然而，我之所以把它们纳入其中，要么是因为它们简明扼要的叙事风格（如伦纳德·科特雷尔的作品），要么是由于它们引人入胜的清晰阐释（如戈登·柴尔德的著述）。特别有价值的是大胆进行概述的大部头专著。它们是海量信息的集大成者，叙事宏大，令人手不释卷。无论我们认同与否，这些典籍都提供了重要的历史地图。没有这些地图的指引，我们就会很容易在史学森林中迷失。我还推荐了一些考古技术导论和考古项目介绍，它们对考古技术做了很好的诠释。应当说，在此开出的书目，都曾令我受益匪浅。

需要指出的是，我对书目的选择偏向于英国、欧洲和地中海考古。这反映出我自己的研究方向和专业经验。只希望这一选择能充分代表考古学的解释方法，具有普遍的相关性。在世界各地我不太熟悉的考古学领域仍有很多不错的专著，只是机缘不到，我尚未拜读，对此我深信不疑。

1. 保罗·巴恩. 考古学速览（*Bluff Your Way in Archaeology*）. 霍舍姆：拉维特出版有限公司，1989.

2. 保罗·巴恩. 考古学的过去与未来（*Archaeology: A Very Short Introduction*）. 牛津：牛津大学出版社，1996.

3. 保罗·巴恩. 好莱坞考古：黄金时代寻踪（*The Archaeology of Hollywood: Traces of the Golden Age*）. 拉纳姆：罗曼&利特菲尔德出版公司，2014.

4. 菲利普·巴可. 考古发掘技术（*Techniques of Archaeological Excavation*）. 伦敦：巴茨福德出版有限公司，1977.

5. 乔治·巴斯. 水下考古学（*Archaeology under Water*）. 伦敦：泰晤士&赫德逊出版社，1966.

6. 居伊·德拉·贝多耶尔. 出生入死的罗马军团剑斗士（*Gladius: Living, Fighting and Dying in the Roman Army*）. 伦敦：小布朗出版社，2020.

7. J. D. 贝尔纳. 历史上的科学（*Science in History*），第一卷科学的出现，第二卷科学革命与工业革命. 伦敦：费伯出版社，1954.

8. 伊恩·布朗宁. 佩特拉古城（*Petra*）. 伦敦：查托&温达斯出版社，1973.

9. 伊恩·布朗宁. 杰拉什古城与低加波利（*Jerash and the Decapolis*）. 伦敦：查托&温达斯出版社，1982.

10. 马丁·卡佛. 萨顿胡：国王葬身之地？（*Sutton Hoo: Burial Ground of Kings?*）. 伦敦：大英博物馆，1998.

11. 戈登·柴尔德. 人类创造自己（*Man Makes Himself*）. 伦敦：瓦茨出版社，1936.

12. 戈登·柴尔德. 历史发生了什么（*What Happened in History*）. 哈默兹沃斯：企鹅出版社，1942.

13. 戈登·柴尔德. 进步与考古学（*Progress and Archaeology*）. 伦敦：瓦茨出版社，1944.

14. 戈登·柴尔德. 社会进化（*Social Evolution*）. 伦敦：瓦茨出版社，1951.

15. 戈登·柴尔德. 历史的重建（*Piecing Together the Past*）. 伦敦：劳特利奇出版社，1956.

16. 戈登·柴尔德. 考古学导论（*A Short Introduction to Archaeology*）. 伦敦：弗雷德里克·穆勒出版社，1956.

17. 彼得·康诺利. 庞贝古城（*Pompeii*）. 牛津：牛津大学出版社，1979.

18. 彼得·康诺利. 俄底修斯传说（*The Legend of Odysseus*）. 牛津：牛津大学出版社，1986.

19. 彼得·康诺利. 古罗马军团士兵提贝里乌斯·克劳迪乌斯·马克西姆斯（*Tiberius Claudius Maximus: The Legionary*）. 牛津：牛津大学出版社，1988.

20. 彼得·康诺利. 古罗马军团骑兵提贝里乌斯·克劳迪乌斯·马克西姆斯（*Tiberius Claudius Maximus: The Cavalryman*）. 牛津：牛津大学出版社，1988.

21. 彼得·康诺利. 罗马堡垒（*The Roman Fort*）. 牛津：牛津大学出版社，1991.

22. 彼得·康诺利、海泽尔·多奇. 古城：古代雅典和罗马的生活（*The Ancient City: Life in Classical Athens and Rome*）. 牛津：牛津大学出版社，1998.

23. 莱昂纳德·科特雷尔. 牛头怪弥诺陶洛斯（*The Bull of Minos*）. 伦敦：埃文斯兄弟出版社，1953.

24. 莱昂纳德·科特雷尔. 狮门（*The Lion Gate*）. 伦敦：埃文斯兄弟出版社，1963.

25. 莱昂纳德·科特雷尔. 示拿地（*The Land of Shinar*）. 伦敦：苏沃涅出版社，1965.

26. 莱昂纳德·科特雷尔. 失去的世界（*The Penguin Book of Lost Worlds*）. 哈默兹沃斯：企鹅出版社，1966.

27. 格林·丹尼尔. 考古学简史（*A Short History of Archaeology*）. 伦敦：泰晤士&赫德逊出版社，1981.

28. 约瑟夫·杰·戴斯. 赫库兰尼姆古城：意大利宝藏（*Herculaneum: Italy's Buried Treasure*）. 马里布：约翰·保罗·盖蒂博物馆，1989.

29. 贾雷德·戴蒙德. 枪炮、病菌与钢铁：人类社会的命运（*Guns, Germs and Steel: The Fates of Human Societies*）. 纽约：诺顿出版社，1997.

30. 布莱恩·费根. 黄金翡翠王国：哥伦布之前的美洲（*Kingdoms of Gold, Kingdoms of Jade: the Americas before Columbus*）. 伦敦：泰晤士&赫德逊出版社，1991.

31. 布莱恩·费根. 法老的埃及（*Egypt of the Pharaohs*）. 华盛顿：国家地理，2001.

32. 布莱恩·费根. 气候改变世界（*The Great Warming*）. 伦敦：布鲁姆斯伯里出版公司，2008.

33. 布莱恩·费根、纳迪亚·杜兰尼. 气候变迁与文明兴衰：人类三万年的生存经验（*Climate Chaos: Lessons of Survival from our Ancestors*）. 纽约：阿歇特出版集团，2021.

34. 尼尔·福克纳. 古代奥运会指南（*A Visitor's Guide to the Ancient Olympics*）. 伦敦：耶鲁大学出版社，2012.

35. 尼尔·福克纳. 激进的世界历史（*A Radical History of the World*）. 伦敦：普卢托出版社，2018.

36. 迈克尔·格兰特. 维苏威古城：庞贝和赫库兰尼姆（*Cities of Vesuvius: Pompeii and Herculaneum*）. 伦敦：魏登菲尔德&尼科尔森出版社，1971.

37. 菲利普·格里森. 钱币学（*Numismatics*）. 牛津：牛津大学出版社，1975.

38. 道恩·M.哈德利、朱利安·D.理查兹. 维京大军与英格兰的建立（*The Viking Great Army and the Making of England*）. 伦敦：泰晤士&赫德逊出版社，2021.

39. 伊恩·霍德. 现在的过去：给考古学家的人类学指南（*The Present Past: An Introduction to Anthropology for Archaeologists*）. 伦敦：巴茨福德出版有限公司，1982.

40. W. G. 霍斯金斯. 英国风景：如何解读英国的人造景观（*English Landscapes: How to Read the Man-Made Scenery of England*）. 伦敦：英国广播公司，1973.

41. 露易丝·汉弗莱、克里斯·斯特林格. 人类的故事（*Our Human Story*）. 伦敦：自然历史博物馆，2018.

42. 马丁·琼斯. 生物考古学简史（The Molecule Hunt）. 伦敦：艾伦莱恩出版社，2001.

43. 马丁·琼斯. 饭局的起源：我们为什么喜欢分享食物（Feast: Why Humans Share Food）. 牛津：牛津大学出版社，2007.

44. 马塞尔·莫斯. 礼物：古代社会交换的形式与功能（The Gift: Forms and Functions of Exchange in Archaic Societies）. 伦敦：科恩 & 威斯特出版社，1954.

45. 迈克尔·皮兹、马克·罗伯茨. 费尔韦瑟伊甸园：博克斯格罗夫遗址发掘所揭示的50万年前英国的生活（Fairweather Eden: Life in Britain Half A Million Years Ago As Revealed by the Excavations at Boxgrove）. 伦敦：世纪出版社，1997.

46. 阿德里安·普雷泽里斯. 理论之死：神秘故事与考古理论（Death by Theory: A Tale of Mystery and Archaeological Theory）. 核桃溪：阿尔塔米拉出版社，2000.

47. 弗朗西斯·普莱尔. 公元前的英国：罗马人之前的英国和爱尔兰生活（Britain BCE: Life in Britain and Ireland Before the Romans）. 伦敦：哈珀永久出版社，2003.

48. 迈克尔·派伊. 世界边缘：北海如何造就了我们（The Edge of the World: How the North Sea Made Us who We Are）. 伦敦：维京出版社，2014.

49. 菲利普·拉赫茨. 考古邀请（Invitation to Archaeology）. 牛津：布莱克威尔出版公司，1985.

50. 菲利普·拉赫茨. 活态考古学（Living Archaeology）. 斯特劳德：坦帕斯出版社，2001.

51. 艾丽丝·罗伯茨. 奇妙的人类旅程：殖民地球的故事（The Incredible Human Journey: The Story of How We Colonized the Planet）. 伦敦：布鲁姆斯伯里出版公司，2009.

52. 尼古拉斯·J.桑德斯. 消磨时光：考古学与第一次世界大战（Killing Time: Archaeology and the First World War）. 斯特劳德：历史出版社，2010.

53. 莫蒂默·惠勒. 大地考古学（Archaeology from the Earth）. 牛津：牛津大学出版社，1954.

54. 莫蒂默·惠勒. 继续挖掘：考古历险记（*Still Digging: Adventures in Archaeology*）. 伦敦：迈克尔·约瑟夫出版社，1955.

55. 莫蒂默·惠勒. 罗马艺术与建筑（*Roman Art and Architecture*）. 伦敦：泰晤士 & 赫德逊出版社，1964.

56. 莫蒂默·惠勒. 印度河流域及其以外的文明（*Civilizations of the Indus Valley and Beyond*）. 伦敦：泰晤士 & 赫德逊出版社，1966.

57. 莫蒂默·惠勒. 波斯波利斯上空的火焰（*Flames over Persepolis*）. 纽约：雷内出版社，1968.

58. 迈克尔·伍德. 寻找特洛伊战争（*In Search of the Trojan War*）. 伦敦：英国广播公司，1985.

59. 丽贝卡·雷格·赛克斯. 血缘：尼安德特人的生死、爱恨与艺术（*Kindred: Neanderthal Life, Love, Death and Art*）. 伦敦：布鲁姆斯伯里出版公司，2020.